高等职业教育**连锁经营管理专业**
在线开放课程新形态一体化教材

连锁门店营运管理

杨 刚 陈晓健 主 编

赵 丽 李 悦 副主编

CHAIN

清华大学出版社

北 京

内 容 简 介

本书围绕门店"人""货""场"三大要素,设计了门店概况、门店布局、商品陈列、商品管理、价格管理、顾客服务、防损及安全管理、人员管理、门店绩效分析九大模块,系统介绍连锁门店营运的主要内容。

本书内容贴合连锁门店营运实况,并融合零售业最新发展动向,介绍较新的营运管理知识、技能和方法。本书各模块通过思维导图形式呈现主要知识技能点,既方便读者开展碎片化学习,又便于读者对内容的系统理解。本书配套在线开发课程,内含微课、视频、案例、习题等丰富教学资源,方便读者使用。

本书既可作为高等职业院校、大专院校、成人院校连锁经营管理专业、商品流通管理专业,商业、贸易类专业的教材,又可作为商业企业的培训教材。

图书在版编目(CIP)数据

连锁门店营运管理/杨刚,陈晓健主编. —北京:清华大学出版社,2021.3(2024.8重印)
高等职业教育连锁经营管理专业在线开放课程新形态一体化教材
ISBN 978-7-302-57564-1

Ⅰ. ①连… Ⅱ. ①杨… ②陈… Ⅲ. ①连锁店-经营管理-高等职业教育-教材 Ⅳ. ①F717.6

中国版本图书馆 CIP 数据核字(2021)第 028935 号

责任编辑:左卫霞
封面设计:杨昆荣
责任校对:李 梅
责任印制:刘 菲

出版发行:清华大学出版社
   网 址:https://www.tup.com.cn,https://www.wqxuetang.com
   地 址:北京清华大学学研大厦 A 座   邮 编:100084
   社 总 机:010-83470000   邮 购:010-62786544
   投稿与读者服务:010-62776969,c-service@tup.tsinghua.edu.cn
   质量反馈:010-62772015,zhiliang@tup.tsinghua.edu.cn
   课件下载:https://www.tup.com.cn,010-83470410
印 装 者:三河市少明印务有限公司
经 销:全国新华书店
开 本:185mm×260mm   印 张:13.75   字 数:334 千字
版 次:2021 年 5 月第 1 版   印 次:2024 年 8 月第 6 次印刷
定 价:46.00 元

产品编号:087685-01

随着现代商业的发展,连锁经营覆盖的行业范围不断扩大,逐渐成为零售企业主流的组织形式。同时,随着经济和技术的发展,连锁经营的内涵和外延也在不断地发生变化。例如,在新零售语境下,有专家认为,门店是汇聚"人"和"货"的"场","场"有很多种,手机端是场,实体店也是场,各种可能把人与货连接起来的场景都是场;也有专家认为,门店的本质是流量收集器,它只是交易的起点,而不是终点;等等。这些变化推动了行业对连锁门店的认识,也促进了连锁门店营运水平的提升,凸显了高效门店营运的意义。

本书采取模块化设计,借鉴零售创新理念,从"人""货""场"三个角度对门店营运管理的主要内容进行分析汇总,具体划分为门店概况、门店布局、商品陈列、商品管理、价格管理、顾客服务、防损及安全管理、人员管理、门店绩效分析九大模块。每一模块都包括知识技能点思维导图、案例导入、学前思考、案例分享、能力训练等内容。通过本书的学习,学习者可以系统、全面地掌握连锁门店营运管理的核心内容,建构营运管理知识技能框架,并具备基本的连锁门店营运实践操作技能。

本书主要特点如下。

(1)介绍当前主流的连锁门店营运理念、管理方式,引入规范化的管理工具及较新的业界实践,让学习者既能够学习门店营运的基础知识技能,也能够了解、接触门店营运的发展动向。

(2)借鉴建构主义、关联主义学习理念,精心设计课程结构。通过特定情境(案例导入和学前思考)激发学习者讨论和思考,鼓励学习者采用探究的方式,组建学习共同体开展课程学习;通过能力训练,引导学习者应用所学知识解决实际问题,培养学以致用的能力。

(3)制作精致的思维导图、微视频和拓展资料,在提高学习趣味性、方便学习者进行碎片化学习的同时,也促使学习者系统掌握知识技能点,形成自己的知识技能体系和整体认知框架。

本书模块一、模块二由浙江经贸职业技术学院杨刚与华润 Ole 杭州嘉里中心店郎巧芳共同编写;模块三由漳州科技职业学院林志妹编写;模块四由漳州科技职业学院李岚玲编写;模块五、模块九由漳州科技职业学院陈晓健编写;模块六由浙江经贸职业技术学院赵丽编写;模块七由杨刚与杭州科技职业技术学院李悦共同编写;模块八由山东工业技师学院杨强编写。

本书可作为高等职业院校、大专院校、技师学院、成人院校连锁经营管理专业、商品流通管理专业及商业、贸易类专业的教材,也可作为商业企业的培训教材。

本书配套在线课程,内含丰富的课件、微课、拓展材料、试题库等,网站为浙江省高等学校在线开放课程共享平台,扫描本页下方二维码也可登录该课程;同时提供电子课件,凡用作教材的学校或教师可登录清华大学出版社官方网站下载。

由于时间仓促,作者水平有限,难免有不足之处,敬请专家和广大读者批评指正。

编　者

2020 年 12 月

连锁门店营运管理
在线开放课程

CONTENTS

目 录

模块一　门店概况 ··· 1

　　任务一　识别门店类型 ·· 5

　　任务二　解析门店营运管理 ·· 8

　　任务三　设计门店组织结构 ·· 14

　　任务四　能力训练 ·· 19

模块二　门店布局 ··· 21

　　任务一　设计动线和通道 ··· 24

　　任务二　设计商品区域布局 ·· 31

　　任务三　能力训练 ·· 39

模块三　商品陈列 ··· 41

　　任务一　编制商品配置表 ··· 44

　　任务二　明确陈列原则 ·· 50

　　任务三　选择陈列方法 ·· 57

　　任务四　能力训练 ·· 65

模块四　商品管理 ··· 67

　　任务一　规划商品结构 ·· 70

　　任务二　订收货管理 ·· 80

　　任务三　盘点与库存控制 ··· 86

　　任务四　能力训练 ·· 92

模块五　价格管理 ··· 94

　　任务一　确定价格策略 ·· 97

　　任务二　制定商品价格 ·· 102

　　任务三　调整商品价格 ·· 108

　　任务四　能力训练 ·· 113

模块六 顾客服务 ······ 115

    任务一 现场销售服务 ······ 118

    任务二 顾客投诉处理 ······ 132

    任务三 能力训练 ······ 137

模块七 防损及安全管理 ······ 139

    任务一 识别损耗 ······ 142

    任务二 开展门店防损 ······ 150

    任务三 保障门店安全 ······ 162

    任务四 能力训练 ······ 167

模块八 人员管理 ······ 169

    任务一 员工管理 ······ 172

    任务二 店长作业管理 ······ 177

    任务三 能力训练 ······ 184

模块九 门店绩效分析 ······ 186

    任务一 门店经营绩效评价 ······ 190

    任务二 客流量和客单价分析 ······ 199

    任务三 顾客满意度分析 ······ 203

    任务四 能力训练 ······ 212

参考文献 ······ 214

门 店 概 况

→ 学习目标

【知识目标】

1. 掌握国家标准中界定的零售业范畴。

2. 掌握常见的十大类零售业态特点。

3. 掌握门店营运管理的主要内容。

4. 了解连锁企业常见的组织结构类型。

5. 了解大规模门店的组织结构情况。

6. 理解连锁门店组织设计的影响因素。

7. 理解连锁门店组织设计的原则。

【技能目标】

1. 能够识别有店铺零售业态与无店铺零售业态。

2. 能够根据经营特点辨别常见门店业态类型。

3. 能够区分专卖店与专业店经营的异同。

4. 能够绘制中规模门店组织结构图。

5. 能够绘制小规模门店组织结构图。

【思政目标】

1. 树立商业文化自信,正确认识我国零售业发展现状和方向。

2. 坚持工匠精神和诚信品质,规范开展门店营运。

给门店做个 CT 扫描

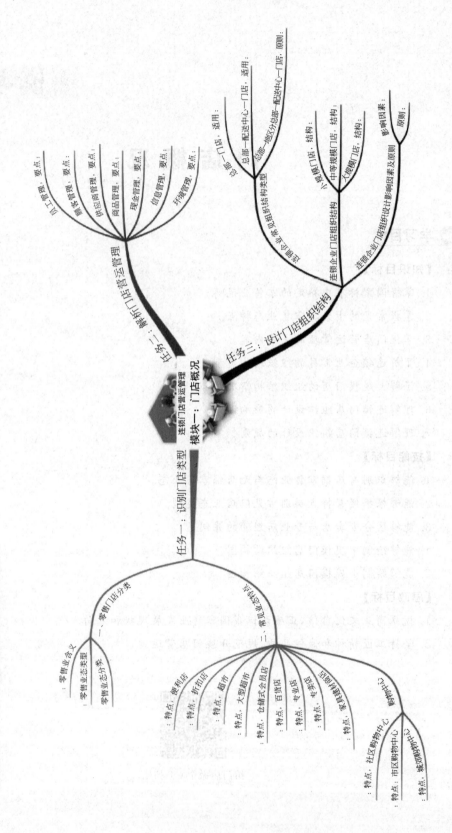

知识技能点思维导图

请根据所学内容，把该思维导图补充完整。

 **案例导入** 回归零售本质

纵观全球商业发展，自19世纪中叶开始，零售业先后爆发了"四次革命"——百货商店、连锁商店、超级市场、无店铺销售。回溯我国当代商业发展，先后出现百货商店、供销社、便利店、专卖店、电商、新零售等业态。基于后发优势，我国当代商业的发展既遵循全球商业发展规律，又存在跳跃和并行，并已呈现出引领全球商业发展之端倪！

当前我国零售业已进入百花齐放、百家争鸣的阶段，以2016年云栖大会提出的新零售概念为标志，新兴或传统的连锁零售企业纷纷开始线上线下融合的探索，各种新的业态不断出现，传统业态也在不断转型，如盒马鲜生、鲸选超市、每日优鲜、必要商城等。"乱花渐欲迷人眼"，在这个快速变化的时代，忧心忡忡的传统零售资深人士和跃跃欲试的网络零售新锐精英，都不约而同地关注同一个话题：回归零售本质！

作为零售业未来生力军的你，也需要思考这个话题。

关于回归零售本质的文章非常多，提及的内容大多集中在"效率""服务""需求""体验"等关键词。下面分享联华超市股份有限公司总经理华国平发表于《中国商界》（2013年第11期）的一篇文章（节选），看看传统零售人对零售本质的思考。虽然文章发表时间较久，但对当前连锁企业的经营管理仍具有启发性。

连锁超市业态进入中国后发生了一些变化，受到了来自各个方面的挑战，甚至出现了偏离连锁超市业态连锁本质的现象；这令我们不得不对连锁超市的本质进行反思，究竟是在所谓的中国国情面前妥协，走"国情"大于本质的路，还是尊重连锁业的本质，让超市回归连锁超市的本质呢？

连锁超市业态起源于20世纪60年代，比较有代表性的就是沃尔玛。其实，很多行业在这之前就已经有了连锁的概念，如餐饮、专卖店连锁企业等。连锁概念的发展是一种经验型产物，大家习惯自己开店做生意，做大了自然想开第二家，或者到其他城市开店，这样就从单店管理上升到了多店管理。多店管理的技术就是连锁技术。

大家一般理解的连锁概念包括统一品牌、统一采购、统一配送、统一结算、统一促销、统一价格等，但其本质是这种"统一"虽然可能牺牲了个别门店的差异化，但却从投入产出方面可以获得最大利益。如统一采购可以获得最大的商品利益、统一管理会随着规模上升实现最低成本率；"统一"会带来整体利益最大化和规模成本最低化，这才是连锁的本质。

……

我们发现，连锁业态进入中国后发生了一些变化，其中有些变化还偏离了连锁业态的本质。在具有中国特色的零售市场上，连锁业态在"国情"面前受到了来自各个方面的挑战，出现了一些异常情况，有些情况还让我们动摇了对连锁超市本质的认识，甚至让我们在日常工作中改变了原先坚守连锁超市本质的某些做法。

一是统一的门店标准受到了挑战，在中国开店约束很小，所以容易导致近距离的恶性竞争，同质化问题比较严重，因此我们不断呼吁"个店主义"；二是统一采购受到了挑战，由于中国的供应商在计算商品成本时，会留出很大一笔费用放在渠道内，因此统一采购反而会带

来收益的下降,而门店原本可以获取的收益也灭失了;三是统一配送受到了挑战,我们发现,供应商直送具有无可比拟的优越性,随叫随到、随退随换,还可以附带大量促销资源;四是统一定价受到了挑战,我们的商圈处于不同位置,物业条件各异,因此注定了价格的灵活性;五是统一促销受到了挑战,我们发现个别门店搞一些特色的促销反而比全部门店都促销要好很多;六是统一品牌也受到了挑战,我们觉得品牌应该多样化,这样消费者反而会有更多的消费冲动。

这些挑战正潜移默化地影响并改变着我们,而这些改变带来的是"小我",丢失的却是"大我"。

1. 统一体系下的分工合作

体现连锁超市本质的诸多元素受到了来自中国"国情"的挑战,让我们开始怀疑连锁超市的概念是否正确,连锁技术是否有用,我们应该往"个店主义"再走远一些,还是要往连锁的本质回归一些? 这就是摆在我们面前的一个严肃的方向性的问题。

事实上,包括中国市场在内的各国各地区的零售市场都有差异性,只是这种差异性在不同周期反映出来的特点各不相同,认真反思一下,我们可能走进了一个通过管理差异手段来解决市场差异的误区……市场差异要靠管理的专业化和经营的差异化来解决。

管理的专业化强调采用国际通行的零售技术,将不同经营问题通过分类、归纳等专业化方法形成解决方案。经营的差异化强调在管理专业化的基础上对各类门店进行市场定位,形成有别于竞争对手的竞争优势。管理专业化和经营差异化的最大区别在于,前者强调在统一的组织体系下分工合作,而后者强调在分散的组织体系下独立运作。显而易见,前者才是我们应该遵循的,也是坚守连锁管理本质所需要的。

2. 品类管理成营采关键

中国零售市场已经进入残酷洗牌阶段,政府不断规范供商的收费行为,监管食品安全的手段越来越严,这就使连锁超市越来越需要回归连锁的本质,减少对通路收费的依赖,增强商品赢利的能力,提高集中、集约、规模采购的能力;而统一配送既能解决商品统一验收和信用收货的问题,同时也减轻了门店频繁收货的工作压力。

营采问题是国内连锁企业的通病,而品类管理又是解决营采关系的关键环节。国际上诸多连锁企业均能不同程度地做到,而我们却始终争议不断,动作迟缓,从来都没有取得过实质性的突破。

……

现代零售技术研究的是流程和标准。如果我们无法按照流程和标准在货架上陈列商品,影响了消费者选购商品的感官需求,导致商品销售受阻,那么再好的零售技术也无济于事。品类管理要遵循科学的流程和标准,而不是依赖个人的喜好,这是回归连锁超市本质的具体内容之一。

解决营采问题,既难也不难。难在所有竞争对手都采取零售技术时,我们如何比别人用得更好。不难在这种规则和标准制定并不需要高深的科学,只需不断完善和提升。但是如果我们脱离了连锁的本质,营采问题就会变得非常难,因为个人喜好的组合太多,导致管理难度加大!

3. 内外交困下的改变

在内外部环境下行的压力下,用连锁超市的本质来审视我们已经形成的各种制度和模式,用市场的眼光来观察竞争对手;要想在严酷的市场上生存、胜出,我们必须做出种种改变。

首先在采购集中、商流分权、运营管理方面要有新的突破。过去我们一味地强调采购集中,忽视了商品采购以后的商流分权运作。今天我们仍然坚持商品采购集中的原则,但更要重视商品采购以后,在实现销售的过程中,各个环节是否按流程标准来实施分权操作的过程。

我们要以流程和规则为基础,依托信息技术,通过对业务模式、供应商管理、统一结算、费用管理等核心管理体系的优化提升,来促进不同管理体系的集约化和专业化管理水平,使之相互融合、互为依托,增强协同效应。

我们还要加强运营管理和监控。在品类管理、自动补货、货架资源、商品陈列、价格管理等方面都要按照切合实际的流程和标准进行严格管理。要积极推进以统一定价为主,门店灵活定价为辅的价格管理。门店可以有一定的定价权,但必须以可指导、可控制、可分析为前提。营销要突出活动绩效和品牌效应。要以统一营销为主,分级营销为辅,每次营销活动后要有评估分析。这样既可避免商品过度同质化,也能改变门店过度个性化带来的规模效应下降现象,提升综合经营能力和门店绩效。

作为连锁零售界领军人物,华国平先生对传统连锁企业经营的认识非常透彻,同时对提升我国连锁经营整体水平也是言之谆谆、意之殷殷。经过一段喧哗,无论是传统的还是新锐的连锁企业,都已经意识到,遵循"零售的本质"开展连锁门店营运管理,是唯一正确的方向!

最后,希望你能养成一种"本质思维"——不管做什么选择,都以事物最根本的原则为参照点,不断用那个参照点为自己纠偏。

(资料来源:部分资料来自《中国商界》,经作者整理改编)

思考:

(1) 连锁企业在经营过程中,如何处理"统一"与"个性化"之间的关系?

(2) 请结合自身体验,分析新零售的本质是什么?

任务一　识别门店类型

学前思考:你的生活所在地有哪些连锁企业门店?它们有什么特点?

在现代商业社会,零售门店数量众多、类型非常丰富,涵盖了日常生活中的方方面面,为人们的消费提供了极大便利,并有效提高了人们的生活质量。粗略地看,各个零售门店都非常类似,但细究起来,每家门店都略有不同。

一、零售门店分类

2017 版的《国民经济行业分类》(GB/T 4754—2017)规定,零售业"指百货商店、超级市场、专门零售企业店、品牌专卖店、售货摊等主要面向最终消费者(如居民等)的销售活动,以互联网、邮政、电话、售货机等方式的销售活动,还包括在同一地点,后面加工生产,前面销售的店铺(如面包房);谷物、种子、饲料、牲畜、矿产品、生产用原料、化工原料、农用化工产品、机械设备(乘用车、计算机及通信设备除外)等生产资料的销售不作为零售活动;多数零售企业对其销售的货物拥有所有权,但有些则是充当委托人的代理人,进行委托销售或以收取佣金的方式进行销售;零售业按照销售渠道分为有店铺零售和无店铺零售,其中有店铺零售分为综合零售和专门零售"。

根据《零售业态分类》(GB/T 18106—2004),零售业态分为店铺零售业态和无店铺零售业态两类,包括食杂店、便利店、折扣店、超市、大型超市、仓储会员店、百货店、专业店、专卖店、家具建材商店、购物中心、厂家直销中心、电视购物、邮购、网上商店、自动售货亭、电话购物17种零售业态,其中常见的采取连锁经营的业态有便利店、折扣店、超市、大型超市、仓储式会员店、百货店、专业店、专卖店、家具建材商店、购物中心十大类。

二、常见业态特点

根据国家标准,常见的十大业态的具体特点如下。

1. 便利店

便利店通常位于商业中心区、交通要道,以及车站、医院、学校、娱乐场所、办公楼、加油站等公共活动区,营业面积 $100m^2$ 左右,利用率高。商圈范围小,顾客步行 5min 内可到达,目标顾客主要是单身者、年轻人;顾客多为有目的地购买。商品以即食食品、日用小百货为主,有即时消费性、小容量、应急性等特点,商品品种 3 000 种左右,售价高于市场平均水平。以开架自选为主,结算在收银处统一进行;营业时间 16h 以上,提供即时性食品的辅助设施,开设多项服务项目,管理信息化程度较高。

2. 折扣店

折扣店通常位于居民区、交通要道等租金相对便宜的地区,辐射半径 2km 左右,目标顾客主要为商圈内的居民。营业面积 300～500m²,商品平均价格低于市场平均水平,自有品牌占有较大的比例。开架自选,统一结算,但用工精简,为顾客提供有限的服务。管理信息化程度一般。

3. 超市

超市主要位于市、区商业中心、居住区,辐射半径 2km 左右,目标客户主要为商圈内的居民。营业面积在 6 000m² 以下,以经营包装食品、生鲜食品和日用品为主。它可以分为食品超市与综合超市两大类型,它们的商品结构不同。采取自选销售,出入口分设,在收银台统一结算。营业时间 12h 以上,管理信息化程度较高。

🎀 案例分享　　　　美佳超市——中国连锁经营的开创者

1990 年 12 月 26 日,广东省东莞市虎门镇出现了一家色彩明快、风格新颖的商店,店铺经营日常小百货、个人护理品、家居用品、食品、副食品等,从店内布置到营业员的服装都与其他店铺迥异,这就是美佳超市。仅一年时间,这家名为美佳的店铺已经增至 8 家;发展到最鼎盛时期,门店数量达到四五十家,基本上覆盖了东莞的每一个镇。业界普遍认为,中国现代意义上的连锁经营是从美佳超市的创办开始的。严格意义上说,美佳超市并不是我国最早的连锁经营企业,将其作为中国连锁经营的开始,主要原因是美佳超市在当时产生了较大的影响。1994年3月,原国内贸易部与原国家经贸委、原国家体改委在广州召开连锁商业座谈会,推广的就是美佳超市的经验。这是中国政府部门召开的第一次研究发展连锁经营的会议。2016年11月,在苏州召开的中国全零售大会上,美佳超市的创建者叶志坚先生荣获CCFA颁发的"2016年CCFA终身成就奖"。

(资料来源:杨刚.连锁经营业种概览[M].厦门:厦门大学出版社,2013)

4. 大型超市

大型超市通常位于市、区商业中心、城郊接合部、交通要道及大型居住区,辐射半径2km以上,目标顾客以居民、流动顾客为主。实际营业面积6 000m^{2}以上,大众化衣、食、日用品齐全,一次性购齐,注重自有品牌开发。自选销售,出入口分设,在收银台统一结算,并设有不低于营业面积40%的停车场。管理信息化程度较高。

5. 仓储式会员店

仓储式会员店位于城乡接合部的交通要道,辐射半径5km以上,目标客户以中小零售店、餐饮店、集团购买和流动顾客为主,营业面积6 000m^{2}以上。商品(经营)结构以大众化衣、食、用品为主,自有品牌占相当部分,商品在4 000种左右,实行低价、批量销售。自选销售,出入口分设,在收银台统一结算。设有相当于营业面积的停车场,管理信息化程度较高,并对顾客实行会员制管理。

6. 百货店

百货店主要位于市、区级商业中心或历史形成的商业集聚地。目标顾客以追求时尚和品位的流动顾客为主,营业面积6 000~20 000m^2。销售产品综合性强、门类齐全,以服饰、鞋类、箱包、化妆品、家庭用品、家用电器为主,采取柜台销售和开架面售相结合的方式。注重服务,设餐饮、娱乐等服务项目和设施,管理信息化程度较高。

7. 专业店

专业店通常位于市、区级商业中心及百货店、购物中心内,目标顾客以有目的地选购某类商品的流动顾客为主。规模根据商品特点而定,商品(经营)结构通常以销售某类商品为主,体现专业性、深度性、品种丰富,选择余地大。主要采取柜台销售或开架面售方式,从业人员具有丰富的专业知识。管理信息化程度较高。

8. 专卖店

专卖店主要位于市、区级商业中心、专业街及百货店、购物中心内。目标顾客以中高档消费者和追求时尚的年轻人为主,规模根据商品特点而定,以销售某一品牌系列商品为主,销售量少、质优、高毛利。采取柜台销售或开架面售方式,商店陈列、照明、包装、广告讲究;注重品牌声誉,从业人员具备丰富的专业知识,提供专业性服务。管理信息化程度一般。

老师带你逛门店

9. 家具建材商店

家具建材商店主要在城乡接合部、交通要道或消费者自有房产比较高的地区,目标顾客以拥有自有房产的顾客为主。营业面积6 000m^{2}以上,商品以改善、建设家庭居住环境有关的装饰、装修等用品、日用杂品、技术及服务为主,采取开架自选方式,提供一站式购物和一条龙服务,停车位 300 个以上。管理信息化程度较高。

10．购物中心

购物中心区分为社区购物中心、市区购物中心、城郊购物中心三类,分别说明如下。

（1）社区购物中心

社区购物中心位于市、区级商业中心,商圈半径为 5～10km,建筑面积为 5 万平方米以内,有 20～40 个租赁店,包括大型综合超市、专业店、专卖店、饮食服务及其他店,各个租赁店独立开展经营活动。停车位 300～500 个,各个租赁店使用各自的信息系统。

（2）市区购物中心

市区购物中心位于市级商业中心,商圈半径为 10～20km,建筑面积为 10 万平方米以内,有 40～100 个租赁店,包括百货店、大型综合超市、各种专业店、专卖店、饮食店、杂品店以及娱乐服务设施等,各个租赁店独立开展经营活动。停车位 500 个以上,各个租赁店使用各自的信息系统。

（3）城郊购物中心

城郊购物中心位于城乡接合部的交通要道,商圈半径为 30～50km,建筑面积 10 万平方米以上,有 200 个以上租赁店,包括百货店、大型综合超市、各种专业店、专卖店、饮食店、杂品店及娱乐服务设施等,各个租赁店独立开展经营活动。停车位 1 000 个以上,各个租赁店使用各自的信息系统。

任务二　解析门店营运管理

学前思考：观察一家连锁门店,想想它主要有哪些职能?

相对而言,连锁门店营运管理的主要目的在于提供高质量的服务,以满足顾客需求。由于服务具有无形性、异质性,以及不可分离、不可存储等特点,为保证服务质量,门店营运过程中应注意工作的标准化、操作的规范性、运行的高效性等。连锁门店营运主要包括员工管理、顾客管理、供应商管理、商品管理、现金管理、信息管理和环境管理七个方面,做好这些方面的工作,就可以保证服务的高水准。

一、员工管理

连锁门店员工管理的目标就是根据门店营运对人力的需求,合理确定岗位及人员编制,科学进行人员安排,最大限度地发挥员工各方面的潜力,有效控制人工成本,实现门店的高效营运。员工管理的主要内容如下。

1．合理排班

门店在认真分析销售数据的基础上,结合顾客休息日、节假日及一天中各时段客流量变化等因素,预测各部门、岗位的工作量,根据工作量安排适当数量的员工,把门店用工控制在合理水平。

2. 出勤管理

制定员工的考勤制度并进行严格出勤管理是门店正常运作的基本保障。门店应严格按照考勤制度进行考勤,并安排好休假、调班人数,实现各作业部门工作人员配置合理、经济。

3. 服务质量

提升服务质量是连锁企业取得竞争优势的重要途径。门店要加强员工的服务标准化培训,按照公司服务标准化督促职工保持良好的服饰、仪容、礼貌用语和态度,并且随时留意和妥善处理顾客的投诉及意见,不断改进服务方式,提升服务水平。

4. 工作效率

连锁企业大多为劳动密集型,经营利润较低,人工成本是门店经营成本的重要组成部分。因此,控制员工人数、提高劳动效率是连锁门店提升盈利水平的重要手段。门店应经常调查各部门作业人员的作业状况,合理地调度员工,充分发挥员工的专长,持续提高工作效率。

🎁 案例分享   **"共享员工"是权宜之举还是未来趋势**

"新华视点"记者调查发现,最早招收"共享员工"的是在线零售行业,之后逐渐推广至物流、制造业等行业。"共享员工"是新冠肺炎疫情之下的权宜之举,还是未来社会的发展趋势?

广东清远小伙戴柏榆原本是一家火锅店的主管,如今成了一家超市的拣货员。"火锅店复工一再延后,不开工就没有收入。"戴柏榆说,幸好火锅店和盒马鲜生有合作,可吸纳待岗员工兼职。因为在餐饮店工作的关系,戴柏榆持有健康证,又熟悉各种蔬菜、肉类,很快通过了面试。"从事的工作很容易上手,挺适应新工作的。"他告诉记者,"火锅店主管的岗位还保留着,复工了就回去。"

疫情期间,线下餐饮、酒店等服务行业受到冲击,大量员工无工可返;而在线生鲜电商生意火爆,拣货员、打包员、骑手等人手紧缺,由此出现了这种临时性的灵活用工模式——"共享员工"。

餐饮企业与零售企业的员工共享最早也最多。2020年2月3日以来,包括餐饮、文娱、零售等行业40多家企业的超3 000名"共享员工"加入盒马生鲜;沃尔玛全国400多家门店已入职兼职人员超3 000人,还与全国各地的餐饮企业等开展"共同用工"项目,意向员工近2 000人。"共享员工"从事的工种比较简单,经过简单培训就能上岗。目前较多使用"共享员工"的岗位包括打包、分拣、上架、排面整理、仓库整理、一线流水操作等。

除了企业自发共享,多地政府也鼓励企业通过"共享模式"解决用工问题。广东省东莞市人社局推出3类企业用工余缺调剂服务模式,推动企业"共享员工";安徽省合肥市人社局日前发布《到复工企业就业的倡议书》,鼓励通过"共享员工""弹性员工"和远程工、钟点工等多种形式,支持企业复工。

(资料来源:新华网.记者张璇,胡林果.经编者整理改编)

二、顾客管理

顾客是连锁门店生存发展的基础,没有顾客就没有销售,没有销售就没有盈利。顾客管理是门店运管管理的重点,主要包括以下四点。

1. 顾客构成

通过问卷调查、VIP会员、抽彩券等方法测算商圈范围,了解顾客分布状况、购物规律,要认真分析商圈内居民收入水平、人口数、户数、消费倾向、年龄、性别等有关信息。

2. 顾客需要

通过定期问卷调查、对顾客的投诉进行统计分析等,了解顾客需求和门店需要改进之处,并据之调整门店商品结构、服务定位,改善或丰富服务内容,以更好地满足顾客需要。

3. 建立顾客档案

顾客档案的建立是门店营运管理必做的日常事务之一,门店可通过会员制等形式将顾客的姓名、地址、电话号码、主要购买商品类别、采购时间等内容登记在案,并为其提供优质服务,以保持顾客队伍的稳定。目前,连锁企业大都通过自建或与第三方平台合作方式,以注册会员为切入点,收集顾客各类数据,以建立和完善顾客数据库。

4. 妥善处理顾客投诉和意见

在门店营运过程中,由于各种原因难免会与顾客产生矛盾和冲突,这会导致顾客的投诉。如何处理好顾客的投诉和意见,是保持顾客与门店良好关系的重要环节。门店必须妥善处理,以消除顾客不满,维护企业和顾客的利益。

三、供应商管理

对连锁企业而言,绝大部分的商品采购权集中在总部,对供应商的管理也主要由总部负责。但供应商管理也是门店营运的重要工作内容。门店要重点加强以下两个方面的作业管理。

1. 按时准确配送

当门店自行采购商品或总部采购由供应商直送门店时,供应商能否按时将商品配送至门店就会直接影响门店的日常经营。在综合零售行业中,不少连锁门店经营食品、饮料、药品和果蔬等商品,这些商品都有一定的保质期和保鲜期,特别是鲜肉、水产、鲜奶、蔬菜和面包等日配品对保质期与鲜度的要求更高,这时门店就必须注意严格管理供应商的配送及时性。

2. 确保商品质量

商品质量对连锁门店的经营效益至关重要。门店必须按照总部规定的质量要求对供应商送达的商品进行严格验收,商品的外观、生产日期和保质期、各项标识等均应符合规定,以确保商品质量。

四、商品管理

商品管理是门店运营管理的中心,门店商品管理的主要内容如下。

1. 订货管理

门店应根据年度销售计划,准确地做出市场预测,提出每月的商品订货计划,报总部配送中心统一组织货源。按时向总部提交订货单,以保证商品配送的及时性和准确性。

2. 质量管理

质量管理主要包括陈列时间控制和鲜度管理。陈列时间控制重点在于控制商品在货架上陈列的时间,加快商品的周转率。鲜度管理包括根据商品特点使用正确的陈列设备和陈列方法,不同商品在正确的温度下进行陈列,并遵循先进先出的原则,加快商品周转,控制损耗。

3. 缺货管理

商品缺货会使顾客的购买需求无法得到满足,导致销售额下降,顾客流失,削弱门店的竞争力。门店应定时统计门店商品的缺货率,加强检查督促工作,及时与配送中心或供应商联系,努力把门店缺货率降到最低水平。

4. 陈列管理

良好的陈列能有效地利用卖场空间,活化商品,刺激顾客购买,保持商品鲜度和质量,降低商品损耗,提高商品周转率。商品陈列管理是营运管理的重点,其主要管理要点如下。

(1) 是否按照商品配置表进行商品陈列。

(2) 各类商品知识标志是否明显。

(3) 陈列商品是否整齐、饱满。

(4) 是否能显示出门店所经营的主要商品。

(5) 陈列的方式是否能突出商品的丰富性及商品的特色。

(6) 陈列的商品是否便于顾客选购。

(7) 商品陈列是否随季节、节日等的变化而随时调整。

(8) 是否注意到商品陈列的关联性。

(9) 商品的形状、色彩与灯光照明是否有效地组合。

(10) 商品的价格标签是否完整、符合要求。

(11) 促销商品能否吸引顾客。

(12) 商品是否及时补货。

(13) 商品的广告海报是否符合要求。

(14) 陈列设备使用是否正确。

(15) 陈列设备是否正常运作。

5. 商品损耗管理

商品损耗高低对门店盈利与否具有重要影响。损耗通常是由进货不当、顾客偷窃、员工内盗、商品变质、包装破损、标价错误、变价不实、盘点不实等原因引起。日常损耗管理主要内容如下。

(1) 商品标价是否正确。

(2) 销售处理是否规范(如特价卖出后原价退回)。

(3) 商品有效期管理是否适当。

(4) 价格变动是否及时。

(5) 商品盘点是否有误。

(6) 商品进货是否不实,残损是否过多。

(7) 员工是否擅自领取自用品。

（8）收银作业差错率是否在正常范围内。

（9）是否有顾客、员工、厂商的偷窃行为。

（10）每月的损耗率是否在正常范围内。

五、现金管理

1. 每日营业收入管理

营业收入管理的重点是保证经营管理的最后成果的安全性。门店应根据实际情况配备保险箱，存放过夜营业额，由店长和专人负责管理钥匙；规定收银员、财务管理人员解款的时间、方式、路线及安全防范措施；做好报表和各种单据的管理。

2. 收银管理

收银台是现金进出最频繁的地方，也是现金管理最重要的地方。通过对收银员的有效管理，保障营业收入正常运作。收银员管理要点如下。

（1）控制收银差错率。建立收银差错率标准。熟练收银员的收银差错率可控制在万分之四以内，而新进收银员的差错率则往往超过万分之十。超过标准说明不正常，要进行清查。

（2）规范收银员行为。收银中的常见问题主要有退货不实、收到伪钞、遇到诈骗者、亲友结账少收钱等。门店店长和收银主管必须加强对收银员的管理，通过加强员工培训，制定严格的管理制度，加强日常的监管，将收银差错率控制在合理的范围之内。

（3）大额现金管理。大额钞票存放在规定的位置，为安全起见，最好存放在收银机现金盘下层；当大钞累计到一定数额时，可由收银主管或店长收到保险箱存放；清理现金时，现金保管的各项记录要完整。

3. 交班时的现金管理

（1）规定交接班的时间、现金管理方式。

（2）交班清理现金时，要注意周围的情况，将现金放置在规定的袋中。

（3）规定备用金的额度和管理措施。

（4）要求收银员负责清点自己的营业款，填写现金解款单。

（5）解款单的审核与保管。

4. 进货票据管理

门店的进货票据也是现金管理中不可忽视的环节，因为进货票据是付款的凭证，也是日后兑现的凭证。进货单据的管理应纳入现金管理的范畴，加强管理，避免流失。

六、信息管理

目前连锁门店大多采用 POS 系统和 MIS 系统，各类信息系统能够提供与运营相关的指标信息，并进行数据的统计和分析，为制订工作计划及对策提供参考。门店管理人员应定时阅读相关报表和经营指标，及时掌握门店营运状态。门店信息管理主要有以下内容。

（1）营业日报表。营业日报表主要包括各部门营业日报表、各时段营业日报表、销售比、营业额、来客数、客单价、客品项、品单价等。

（2）商品排行表。商品排行表主要包括销售额排行表、销售量排行表、交叉比率排行表、周转率排行表、毛利率排行表、销售比重等。

（3）促销效果表。促销效果表主要包括营业额、来客数、客单价、促销品、毛利率等在促销前后的差异。

（4）顾客意见表。顾客意见表主要包括投诉项目、投诉件数、投诉部门、支持项目、支持件数、支持部门等。

（5）费用明细表。费用明细表主要包括各项费用的金额、比重。

（6）盘点记录表。盘点记录表主要包括部门存货额、周转率等。

（7）利润表。利润表主要包括营业额、毛利额、损耗额、费用额、损益额等。

案例分享　　　　　技术推动零售业变革

近年来，从技术发展角度分析零售业变革的研究越来越多，并取得很多有意思的成果，甚至有人认为，没有技术的革命，零售业不可能进行大变革。例如，有学者指出，在美国，1869 年横贯东西太平洋铁路通车及后续贯通全境铁路网的出现，促进了邮购业务的发展，以邮购起家引领美国百货业达 100 年之久的西尔斯百货应运而生。1876 年，电话的出现，让远距离订货、销售等经营信息的适时传递成为可能，于是连锁店开始蓬勃发展。20 世纪40 年代计算机技术的发展，为连锁超市的发展创造了有利条件，于是沃尔玛等零售巨头迅速成长起来。

如今，信息网络技术革命会带来什么样的零售业变革呢？云服务及大数据处理、VR/AR（虚拟现实/增强现实）技术、人工智能和物联网技术的出现，肯定会导致零售业的不断变革。例如，大数据分析、自助收银、黑灯仓库、智慧物流，以及无人货架、无人便利店等，已经深入零售业的各个环节。

需要注意的是，技术的应用在人，零售人的认知不更新，就不会产生变革。技术推动零售大变革，其本质就是（技术）工具改变（零售人）认知。

七、环境管理

良好的经营环境是门店营运顺利开展的前提。环境不仅包括有形的物质环境，还包括无形的内在环境。环境管理主要包括以下内容。

1. 建立融洽和谐的公共关系

门店经营的长期性，要求它必须与所在区域的相关职能部门和人员保持良好的沟通及融洽的关系，如工商、税务、公安、消防、城管、质监、物价、街道办、居委会、周边居民等。门店要主动地交流和获取相关信息，全力配合其相关工作和活动，以获得他们最大限度的理解、支持和帮助。

2. 保持统一良好的品牌形象

首先，门店作为连锁企业经营网络系统的基本单元，必须严格确保其识别系统与企业总体要求一致，即门店的内外部装修装饰必须符合总部的统一规范，如店名、店招、色彩、标识等。其次，门店所有人员的行为规范必须符合总部的统一要求，力求通过每一位一线员工标准规范的行为，展现企业的良好形象。最后，门店在条件和能力允许的情况下，应积极承担所在社区的社会责任，参与公益活动。此举既可以提高门店在社区居民（他们也是门店核心潜在顾客）中的知名度和美誉度，也可以为企业树立良好的品牌形象。

3. 创造安全舒适的购物环境

门店的安全主要指门店的防火、防涝、防盗、防拥挤踩踏，以及危机事件应对等，这可以通过合理的规划设计、有效的保障设施、严格的安全管理制度、充分详尽的预案和演练来实现。而舒适的购物环境，在要求门店干净整洁、井然有序、布局合理、环境宜人、温度适当的同时，还应通过丰富门店功能，提高消费过程中的互动性，增强顾客购物体验。

4. 营造轻松愉快的购销氛围

门店购销氛围往往被很多门店的管理者所忽略。其实，它对提升顾客购物时的愉快体验、提高顾客的满意度有着至关重要的意义。在这个产品供给远远大于需求的"过剩经济时代"，没有哪位顾客愿意在每个员工都板着脸的卖场中过多地停留。所有员工都以一种轻松愉快的心情去销售，才能感染和带动顾客，进而形成整个卖场轻松愉快的氛围。

任务三　设计门店组织结构

> 学前思考：采用线上线下融合方式的连锁门店越来越多，盒马鲜生就是其中的典型代表，盒马鲜生门店与传统连锁零售企业门店（如世纪联华、永辉超市、华润万家等）在职能上有什么区别？

现代连锁企业通常都采取集中化管理方式，总部是连锁企业的核心，也是为门店提供服务的单位；总部通常承担采购配送管理、财务管理、质量控制、经营指导、市场调研、商品开发、店铺开发、教育培训、大型促销策划、定价管理等职能。门店是总部政策的执行单位，是连锁公司直接向顾客提供商品及服务的单位，按照总部的指示和操作规范完成现场销售、服务等日常经营任务。连锁企业总部只有做到标准化、专业化、集中化管理，才能实现门店作业的单纯化、高效化运作。

一、连锁企业组织结构

连锁企业常见的组织结构类型包括三大类：总部—门店、总部—配送中心—门店、总部—地区分总部—配送中心—门店。

1. 总部—门店

总部是企业法人机关及管理职能部门所在地。门店由总部直接投资（直营连锁）或通过合同关系形成（特许连锁），不设立独立的商品配送中心。该种组织结构主要适用于以下三种情况。

（1）连锁企业发展初期。此时，门店数量少，商品种类或数量不多。商品配送既可以在总部的统一管理安排下，由供应商直接送货到门店；也可以通过专业的第三方配送企业，或借用其他连锁企业配送中心完成商品配送。

（2）专业店/专卖店。企业经营商品种类少、数量不大。商品配送通常是在总部的统一管理安排下，由品牌代理商或生产厂商直接送货到门店。

（3）专门经营服务项目的连锁企业。这类企业一般不需要原材料或需要很少的商品/

原材料。此时配送往往是总部统一安排购买供应商直接送至门店，或者直接由各门店自行采购。

2. 总部—配送中心—门店

配送中心是连锁企业总部投资建设的下属机构，是连锁企业物流职能的具体承担者，既接受总部业务指导，又承担着各门店所需商品的进货、仓储、分拣、加工、配送等职能。当连锁企业发展到一定规模时，供应商直接送货已经无法满足各门店销售需求，且送货成本大幅增加，送货效率明显下降，连锁经营规模效应无法体现，此时连锁企业往往选择自建配送中心，开展集中采购和统一配送，提高企业经营效益。

3. 总部—地区分总部—配送中心—门店

这种组织结构形式适合于连锁网点分布地域广泛、甚至达到跨国经营规模的连锁企业。这种组织机构设置时，要遵循以下两个原则。

原则一：分总部的区域化设立与管理原则。连锁企业分总部所管理的范围尽量限定在经济发展水平相当且相邻的一个经济区域以内（几个省份或几个国家地区），或者限定在一个国家内。

原则二：门店集中化、区域化设立原则。连锁企业在发展网点时，尽量在一个城市内或一个经济区域内集中发展若干个连锁门店，并构建一个区域配送中心。

二、门店组织结构

连锁门店结构相对简单，一般不具有决策职能，因为新品开发、商品采购、配送、财务作业、信息管理等由总部集中统一管理。门店主要是负责执行总部的方针和决策，管理比较简单，一般实行店长负责制。规模较小的门店由店长直接管理；规模较大的门店，会设置一些职能部门协助店长开展管理。

不拘一格的
连锁门店设计

由于业态和规模不同，连锁门店的组织结构也有所不同。小规模的门店，如便利店、奶茶店、小型专业/专卖店等，管理层仅一层，由店长负责全面管理；中等规模的门店，如超级市场、中等规模的专业/专卖店、轻餐饮门店等，管理层一般分为店长、部门主管两层；大型门店，如百货店、大型超市（大卖场）、购物中心等，管理层一般分为总经理、部门经理、课/组长三层。下面介绍一些常见业态的组织结构。

1. 便利店的组织结构

便利店的组织结构如图 1-1 所示。

图 1-1　便利店的组织结构

店长的主要工作内容：维护顾客关系；理解公司的经营方针及政策，落实工作的执行并交代下属共同达成任务；对下属进行管理与训练；管理进销存；管理资产设备和账务；招募、训练兼职人员；掌握市场竞争情报等。

副店长的主要工作内容：协助店长理解公司经营方针及政策，落实工作的执行并交代下属共同达成任务；协助店长对下属进行管理与训练；辅助管理进销存、资产设备；学习账务管理；协助店长招募、训练兼职人员；必要时代理店长职务。

员工的主要工作内容：落实品质、服务、清洁的执行；点货、补货、打标、陈列及过期商品管理；损耗管理；收银、现金、单据整理；机器和设备管理；交接班和特殊事故管理；其他店长交办事项的执行。

2. 大型超市的组织结构

图 1-2 是某大型超市的门店组织结构。该门店组织功能设计完善，基本涵盖了门店的全部业务，是大型超市业态组织结构设计的一个典型代表。

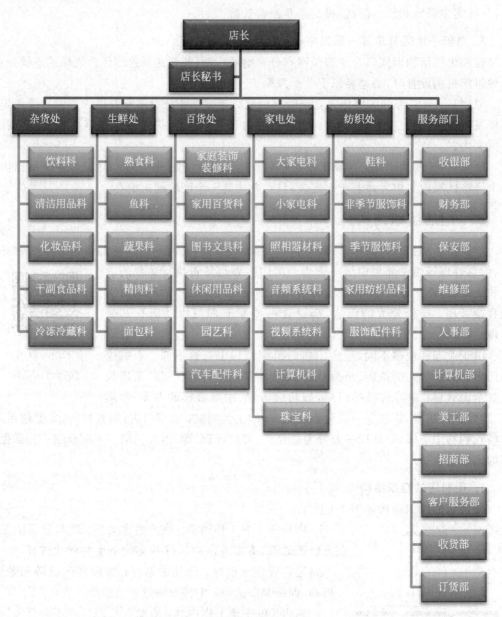

图 1-2　某大型超市的门店组织结构

3. 专卖店的组织结构

专卖店的组织结构如图 1-3 所示。

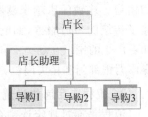

图 1-3　专卖店的组织结构

店长的主要工作内容：提升店铺的业绩，降低库存数量，完善管理体制，提升员工能力，激励团队士气，维护品牌形象。考核依据是季度和月度的销售情况。

店长助理的主要工作内容：协助店长管理店铺，是店长的第一候选人。考核依据是销售情况，以及店铺管理等。

导购的主要工作内容：掌握产品知识，熟悉和提升服务技巧，开展现场销售。考核依据是每月的销售达成率。

4. 经济型酒店门店的组织结构

图 1-4 所示为经济型酒店门店通用的组织结构。

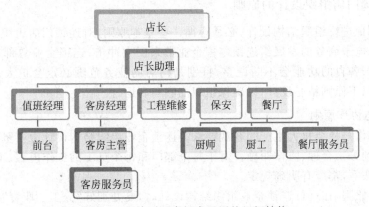

图 1-4　经济型酒店门店通用的组织结构

三、连锁门店组织设计的影响因素及原则

（一）连锁门店组织设计的影响因素

根据组织结构设计理论，任何一个企业组织结构设计都会受到多种因素的影响，如行业、战略、技术、规模、环境、人力资源甚至企业文化等。但在实际操作过程中，企业组织结构设计主要考虑战略、业务策略、流程三大要素。虽然连锁门店的组织结构简单，但在组织设计时也要考虑这三大要素。

1. 战略决定组织结构

战略是连锁企业有意愿并能够向市场提供的产品和服务的选择。不同的战略决定了组织不同的盈利模式、发展思路，也决定了不同的组织架构。如果一家综合零售连锁企业是传统线下销售型，其主要战略就是提升商品管理效率，降低成本，商品管理部门是主要业务部门，包括门店的生鲜部门、食品部门、百货部门等。如果一家连锁企业是强调线上与线下融合且以线上销售为主的新零售企业，其主要战略就转变为强化互联网推广和消费者购物体验，网络推广和门店配送部门就成为主要业务部门。

2. 业务策略决定流程

不同的连锁企业有不同的业务策略，同一企业在不同时期也可能有不同的业务策略。随着网络购物群体越来越大，很多连锁零售企业也开始重视通过移动互联网进行客户开发和销售。连锁门店越来越看重门店与消费者之间的互动，以及消费者与消费者之间的互动。除了传统的售后服务，如电话、维修、会员制、网上留言等方式，也包括自媒体互动、粉丝互动和更广义的论坛互动。不同的职责必然需要不同的组织结构承接，此时，连锁门店就应增设新媒体营销部门和相关岗位，并调整原有部门的职责，以便对网络客户的需求提供更好的响应。

3. 流程决定岗位设置

流程是通过规定连锁企业各项业务活动的次序与要求，实现企业的价值增值，也就是说，流程决定了企业的价值增值的方式。因为流程在组织运行中具有独特作用，所以在进行组织结构设计时需要考虑流程的走向，保证流程的顺畅、高效。连锁门店在组织结构设计时，通常先会考虑组织大的流程是什么，然后用组织结构支撑流程。任何不利于组织流程实现的组织结构都不是好的组织结构。例如，在综合零售连锁企业门店，主要流程就是商品的订货、收货、理货、销货（收银），这些岗位是任何一家门店不可或缺的岗位。

（二）连锁门店组织设计的原则

科学合理地进行组织结构设计，必须遵循一些基本原则，对连锁门店组织设计而言也是如此。近年来电子商务的发展给连锁零售企业带来巨大冲击，连锁企业总部和门店必然要进行组织变革，各自的功能会不断调整，特别是门店的业务范围必定会扩大。在组织调整时，必须依据以下原则精心设计，以确保组织能够顺利运行。

1. 分工与协作原则

分工与协作是社会化大生产的客观要求。连锁企业组织结构设计中要坚持分工与协作的原则，要做到分工合理、协作明确。对于每个部门和每个员工的工作内容、工作范围、相互关系、协作方法等，都应有明确规定。

根据这一原则，在进行连锁企业组织结构设计时，要处理好"分工—职责"的问题。分工时应注意分工的"粗细"要适当。一般来说，分工越细，专业化水平越高，责任越明确，效率也越高，但也容易出现机构增多、协作困难、协调工作量增加等问题。分工太粗，则机构较少，协调工作量减轻，易于培养多面手；但是专业化水平和效率比较低，容易产生推诿责任的现象。这两者各有优劣，具体实施时要根据实际（如人员素质、管理难易繁简程度）选择和确定。

2. 任务目标原则

任何一个企业都有其特定的任务和目标，每个部门、每个岗位都应当与其特定的任务目标相关联；部门或岗位的调整、增加、合并或取消都应以是否对其实现目标有利为衡量标准；没有任务目标的部门或岗位是没有存在价值的。

连锁企业的组织应集中于员工及工作的分配、业务促进，其中业务是中心。在连锁店中，首先要明确业务，然后根据需要招聘员工，分配任务，这样才能保证连锁企业的营运效率。

3. 命令统一原则

命令统一原则的实质是在管理工作中实行统一领导，建立严格的责任制，消除多头领导和无人负责的现象，保证全部活动的有效领导和正常运行。

4. 集权和分权相结合原则

集权就是权力相对集中于最高层领导，统管所属单位和人员的活动。分权与集权恰好相反，它使直接控制面扩大，减少从最高层到最底层的管理层次，使最高层与基层之间的信息沟通较为直接。集权应以不妨碍基层人员积极性的发挥为限，分权应以上级不失去对下级的有效控制为限。集权与分权是相对的，不是一成不变的，应根据不同情况和需要加以调整。

5. 管理幅度原则

管理幅度也称为管理跨度,是指一个领导者直接而有效地领导与指挥下属的人数。管理幅度应视其职位不同而有所不同,如分店经理应能对分店所有员工实施管理,而部门经理应能对部门所有员工实施管理,连锁店总经理应能对各个部门经理实施有效管理。根据相关研究,管理幅度可为1~24人,一般认为7~8人最好。

6. 责权利相对应原则

有了分工,就意味着明确了职务,承担了责任,就要有与职务和责任相等的权力,并享有相应的利益,这就是职、责、权、利相对应的原则。权力是在一定职位上具有的指挥和行事的权力,责任是在接受职位、职务时应尽的义务。与一定职位相联系的职务、有关权力和责任的规定与说明,通常详载在连锁店的组织章程和营运手册中。在这些文件中,对承担各项工作的人员,分派给他什么职务,行使什么权力,履行什么责任均有明文要求。不同的工作岗位需要具有不同技能、知识、经验的人才。因此,可以通过考查经历、测验、面试等手段来了解每个员工的知识、技能、兴趣、经验,为其安排适当的职位。总之,连锁店的组织设置必须贯彻权责对称、才职相称的原则。

案例分享　　**在新零售的模式里,实体店发生了什么变化**

在新零售的模式里,实体店的职能发生了质的变化。

(1) 它不再单纯是一种传统销售渠道,它会有更多的品牌树立功能,因为只有树立了品牌,才会在线上更吸引人的注意。

(2) 它会有更多的体验感展现,从品牌文化的体验到产品功能的体验、生活方式的体验、人工智能的体验、大健康效果的体验、品质感的体验、便捷性的体验等,这些体验感都是线上模式只能虚拟却无法完成的。

(3) 对于中高端类消费来说,不再是原先单纯的微笑服务,新零售更多的是提供专业的解决方案,从出售产品向出售解决方案转变,更多的是体现商品的附加值。

(4) 建立更多的信任感,注重提升口碑,也是新零售下实体项目的优势,面对真假难辨的互联网,实体店无疑更具信赖感和安全性。

(5) 可以有更多的消费者互动来增加黏性,消费者可以得到面对面的充分沟通和更全面的服务,加深对品牌的认知。

(6) 以更专业、更人性化、更个性的服务来避免价格恶性竞争,价格战肯定不是品牌长期发展的良性措施,只有个性化、专业化的服务才是制胜的关键。

(7) 更精准的引流,利用大数据库支持,根据定位精准推送产品、促销信息,将电商之长为实体零售所用。

(8) 更精准的营销,建立各种主题的圈层,多渠道蓄客共享,根据自身定位,更高效地找到目标人群。

(资料来源:http://dy.163.com/v2/article/detail/EG6JVNOB053842C7.html,经作者整理改编)

任务四　能力训练

对综合零售连锁企业而言,生鲜产品是一个非常重要的品类。我国传统的生鲜供应链条非常长,包含多个交易环节,如经纪人、各级批发市场、农贸市场等。流通环节增加,导致交易费用增加。为解决这一问题,许多零售企业提出建立"中央仓＋前置仓"的经营模式。所谓中央仓,是指在一级城市(如省会)建立大型仓库,一头对接基地或批发市场,另一头面向市场端,以此来部分代替"批发市场"的功能。前置仓是指根据社区选点,建立仓库,覆盖周围社区,进行小仓囤货;同时组建物流团队,在消费者下单后,将商品从前置仓配送到消费者手中。如每日优鲜、叮咚买菜,采用的就是"中央仓＋前置仓"的模式。

一、训练内容

组建共同学习小组,选择一家采用"中央仓＋前置仓"模式的企业,通过线上资料收集、线下实地走访、亲身购物体验等方式,分析该模式的优点与缺点,并以思维导图形式呈现出来。

二、训练步骤

1. 选择目标企业并收集相关资料

共同学习小组成员分别查找采用"中央仓＋前置仓"模式的企业,并收集该企业基本信息。然后小组讨论并选定目标分析企业,围绕目标企业进行二次信息收集。要求采取两种及以上方式进行信息收集。

2. 整理分析相关资料

根据前期收集的资料,对目标企业"中央仓＋前置仓"模式的实施情况、经验教训进行分析,并结合门店营运管理的相关内容,总结归纳其优缺点。

3. 绘制思维导图

利用百度脑图或其他思维导图绘制工具,共同绘制目标企业"中央仓＋前置仓"模式的优缺点思维导图。

三、训练要求

1. 训练过程

通过小组自主探究、教师辅助指导的方式完成训练任务。

(1)教师布置任务。

(2)学生组建共同学习小组(建议 3～5 人),确定小组成员分工。

(3)初步查找企业资料。

(4)小组讨论明确目标企业。

(5)进行二次信息收集。

(6)根据所学内容,整理分析相关资料。

(7)共同绘制思维导图。

2. 训练课时

建议训练课时:课内 2 课时,课外 2 课时。

四、训练成果

思维导图 1 份。

门 店 布 局

学习目标

【知识目标】

1. 掌握顾客流动路线的含义及要求。

2. 掌握顾客流动路线的规划要点。

3. 掌握通道设计的基本原则。

4. 了解主通道、副通道的设计要求。

5. 熟悉超市门店主要区域构成。

6. 了解大型超市各商品区域特点。

7. 熟悉常见货架布局的优缺点。

8. 掌握设计商品布局的四种方式。

【技能目标】

1. 能够合理延长顾客流动路线。

2. 能够依据设计原则优化门店通道设置。

3. 能够识别门店水平人流动线和垂直人流动线。

4. 能够调整完善大型超市商品区域布局。

5. 能够根据门店定位选择合适货架布局方式。

6. 能够利用销售生产率法进行商品区域估算。

【思政目标】

1. 培养系统性思维,合理组织利用门店资源。

2. 培养辩证思维,合规、灵活设置门店区域。

走进门店

知识技能点思维导图

请根据所学内容，把该思维导图补充完整。

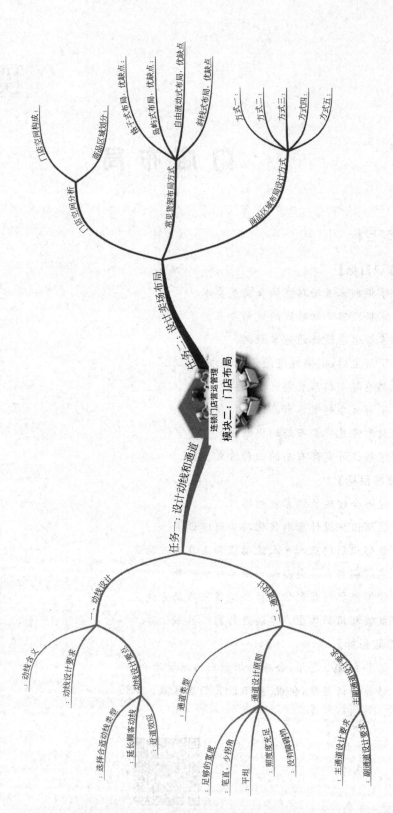

模块二：门店布局

连锁门店营运管理

任务一：设计动线和通道

任务二：设计卖场布局

门店空间分析：
　门店空间构成：
　商品区域划分：

常见货架布局方式：
　格子式布局，优缺点：
　岛屿式布局，优缺点：
　自由流动式布局，优缺点：
　斜线式布局，优缺点：

商品区域布局设计方式：
　方式一：
　方式二：
　方式三：
　方式四：
　方式五：

一、动线设计
　动线含义：
　动线设计要求：
　　选择合适动线类型：
　　延长顾客动线：
　　动线设计要点：近距效应

通道类型：

二、通道设计
　通道设计原则：
　　足够的宽度：
　　笔直，少拐角：
　　平坦：
　　照度充足：
　　没有障碍物：

通道设计要求：
　主通道设计要求：
　副通道设计要求：

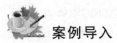　**案例导入　　　　60％的冲动消费，来自"动线设计"**

良好的动线设计能够引导和方便消费者购物，延长消费者的停留时间，激发消费者的购买欲望，提高门店营业额及人气。在这方面，做得最好的当属全球知名的家居建材连锁店"宜家家居"。英国伦敦大学建筑计算学院教授 Alan Penn 研究发现，宜家的销量之所以傲视群雄，很大程度上依赖于它把"动线"这门科学运用得淋漓尽致，60％的冲动消费，来自良好的"动线设计"！

对于逛过宜家的人来说，印象最深刻的或许不是琳琅满目、新奇而有趣的各色商品，而是"迷宫式"的动线设计，以及随处可见、很能够激发人们购买欲望的消费提示和展示方式。不懂的人，或许会质疑宜家的动线设计；懂的人，就会被宜家精心的动线设计深深折服。

仔细分析宜家的动线图（图 2-1），会发现宜家内部人流动线规划非常科学，几乎令消费者无法错过任何一个角落。当你踏入宜家门店，就会被一条"导线"默默地引导着走完所有角落。从入口进去，就被"唯一"的一条曲折回转通道依次引入客厅家具、客厅储物室等各个主区域，直到一个不落地走完才会抵达出口。但细心的你会发现，为了确保一些消费者在购物中想快速离开或快速抵达感兴趣的区域，在一些商品区域会有一些较隐蔽的辅助通道可以穿行，只不过大多数情况下，消费者都不会走这些捷径。

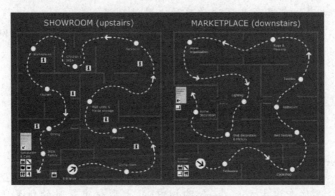

图 2-1　宜家的动线图

此外，在宜家门店里，清晰明了的指引牌随处可见，墙上、地上、各种货架上都有，甚至连购物车上都会有清晰的退换货指示牌。除指引牌外，每一个商品都会详细地标注尺寸，包括样板间也会标注面积的大小。清晰的标识既方便顾客购物，也会吸引顾客放缓脚步仔细研究商品。

选购商品时，顾客会发现宜家内商品虽然有明确的分区，各类不同的商品都会分区陈列，但也有很多场景式的搭配——家具展间，它将不同类型的商品按照生活中的情境进行组合展示。家具展间往往都是采用最有创意的空间布置，展示的是宜家最有设计感又便宜的商品，在不知不觉中影响顾客，将起初的"计划购物"转变为"疯狂购物"模式。例如，卧室家具区域搭建出精致紧凑的各类卧室，厨房家具区域则提供了空间高效利用的多样厨房，儿童家具和用品区域则呈现了温馨可爱的各式儿童房等，原本设计简约时尚的商品因而更有画面感。

进入每一个区域,会发现宜家的工作人员鲜少向顾客推销产品,还鼓励大家自助购物。顾客在门店的很多地方都能看到自助购物的指示牌。这就是宜家为节省空间、降低成本,而大力倡导的"自助购物"。鼓励自助购物,不设推销员,那么怎样推销商品呢? 那就是通过卖场中随处可见的各类广告牌。这些广告牌一般都含有教育、指引、丰富知识等方面的信息,而不是其他门店常见的那种生硬促销的广告牌。这种推销模式,往往更容易使消费者产生信赖,从而购买商品。除了理性的推介,各种煽情的口号也频频可见。例如,在厕所外墙写上"为什么宜家会有如此物美价廉的产品,因为大规模的采购+……+出众的设计=这就是原因";在儿童家具板房的展架上写上"为了我们的下一代,世界上最重要的人。"这些标语都可以有效地引起顾客的共鸣。

此外,宜家还通过一些小细节来提供与众不同的购物体验。例如,确认买大件商品的时候,多是先记录货号,而后自提,所以宜家在很多地方设置了提供铅笔、便签、纸质米尺的台子,以方便消费者使用。在洗手间和餐厅的外面,宜家会提供挂购物袋的地方,顾客可以将购物袋暂存在这里,以免携带不便。

宜家以这种独特的店面路线设计和商品展示,有效地利用了"延迟快乐"。科学家已经证实,"延迟快乐"所带来的快乐程度,是原来的好几倍。在宜家门店,顾客虽然有时会产生走迷宫、找不到路的郁闷感觉,但因为找到东西的快乐被"延迟"了,所以最后买到东西时的快感会是原本"计划购物"的好几倍! 因此走出迷宫后,很多顾客愿意下次再被迷路一次。

对宜家来说,高达"60%"的购买品不在顾客原来的购物清单之内,但最终顾客却选购了,那么精心设计动线和布置商品区域的目的也就达到了。

(资料来源:互联网,经作者整理改编)

思考:

(1) 宜家延长顾客在门店选购和停留时间的方式有哪些?

(2) 在连锁门店中应用"延迟快乐"时,应注意哪些事项?

任务一　设计动线和通道

学前思考:分享你在逛大型门店,如购物中心、大型超市等时的所见所感。

良好的动线和通道设计,既便于顾客出入,利于门店管理,又可以引导顾客尽可能多地在店内行走,以达到促进销售的目的。

一、顾客流动路线规划

(一)顾客流动路线的含义

顾客流动路线是指顾客在门店内的流动方向。由于顾客的流动方向是被店方有计划地引导的,所以也把顾客流动路线称为"客导线"。一条好的顾客流动路线应该符合以下要求。

(1) 充分利用门店空间,合理组织顾客流动与商品配置。

(2) 顾客从入口进入门店,在门店浏览一番,离店之前必须通过收银台。

(3) 避免出现顾客只能止步往回折的死路。

（4）尽可能地拉长顾客的回游时间及在门店内的滞留时间，以创造和增加销售机会。

（5）采取适当的通道宽度，以便顾客环顾各商品区域，浏览商品。

（6）尽量避免与商品配置线交叉。所谓商品配置线，就是指系列商品在货架上依次陈列所形成的一条商品分布线。

（二）顾客流动路线规划要点

1. 选择合适动线类型

许多小型门店从入口到店内尽头基本上是一条通道，这种顾客流动路线设计称为 I 字形动线（图 2-2）。I 字形通路对于客流量较多的门店而言，便于管理，但会造成营业员与顾客产生对视，不利于顾客挑选。大部分门店都尽可能避免 I 字形通路，以延长顾客走动路线，提高销售机会，客观上也能起到店内顾客较多的效果。

对于中小规模的门店而言，采用口字形（图 2-3）或八字形（图 2-4）的通路设计较为理想；而大型门店，如大型超市、仓储式超市的通路设计基本上是格子形，它强调卖场布局的对称性，突出商品的品类和销售区域。近年来，随着对顾客购物体验的重视，一些大型门店打破了左右对称的传统布局，更强调其布局的非对称性，力求给顾客营造一种新鲜感。采用格子形（图 2-5）设计时，主通道数都是偶数，因为如果是奇数，顾客走到尽头还要原路返回，这样会降低顾客在店内行走的舒适度。

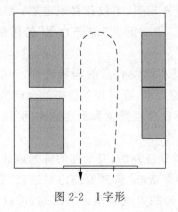

图 2-2　I 字形

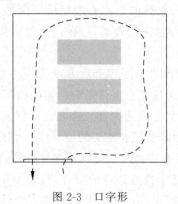

图 2-3　口字形

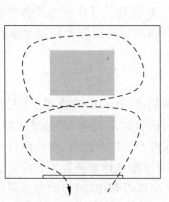

图 2-4　八字形

图 2-5　格子形

2. 合理延长顾客动线

连锁门店需要营造一种让顾客愉快购物并获得满足的氛围,给顾客一种宾至如归的感觉,而不要强迫顾客购买。因此,在延长顾客动线时,要充分利用顾客习惯,做到"润物细无声",让顾客在不知不觉中被引导着逛遍整个门店。如果无意义地延长动线,只会让顾客厌烦。可以利用如下人们的习惯进行规划。

(1) 右行习惯。大多数人都习惯靠右边行走,如果没有特别指引,进入门店也是喜欢往右边走,这样门店内人的流动方向大多是逆时针方向。因此,门店入口处右边的第一组货架上的产品就容易给顾客留下深刻的印象。在这里设置一些新品或特色品的陈列或体现门店整体形象的陈列,就会有不错的效果。

(2) 趋光性。作为一种生理条件反射,顾客的目光容易被灯光照度强的物体或诱人的灯光氛围吸引。在设计顾客动线时,利用好灯光会取得意想不到的成效。例如,一般来说,顾客不愿意逛门店的角落处,如果角落处的光线很暗淡,顾客更会对这样的地方感到不安,因此可以让角落处的亮度比其他位置的平均亮度高 1 倍,顾客的注意力就会被吸引过来。这也是"诱客深入"的一个好选择。

(3) 趋色性。门店内色彩运用得当,可以大幅提高客流量。不同波长色彩的光信息作用于人的视觉器官,通过视觉神经传入大脑后,经过思维,与以往的记忆及经验产生联想,从而形成一系列的色彩心理反应。例如,黄色会带来光明、丰收和喜悦之感;红色容易引人注意,让人兴奋、激动等,在门店里应用这些暖色,就会起到"前进心理"的作用,引导顾客前行。

(4) 便利性。顾客喜欢方便无压力的购物环境和简便容易的购物流程。动线是否顺畅,宽度是否适宜会直接影响顾客的购买欲望。通道太窄,顾客相互拥挤就会产生不愉快的感觉,从而失去购买兴趣;通道也不宜太宽,这样不仅会浪费宝贵的店铺空间,还会由于距离商品远而降低顾客购买的便利性。

(5) 好奇心。人在无明确搜寻目的的情况下,看到特别的、有个性的陈列或装饰会产生兴趣。通过个性且新奇的设计,很容易引起顾客的好奇心,激发他们想要进来"看看"的欲望,吸引顾客走进并延长停留时间。个性陈列或装饰的方式有很多。例如,可以通过设置POP(即门店中用来做促销和传递信息的媒体,包括店铺内部的装饰、陈设、招贴广告、服务指示,店内发放的广告刊物,进行的广告表演,以及广播、录像电子广告牌广告等)吸引顾客,也可以通过摆放绿色植物吸引顾客的注意力,还可以利用特殊道具设计制作醒目的造型来激发顾客的好奇心。

3. 利用"近道效应"

人们一般习惯于走短距离无障碍物的道路,也就是说,在安全的前提下,人们更喜欢抄近路行走。例如,当人们走在十字路口时,如无限制,很少会走直角,而是更习惯于走斜线,这种行为被称为"近道效应"。现在,许多大型门店都借鉴了这个效应,在通路设计上有意减少直角,而更多地在拐弯处或交叉处采用曲线,使门店通路设计更符合人们的生活习惯。

需要注意的是,"近道效应"会让门店的角落处空间难以利用,因为顾客遇到(直角)角落时,通常会沿着舒缓的曲线向前行走;此外,门店内也会有个别柱状构造等不能放置陈列架的地方,这样的角落就成了顾客停留率低的死角区域。那么如何改善这一情况呢? 在动线设计时,可以引入机会角陈列来达到这个目的。例如,利用特殊货架把拐角区域圆滑地衔接起来,在拐角处设置促销架等,如图 2-6 所示;也可以利用连贯的商品配置线覆盖角落,以吸引顾客进入这些区域,如图 2-7 所示。

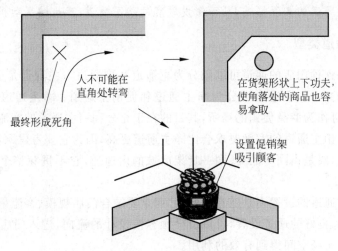

图 2-6　利用特殊货架或促销架提升拐角区域利用率

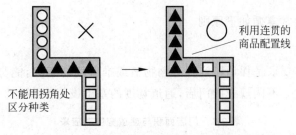

图 2-7　利用商品配置线覆盖角落

二、通道设计

门店的通道设计要便于顾客行走、参观浏览、选购商品,同时也要能够向顾客有效传递商品信息、积极引导购买行为,营造一个良好的购物氛围。

服装店的动线设计

 拓展知识　　　**合理的通道设计能有效激发顾客的购买欲望**

进入门店的顾客大体可分为三类:有明确购买动机的顾客、无明确购买动机的顾客和无购买动机的顾客。对于门店而言,重点要关注后两类顾客。无明确购买动机的顾客在进入商店之前,并无具体购买计划;而无购买动机的顾客则根本没打算购买任何商品。这两类顾客在进入门店后,看到许多顾客都在购买某种商品,或看见了自己早已想购买而一时没碰到的某种商品、某些有特殊感情的商品,或看到与自身知识经验有关的某一新产品等,就会产生需求欲望与购买动机,形成随机性购买和冲动型购买。

激发这两类顾客的购买欲望是连锁门店营运管理的重要内容。购物欲望、动机的产生,一定程度上受到顾客在门店内走动的感受、其他顾客的购物行为等因素影响。因此,在门店通道设计时要做到以下几点:考虑顾客的感受,顾客乐于进出商店,能够顺利地参观选购商品;增加商品对顾客的吸引力,提高被购买的概率;能够为顾客彼此之间无意识的信息传递创造条件,扩大顾客的相互影响,从而激发顾客的购买欲望,产生购买动机。

(一)门店通道类型

通常情况下,连锁门店的通道可以划分为主通道和副通道。主通道是引导顾客行进的主线。根据功能的不同,主通道可分为净主通道和促销主通道;净主通道只供顾客行走;而促销主通道还可作为商品促销的场所,其目的在于充分利用主通道的客流,制造更多的销售机会。显然,促销主通道的宽度要求会比净主通道更高,因为它要考虑顾客滞留购买商品的因素。副通道一般是指同一品类、同一货架区域的内通道,它不贯穿整个卖场,是顾客在店内移动的支线。

门店内主、副通道的设置不是随意设计的,而是要结合门店规模、客流量、商品品类等因素进行合理规划。良好的通道设置,可以引导顾客按设计的流向,进入门店的每一个角落,接触所有商品,使卖场空间得到有效的利用。

(二)通道设计基本原则

门店通道设计通常遵循如下原则。

1. 足够的宽度

足够的宽度基本要求是保证顾客提着购物篮或推着购物车时,能与同行的顾客并肩而行或顺利地擦肩而过。不同规模的门店,通道宽度的基本设定值如表 2-1 所示。

表 2-1　门店面积与通道宽度对应表

单层面积/m²	主通道宽度/m	副通道宽度/m
300	1.8	1.3
1 000	2.1	1.4
1 500	2.7	1.5
2 000	3.0	1.6

对于大型超市和仓储式超市而言,其客流量较大,为保证顾客行走的通畅性,主通道和副通道的宽度可以基本保持一致;同时,应适当放宽收银台周围通道的宽度,以保证当顾客排队时收银台通畅。

2. 笔直,少拐角

笔直是指卖场通道尽可能避免迷宫式的布局,最好设计成笔直的单向通道类型。在购物过程中,引导顾客依货架排列方式,按照“商品不重复、顾客不回走”的方式设计。少拐角不是顾客从一侧进入门店后,沿同一直线从另一侧走出;而是指拐角尽可能少,即通道中可拐弯的地方和拐弯的方向要少,特别是应避免死角。笔直和少拐角有时需要借助于连续展开不间断的商品陈列线来调节。例如,美国零售超市经营在 20 世纪 80 年代形成了标准长度为 18~24m 的商品陈列线;日本超市的商品陈列线相对较短,一般为 12~13m。这种陈列线长短的差异,体现了不同规模面积的超市布局的客观要求。

3. 平坦

平坦包括两层含义:①通道地面应保持平坦,尽量不要有斜坡、台阶。顾客在通道内行走时,注意力往往为两侧商品所吸引,较少关注地面情况。如果通道存在斜坡或台阶,极易出现意外。若存在无法避免的斜坡、台阶,一定要用明确、清晰、显眼的标志进行提醒,如张贴提示标志,涂刷颜色等。②各通道应处于同一层面上,尽量避免出现错层或中间层。有些门店由两个建筑物改造连接起来,有"中二层""加三层"之类的情况,令顾客难以识别,不知何去何从,显然不利于门店的商品销售。

4. 照明度充足

通常通道上的照明度起码要达到500lx(lx是照度单位,通常情况下,无辅助照明时,晴天室内光照度为100~1 000lx。)主通道相对空间比较大,是客流量最大、利用率最高的地方,要充分考虑到顾客走动的舒适性,照明度要大于1 000lx。此外,照明灯应主要放置在通道上方,明亮的灯光倾斜照在货架商品上,会形成更好的产品视觉美感,也会让顾客感觉卖场整体更明亮。

5. 没有障碍物

通道上不应有无关的障碍物。首先,通道是用来引导顾客多走、多看、多买商品的。在通道内不能陈设、摆放一些与陈列商品或促销无关的器具或设备,以免阻断或阻挡通道,损害购物环境。其次,通道周边货架的设计要充分考虑到消费者的身高、视线等条件,让顾客的视线足够宽阔,可以浏览到两边甚至是更远距离的商品。这样,一方面不会让顾客产生封闭、狭窄等不舒适的感觉;另一方面可以向顾客展示更多的商品,有利于激发其购物欲望。

(三)主、副通道设计要求

主、副通道要有层次感,错落有致。通常主力商品陈列在主通道,关联商品和辅助商品安排在副通道,但也要考虑整体商品布局。有时,为消除卖场死角,门店也会将特价品或畅销品摆放在门店最里侧或副通道上。

1. 主通道设计要求

主通道要保证通畅,尽量减少广告牌、品尝台等设施的摆放,避免采用商品的突出陈列,更不能陈设与所售商品无关的器具、用品,以免阻碍客流,影响销售。设计主通道时,主要考虑水平人流动线和垂直人流动线。

(1)水平人流动线。水平人流动线是指顾客在门店的同一楼层走动的路线。水平人流动线中最具代表性的形状是凹字形,这种设计可以让顾客走过店内主要陈列区,一目了然地看到各大类商品,并能较快地找到目标商品。水平人流动线尽量不要呈现射线形,避免顾客不停地走回头路。

设计水平人流动线的主通道时要注意以下几点:首先,要注意路线的曲直结合。曲线过多,整个空间布局不够整齐统一,易导致顾客迷失方向;直线过多,让顾客一眼望到底,缺乏诱人深入、继续探索和游逛的乐趣,直则无景。设计时,在保证通透性的基础上,曲直结合,采用之字形折线式设计,每隔三四十米设计一个拐弯继续前进,改变动线的心理长度,创造一种曲径通幽、柳暗花明的感觉。其次,要考虑动线的过渡性、角度和宽窄等问题。出入口与顾客购物活动区域之间应有一段缓冲区域,因为距离太近,易造成出入口处人流的堵塞;角度处理上,根据少拐角原则可知,圆角比钝角好,钝角比锐角好,因此尽量不要出现锐角,要在平缓中不知不觉地改变顾客的行进路线;主通道的宽度设计应依据门店类型和人流量确定,同时符合防火安全的规定。

(2)垂直人流动线。垂直人流动线是指顾客在门店的不同楼层之间移动的路线。垂直人流动线设计相对简单,主要是电梯和楼梯的形式、数量、地点这三个方面。其中,形式是指设计成电动扶梯、普通直梯或观光电梯、坡道、个性化楼梯等,以及扶梯是并列还是交叉,楼梯是单跑楼梯(指中间没有休息平台的楼梯)还是双跑楼梯(指楼梯中间设置一个休息平台)、旋转楼梯等。数量是指电梯或楼梯的多少,是两部还是若干部。地点是指电梯或楼梯在平面上的具体地点,这要视门店自身的特点、性质和空间位置等来决定,同时还要考虑电梯和楼梯是顾客动线中的重要节点这一因素。例如,考虑到人流量大,可在卖场中庭增设观光电梯,在加快顾客到达高楼层的速度同时,还可以提升卖场的观光性、趣味性和各楼层商品的宣传性;为吸引顾客流动到特定区域,可以在该区域附近设置电梯,引导顾客从该区域经过等。

2. 副通道设计要求

副通道主要是指门店各商品部门内部的人流动线。对门店营运而言,如果顾客在主通道没有发现值得留步的东西,或者停留没多久就转身离店而去,未能走入各商品区域内部,是非常可惜的。如果要吸引顾客向门店深处流动,就需要设计好副通道。副通道可以引导顾客进入商品区域深处,继续前行浏览商品,并产生购买欲望。副通道的宽度较主通道相对窄一些,但也应该以不妨碍顾客行走为原则,至少保证两位顾客推购物车或手提购物篮并排行走、互不影响为宜。

案例分享　　教科书级的经典购物中心动线处理

一个购物中心的动线很大程度上是由地块尺寸决定的。最合适好用的地块尺寸当然是简单的长方形地块,建筑进深尺寸控制在50~70m,这样的项目可以设计为简单实用的单动线。但实践中经常会碰到不理想的异形地块,动线设计处理难道较大。

上海市黄浦区马当路的 LuOne 凯德晶萃广场(以下简称 LuOne)于 2018 年 9 月 22 日正式开业,该项目由 Safdie Architects 设计。LuOne 南北长约 110m,东西长约 90m,如果设置南北走向的动线主轴,这根动线会偏短,空间会比较单调。同时对于一个 90m 进深的建筑来说,单动线会造成铺位进深过大,尴尬的是双动线设计又偏"薄"了一点。设计师将项目主体动线设计为 T 字形,如图 2-8 所示,一条动线微弧斜穿地块对角,最大限度地拉长动线展示面。同时,为了规避西侧形成大进深,在西侧区块拉出了一条辅动线。整体而言,处理得简单大方,且基本上没有明显的冷热分区和死角。

这个项目出镜率最高的就是主中庭。主中庭位于三楼,客观上起到了双首层的作用,拉动客流往高处走。中庭为三条长廊围绕的中庭花园,由 46m 大跨钢结构玻璃穹顶覆盖,敞亮大气,成为拍照打卡圣地,给整个项目加分不少,如图 2-9 所示。

环绕三楼主中庭,LuOne 设置了 H&M、UR、OCE 等多个跨层旗舰店,与三楼主中庭的开敞空间相互呼应,极具视觉震撼力。双层旗舰店设计并不罕见,但将旗舰店作为一个购物

图 2-8 LuOne 主体动线

图 2-9 LuOne 主中庭

中心亮点,并且设置于三楼,我国应该仅此一家。旗舰店设计宛如神来之笔。此外,这些原本占用面积大但租金坪效不高的品牌从一楼挪到三楼,也为一楼的业态布局与租金议价留存了大量的空间。主中庭+旗舰店设计堪称神来之笔。总体而言,LuOne 平面处理得当,并且创造出了空间亮点,同时还能很好地结合业态布局,为国内商业地产界提供了一个教科书级的经典案例。

（资料来源：http://dy.163.com/v2/article/detail/E3QJS4FK0518PVE5.html,经作者整理改编）

任务二 设计商品区域布局

> 学前思考：观察一家大型超市,分析该店主通道两侧商品区域布局情况及该店布局的优缺点。

门店布局的主要内容是对卖场入口、出口设计,以及通道、售卖等区域进行设计和布置,目的在于对门店各区域进行合理安排,实现购物的方便、舒适和快捷,提高门店单位营业面积销售额。

一、门店空间分析

（一）门店空间构成

由于超市采用开架自选、出口处集中结算的售货方式,与其他业态售货的方式有差异,其门店布局有独特之处。所以,下面以超市为例介绍门店布局情况。其他业态门店可以参考相关原则、规则进行区域布局设计。

一般而言,超市内部空间包括卖场(特指售卖区域)、库房、办公和设备部分以及部分出租店铺。

(1) 卖场是超市主体,是人流最集中的区域,其特点是面积大、空间大。卖场建筑面积约占门店总建筑面积的 60%。

(2) 库存区域紧邻卖场(库房包括冷冻库房),一般与卖场标高相同。库房是商品存储周转的地方,约占门店总建筑面积的 10%。

（3）出租类店铺通常设在底层，约占门店总建筑面积的20%。

（4）办公部分约占门店总建筑面积的6%。

（5）设备用房包括变/配电机房、冷冻热力机房、水泵房、煤气表房、柴油发电机房等，约占门店总建筑面的4%（不含空调机房）。

随着门店的大型化，有观点认为，门店空间分配问题已变得不再重要，这是一种错误认识。对零售企业而言，空间永远是不够的。因为顾客对商品的需求越来越多样化、个性化，为满足这些需求，商品线也需要不断延伸，对陈列空间的需求也越来越大。此外，零售企业的多样化经营战略也需要更多的卖场空间，以容纳更大的广度和深度的产品组合。

例如，大型超市多为2~4层的低层建筑，从底层开始依次布置食品、日用品、服装、家电等商品。通常而言，食品销售区域占卖场面积比例较大，可设置在二层；也有很多大型超市在一层同时设置食品和其他商品营业厅，食品区域往往作为吸引点放置在卖场深处，从而引导和组织人流。近年来，大型超市为了增强对顾客的吸引力，扩大了商品经营种类和范围，引入了专卖店，并把专卖店集中布置在底层或主入口附近。

（二）商品区域划分

1. 商品面积分配

如果每平方米所能陈列的商品品项数相同，那么卖场内各项商品的面积配置应与消费者购买商品的投向比例相同。因此，要比较正确地确定商品的面积分配，必须对来门店购物的消费者的购买比例做出正确的判断与分析。例如，表2-2是某大型超市商品面积分配的大致情况。

表2-2　某大型超市商品面积分配

商品类别	配置面积比例/%	商品类别	配置面积比例/%
水果蔬菜	10~15	糖果饼干	10
肉食品	15~20	调味品南北干货	15
日配品	15	小百货与洗涤用品	15
一般食品	10	其他用品	5~10

需要说明的是，中国幅员辽阔，各地区消费水平差异较大，消费习惯也不尽相同，每个经营者必须根据自己所处商圈消费者的需求特点、门店本身定位及周边竞争者的状况，合理设置商品面积。

2. 商品区域配置

商品区域配置是指各个商品区域在卖场内的具体位置。配置应该按照消费者购买日用商品的顺序做出规划，也就是说，要按照消费者的购买习惯和人流走向来分配各种商品在卖场中的位置。对于大型超市顾客而言，一天的消费总是从"食"开始，所以通常以菜篮子为中心来设计商品位置的配置。例如，对某门店而言，典型的顾客购物顺序是蔬菜水果—畜产水产类—冷藏冷冻食品类—调味品类—糖果饼干—饮料—速食品—面包牛奶—日用杂品，该门店商品区域配置就应按照此顺序进行设计和规划。为便于门店开展商品配置，可以将上述商品划分为面包及果蔬品类、肉食品类、冷藏冷冻食品类、休闲食品和方便食品类、饮料类、奶制品类、日用品类。各类别特点及区域配置如下。

（1）面包及果蔬品类。这一部门常常是高利润部门。顾客购买面包时,也会购买部分蔬菜水果,所以面包和果蔬品区域可以安排在相邻位置。在许多门店都设有面包和其他烘焙制品的加工间,刚出炉的香味十足、色泽诱人的面包、蛋糕,常常会激发顾客的购买欲望,现场制作已成为现代门店的一个有效卖点。对于果蔬品区域位置的设置,以生鲜为主的门店通常设置在入口处,以吸引顾客进店;传统门店则倾向于放置在卖场的深处,主要是出于集客和引导顾客走过整个超市的目的;也有小规模超市把果蔬品安排在收银台附近,这样便于保鲜管理、防损控制和顾客购买。

（2）肉食品类。购买肉食品是大多数顾客光顾超市的主要目的之一。肉食品一般应沿着超市的内墙摆放,一方面方便顾客浏览选购,另一方面方便肉食品的加工。肉食品通常与果蔬品邻近。

（3）冷藏冷冻食品类。冷藏冷冻食品主要用冷柜进行陈列,它们的摆放既可以靠近蔬菜,也可以放置在购物通道的最后段,这样冷藏冷冻食品解冻的时间最短,给顾客的携带提供了一定的便利性。

（4）休闲食品和方便食品类。休闲食品和方便食品类包括各种饼干、方便面等。这类食品存放时间较长,只要在保质期内都可以销售。它们多被摆放在卖场中央,用落地式货架陈列。具体陈列以纵向陈列为主,突出不同品牌,满足顾客求新求异的偏好。

（5）饮料类。饮料与膨化食品有相似之处,但消费者更加注重饮料的品牌。饮料的摆放也应该以落地式货架为主,货位要紧靠膨化食品。

（6）奶制品类。奶制品分为冷藏奶和常温奶,冷藏奶通常靠近冷藏冷冻食品类商品,摆放在蔬菜水果类的对面。考虑到冷藏奶容易变质,顾客一般在其购买过程的最后阶段才购买,所以奶制品类应靠近收银区域。

（7）日用品类。日用品包括洗涤用品、卫生用品和其他日用杂品,一般摆放在卖场的中部,采用落地式货架,以纵向陈列为主。顾客对这些商品持有较高的品牌忠诚度,他们往往习惯于认牌购买。这类商品的各种价格方面的促销活动,会使顾客增加购买次数和购买量。

拓展知识　　　　　　商品布局设计的技巧

在规划商品布局时,通常可以采用以下技巧。

（1）交易次数频繁、挑选性不强、色彩造型艳丽美观的商品,适宜放置在出入口处。例如,化妆品、日用品等商品放在出入口,使顾客进门便能购买。将某些特色商品摆放在入口处,也能起到吸引顾客、扩大销售的作用。

（2）贵重商品、技术构造复杂的商品,以及交易次数少、选择性强的商品,适宜摆放在多层建筑的高层或单层建筑的深处。

（3）关联商品可邻近摆放,相互衔接,便于顾客选购,促进连带销售。例如,将妇女用品和儿童用品邻近摆放,将西服与领带邻近摆放。

（4）按照商品性能和特点来设置商品位置。例如,把互有影响的商品分开摆放,将异味商品、食品等单独隔离成相对封闭的售货单元,可有效减少卖场内的"噪声",集中顾客的注意力。

（5）将冲动性购买的商品摆放在明显部位以吸引顾客,或在收银台附近摆放些小商品或时令商品,顾客在等待结算时可随机购买一两件。

（6）将客流量大的商品部、组与客流量少的商品部、组相邻摆放，借以缓解过于集中的客流量，并可诱发顾客对后者的连带浏览，增加购买机会。

（7）按照顾客的行走规律摆放货位。顾客习惯于逆时针方向行走，即进商店后，自右方向左观看浏览，可将连带商品顺序排列，以方便顾客购买。

（8）选择货位还应考虑是否方便搬运卸货。如体积笨重、销售量大、加货频繁的商品，应尽量设置在储存场所附近。

二、货架布局形式

货架是商品陈列的主要载体，商品区域的布局首先就是货架布局。货架布局主要有四种方式：格子式布局、岛屿式布局、自由流动式布局、斜线式布局。

（一）格子式布局

格子式布局的基本形式如图 2-10 所示。

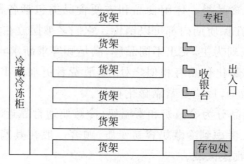

图 2-10　格子式布局的基本形式

1. 优点

（1）创造严肃而有效率的气氛。

（2）走道依据客流量需要而设计，可以充分利用卖场空间。

（3）由于商品货架的规范化安置，顾客可轻易识别商品类别及分布特点，便于选购。

（4）易于采用标准化货架，可节省成本。

（5）有利于营业员与顾客的愉快合作，简化商品管理及安全保卫工作。

2. 缺点

（1）卖场气氛比较冷淡、单调。

（2）当拥挤时，易使顾客产生被催促的不良感觉。

（3）室内装饰方面的创造力有限。

（二）岛屿式布局

岛屿式布局（图 2-11）一般用于百货商店或专卖店，主要陈列体积较小的商品，有时也作为格子式布局的补充。

1. 优点

（1）可充分利用营业面积，在客流畅通的情况下，利用建筑物特点布置更多的商品货架。

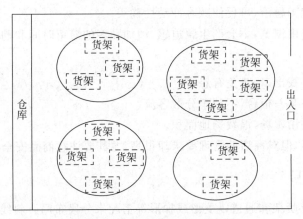

图 2-11　岛屿式布局的基本形式

（2）采取不同形状的岛屿设计，可以装饰和美化营业场所。

（3）环境富于变化，可激发顾客购物的兴趣。

（4）满足顾客对某一品牌商品的全方位需求，同时对品牌供应商具有较强的吸引力。

2. 缺点

（1）由于营业场所与辅助场所隔离，导致补货路线与顾客动线交叉、冲突，不便于在营业时间内临时补充商品。

（2）存货面积有限，不能储存较多的备售商品。

（3）现场用人较多，不便于柜组营业员的相互协作。

（4）岛屿两端不能得到很好的利用，也会影响营业面积的有效使用。

（三）自由流动式布局

自由流动式布局的基本形式如图 2-12 所示。

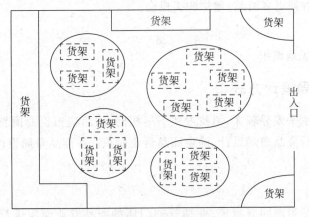

图 2-12　自由流动式布局的基本形式

1. 优点

（1）货位布局十分灵活，顾客可以随意穿行于各个货架或柜台。

（2）卖场气氛较为融洽，可促使顾客冲动性购买。

（3）便于顾客自由浏览，不会产生急迫感，增加顾客的滞留时间和购物机会。

2. 缺点

（1）顾客难以寻找出口，难免有怨言。

（2）顾客拥挤在某一柜台，不利于分散客流。

（3）不能充分利用卖场，浪费场地面积。

（4）虽方便顾客，但对商店的管理要求却很高，尤其要注意商品安全问题。

（四）斜线式布局

斜线式布局是指货架和通道以菱形或梯形等搭配来分段布局。斜线式布局的基本形式如图 2-13 所示。

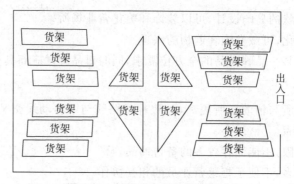

图 2-13　斜线式布局的基本形式

1. 优点

（1）能够使顾客随意浏览，气氛活跃。

（2）易使顾客看到更多商品，增加购买机会。

2. 缺点

不能充分利用场地面积。

三、商品布局设计方式

不同地区消费水平差异较大，消费习惯不尽相同，门店应根据商圈特点、自身定位及周边竞争者的状况进行商品布局设计，确定商品营业面积。在商品布局设计时，可以采用如下几种方式。

1. 参照法

参照法是指参照当地同等规模、业绩好的门店的商品营业面积进行设计。例如，A 店是竞争对手店，设有 $80m^2$ 的生鲜区域（含冷藏柜及冷冻展示柜），其中水果、蔬菜 $20m^2$、水产 $15m^2$、畜产 $20m^2$、日配品 $25m^2$。门店可根据自身情况进行调整，如果面积大于 A 店，可以扩充上述面积，陈列更多商品吸引顾客；如果面积小于 A 店，可以考虑缩小其他商品比例，如压缩干货、杂货比例，以增加生鲜食品的陈列面积；如果面积相同，可以考虑是否对 A

店的配置进行优化,如增加蔬菜配置面积,其他产品适当缩小或更精致一些。

2．需求导向法

通过调研门店商圈内消费者的数量、构成、购买力、购买习惯、潜在需求等,确定超市的商品面积分配。例如,在美国,根据农业部调查,新鲜水果和蔬菜若摆放在入口处,则其营业额较高;同时由于这些是顾客每日必购之物,摆放在门口更容易吸引顾客;此外,蔬菜水果颜色鲜艳,能体现出季节感,大量陈列可以给顾客带来品种丰富的感觉,加深顾客的印象,所以美国很多超市把蔬果类摆放在入口处。美国多数超市也将牛奶、果汁前移,其原因是这些商品逐渐成为现代人的生活必需品,购买频度高,销售单价又高。而在日本,水产品区域通常会布置在畜产品前,这也是考虑顾客的消费习惯而设计的。

3．实践法

实践法是指先开业一段时间,然后再根据实际情况调整营业面积的设计方式。其中,最简单的方式是依据前期各商品销售情况进行调整,畅销的商品分配更多的陈列面积,滞销的商品压缩陈列面积。

4．陈列需要法

陈列需要法是指根据某类商品陈列所必需的面积进行商品配置。这种设计方法比较适合服装部和鞋部。例如,在服装专卖店中,要求每一款服装的各个尺码、各个颜色至少都要陈列一件,这样就可以估算每一款服装的最小陈列区域。

🎀 **案例分享**　　　　　　　　　**优衣库陈列的秘密**

走进任何一家优衣库的店铺,是不是远远地就被一整面"T恤墙"所吸引?

优衣库的要点陈列区是人们进入店铺后视线集中的区域,也是商品卖点的主要展示区。为了让该区给人耳目一新、气势磅礴之感,优衣库往往将其常规款的纯色商品集中折叠、整齐划一地放置在一起。通常情况下,商品按照从上到下,尺码由小至大的顺序进行排列,这几乎已经成为一件众所周知的事。但你知道展示架上每一摞T恤的数量吗?

答案是:15件。没错,就是这么精确,既恰当地填满了货架,又方便店员统计数量。

在颜色和花纹的排列上,优衣库的陈列宗旨是由浅到深、从冷色系到暖色系,顺序可以具体到"红橙米黄绿蓝紫",按光谱顺序从通道入口向后排列。花纹方面则是由单色系、波点至条纹陈列,这也是最符合购物行为的花色选择方式。

(资料来源:搜狐网,经作者整理改编)

5．销售生产率法

销售生产率法是指门店根据每单位商品的销售额或盈利分配销售空间。这是一种较为科学客观的设计方法,很多管理规范的专业门店均采用这种方法。某商品或商品部的空间规模计算公式为

$$某商品或商品部的空间规模 = \frac{某商品或商品部的计划销售额(或盈利)}{每平方米预期的销售额(或盈利)}$$

高盈利的商品种类获得较大的空间,微利商品获得较小的空间。根据产品利润率和销售情况,可以把门店商品划分为四类,如图2-14所示,每类商品分别采取不同的区域调整方式。

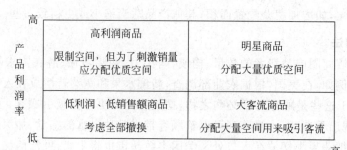

图 2-14　销售生产率分析

 案例分享　　　　　　　　**高颜值的奇客巴士**

奇客巴士是一家黑科技零售品牌集合店,精选了智能 VR 设备、无人机、机器人、平衡车、电子烟、摄影器材、3C 电子数码等科技产品。2016 年 11 月 11 日,奇客巴士首店在杭州西溪银泰开业,3 个月实现了单店盈利。

第一次走进奇客巴士的人,目光总会被漂亮的门店所吸引。"现在是颜值时代,首先门店要非常漂亮,吸引消费者进来。然后,我们需要营造一个很舒服的环境,让顾客愿意在里面待很久。"奇客巴士创始人李晓鹏说道。

作为奇客巴士首店,杭州西溪银泰店在设计时,受"划分东经与西经的格林尼治线"启发,采用充满未来感的科幻空间与传统的人文情怀的区域作对比,来描绘技术发展的过程中未来与传统、冰冷的科技与温暖的生活之间的碰撞,以此营造出贴近品牌定位的高科技零售店。

该店将规矩的方形场地进行斜向划分,而划分的 0°交接线,如"格林尼治子午线"般作为空间的主轴线,将整个空间分割成强烈对比的两部分,分别定为"虚拟科技空间"和"现实生活空间",于 180°相遇。"格林尼治子午线"使虚拟和现实在最大界面上相互碰撞,也对空间形成了导向性,将客流引入空间内部。人们在购物的同时,还可以同时脚跨"虚拟"和"现实"两个空间摄影留念。

以该条从地面延伸到天花板的无形分割墙为界,两侧空间的差异为顾客提供了"虚拟"与"现实"截然不同的空间体验(图 2-15)。明暗分明的两侧空间是针对不同性质产品打造而成的,一边摆酷酷的、年轻化的高科技产品,一边放潮潮的、生活化的传统产品。明亮的"虚拟空间"与深色的"现实空间"之间,虽形式不一但泾渭分明,其展柜布置与空间材质的统一规划加强了整个设计的完整性。

顾客在线下商业消费的时候希望获得什么?奇客巴士给出的答案是:高颜值、好玩、个性化体验。李晓鹏认为,首先,美学是消费升级里的一个重要环节,零售商需要不断提高审美能力,而且水平要高于用户;其次,要促进产品与消费者的互动,奇客巴士不以"卖东西"为核心,而是希望消费者没有压力地与产品"好好玩起来",这需要零售商具备优秀的策展能力;最后是"种草"生活方式。现在的消费者对单品的需求已经不大,除非出现另一种生活方式。举个例子,过去女性在追求更美、更瘦的过程中,采用的解决方案是基于化学方式的涂涂抹抹,但奇客巴士提供了一种新的解决方案,就是基于物理方式的各类仪器。消费者在店内体验科技产品的过程,就是奇客巴士"种草"新生活方式的过程。

图 2-15　奇客巴士"虚拟"与"现实"空间设计

（资料来源：搜狐网,经作者整理改编）

任务三　能力训练

对于连锁门店而言,店内空间是非常宝贵的资源。门店布局是一个门店营运的起跑线,甚至是生死线。门店应充分利用有限的空间资源,合理规划和实施布局,最大限度地吸引和方便顾客购买。在门店布局规划时要注意:①功能布局是前提。良好的商品展示、有吸引力的体验和服务、每一个区域之间能够自由地导流和分流等,都让消费者感到非常舒服。②商品设置是重点。门店要塑造一条高品质、引人入胜的商品线,将畅销商品、平销商品、冷背滞销商品搭配组合,实现销售带动。③动线设计是灵魂。动线贯穿于各个区域,可以让消费者自由自在地游逛、体验和购买。好的动线设计会有效提升门店空间利用率。

一、训练内容

组建共同学习小组,选择一家熟悉的连锁门店作为调研对象,通过实地走访、人员访谈等方式,绘制门店平面布局图并分析其优缺点。

二、训练步骤

1. 走访前准备
共同学习小组讨论确定走访门店,并利用互联网收集该类门店相关信息。

2. 现场走访
到门店现场走访,确定出入口、主副通道及各商品区域分布。可以参考门店的布局图。

3. 人员访谈
对门店相关人员进行访谈,了解门店平面布局的相关内容,如商品区域设置情况、商品配置情况、动线设计关键点情况等。

4．撰写分析报告

绘制门店平面布局图，利用百度脑图或其他思维导图绘制工具，分析该布局优缺点，撰写门店布局分析报告。

三、训练要求

1．训练过程

通过小组自主探究、教师辅助指导的方式完成训练任务。

（1）教师布置任务。

（2）学生组建共同学习小组（建议 3～5 人），确定小组成员分工。

（3）收集该类型门店信息。

（4）现场走访及人员访谈。

（5）绘制门店平面布局图。

（6）共同绘制思维导图。

（7）撰写分析报告。

2．训练课时

建议训练课时：课内 2 课时，课外 2 课时。

四、训练成果

门店布局分析报告 1 份。

商 品 陈 列

➡ 学习目标

【知识目标】

1. 掌握卖场的磁石点理论。

2. 了解商品配置表的功能。

3. 理解商品配置表设计的影响因素。

4. 掌握商品配置表的制作流程和技巧。

5. 掌握商品陈列的原则。

6. 熟悉商品陈列的基本工具。

7. 熟悉常见陈列方法。

【技能目标】

1. 能够辨别门店各磁石点位置。

2. 能够优化各磁石点商品配置。

3. 能够绘制商品配置表。

4. 能够运用陈列的原则对门店陈列进行分析。

5. 能够组配常见陈列工具。

6. 能够应用常见陈列方法开展陈列。

【思政目标】

1. 培养审美意识,利用陈列营造良好的门店环境。

2. 培养尊重劳动、崇尚劳动观念,踏实开展陈列工作。

带感的陈列怎么做出来

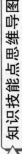

知识技能点思维导图

请根据所学内容，把该思维导图补充完整。

连锁门店营运管理
模块三：商品陈列

任务二：明确陈列原则

陈列含义：

九大陈列原则：
- 显而易见原则：
- 容易挑选原则：
- 便于取放原则：
- 饱满陈列原则：
- 先进先出原则：
- 整齐清洁原则：
- 关联陈列原则：
- 艺术性原则：
- 安全原则：

任务一：编制商品配置表

磁石点理论：
- 位置：
- 商品：

含义及功能：
- 含义：
- 功能：

设计及制作：
- 影响因素：
- 制作：
- 修正：
- 技巧：

任务三：掌握陈列技法

陈列基本工具：

基本陈列法：

不规则陈列法：

特色陈列法：

案例导入　　　你所不知道的"超市陈列设计学"

当你在超市购物时,有没有注意过超市里货品的陈列及装饰呢? 我们今天就来说说"超市陈列设计学"。对,你没看错,超市里的货品陈列也是一门设计学科。

1."概论篇"

首先,超市里的货品陈列分为两类:基本陈列和特殊陈列。基本陈列就是各个商品按照不同的种类放在不同区域的货架上。例如,你要买可乐,那就去食品区饮料货架,那里会有各种可乐。

特殊陈列就是货品都被摆放在显眼的货堆和端头上。就好比大家在用手机看图片时,把需要看清楚的部分放大是一样的道理。过年的时候,超市会在保健品货架的端头,将各种礼盒装的保健品陈列出来,这就是特殊陈列设计。

2."设计篇"

网络上经常会有一些新奇的超市图片,如穿着凉席、锅碗瓢盆、卫生纸的模特。其实还有更令人惊讶的,如用商品堆成的坦克、女式内衣制作的花朵、柚子皮泳装等。总之,这些让网友们惊呼:"超市阿姨"的创造力和动手能力太厉害了!"超市阿姨"顿时火了。"超市阿姨"是谁? 他们就是超市陈列与企划人员! 由于她们经常利用日用品做出逆天创意的作品,于是被人们亲切地称为"超市阿姨"!

"超市阿姨"们往往会提前一两个月开始设计新一期的货品陈列主题。从严格的设计学角度来说,陈列主题设计就是针对一年不同的季节、节气以及节假日进行有计划的主题设计。当然,有时超市会推出属于自己的购物主题,例如红酒节、巧克力节、周年庆等等。

曾经有几张照片在微信朋友圈里被疯转,照片里是一家落满梧桐叶的超市,在原本光滑干净的地面上,货架之间都是一片金黄,还有顾客穿行其间。落叶进超市正是针对秋季所采取的一种创意设计。

据"超市阿姨"之一,杭州 citylife 超市企划负责人表示,其实把梧桐树叶搬进超市,是与中国美术学院南山校区的学生一起合作的主题"摇钱树",也是超市在陈列装饰设计上的一次尝试。"超市阿姨"表示,顾客对这次"摇钱树"的创意毁誉参半,有的人觉得很有创意,有诗情画意的文艺范儿,"超市阿姨"好调皮;有的人觉得树叶踩碎了好脏;有的人觉得满地的树叶导致购物车都推不过去了,很麻烦。

3."终极目标"

无论是网上各种让网友觉得新奇的陈列创意,还是各种"超市阿姨"的大胆设计布置,这些在超市中越来越盛行,也证明了超市对于陈列设计的重视。归根结底,超市的货品陈列设计终极目标是达成主题商品的售卖。简单地说,为了销售更多的货品,就要将货品摆放在显眼的位置,或者通过陈列方法吸引顾客的注意力。

典型案例就是"摇钱树",虽然喜欢与不喜欢的人分成了两个极端,但是超市那天的销售额却出乎意料得好。"超市阿姨"说:"那天是周日,一般周日的销售额都会低于周六,但是那一天不但高出普通周日,更是比周六还要高。"这也归功于这次"超市阿姨"们大胆的设计,使得大家出于好奇纷纷前往超市,体验一把在超市踩落叶的神奇感受。这个案例明确地告诉我们,如今超市的陈列设计对销售额而言具有举足轻重的地位。特别是在主题下展开的创意陈列设计,在某种程度上能提高顾客到店率以及销售额。

在"超市阿姨"各种欢乐的陈列装饰设计之下,超市陈列设计学不再是一门高深的设计学科,相反,它更加贴近生活,在实际陈列设计中也容易出现更多令人惊讶的作品。

(资料来源:撰稿董慧青,青年时报,2014年2月4日版,经作者整理改编)

思考:

(1) 对于"超市阿姨"们不同寻常的陈列作品,你怎么看?

(2) 连锁门店开展商品陈列的目的是什么?

任务一　编制商品配置表

学前思考:观察同一连锁企业的两家门店,比较它们的商品陈列情况有哪些相同之处和不同之处。

商品陈列的基础是商品配置表。管理规范的连锁企业都会编制一系列商品配置表,作为门店商品陈列的依据,并根据市场情况,定期进行调整。商品配置表不仅是一件规范陈列的工具,更是一种有效的商品管理方法,对于提升门店商品管理水平、门店营运水平具有重要意义。

一、磁石点理论

所谓磁石点,是指卖场中最能吸引顾客目光和注意力的地方。这种吸引力的创造是依靠商品的配置技巧来完成的。运用磁石点理论,在卖场中最能吸引顾客注意力的地方配置合适的商品以促进销售,并且这种配置能引导顾客逛完整个卖场,达到增加顾客冲动性购买比重的目的。

连锁门店内磁石点可以区分为五个,如图3-1所示。不同磁石点由于位于门店的不同位置,所以应配置不同的商品。

1. 第一磁石点

第一磁石点位于门店主通道两侧,靠近入口和出口,是吸引力最大的磁石点,也是顾客必经之地和商品销售最主要的地方。此处配置的商品应该是主力商品、消费量大的商品、购买频率高的商品、进货能力强的商品。该类商品大多是顾客经常购买的日常生活必需品,如蔬菜、肉类、日配等。

2. 第二磁石点

第二磁石点穿插在第一磁石点中间,位于主通道外侧、靠近门店边缘,远离入口,是吸引

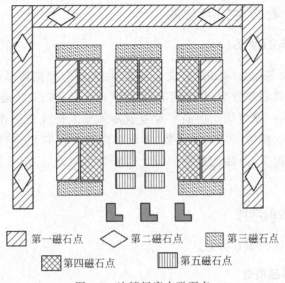

第一磁石点　　第二磁石点　　第三磁石点
第四磁石点　　第五磁石点

图 3-1　连锁门店内磁石点

力较大的磁石点,其作用是引导顾客一段一段地向前走,主要配置的商品是流行商品、色泽鲜艳引人注目的商品和季节性强的商品。第二磁石点需要超乎一般的照明度和陈列装饰,以最显眼的方式呈现,让顾客一眼就能看出其与众不同的特点。同时,第二磁石点处的商品需要隔一段时间进行调整,保持其吸引力。

3. 第三磁石点

第三磁石点是靠近卖场中部、远离出口和入口、靠近收银台的区域,主要是指中央陈列货架两头的端架位置。端架是门店中央区域中顾客接触频率最高的地方,有的端架还会面对着入口。在第三磁石点配置的商品,要刺激顾客、留住顾客,通常可配置下列商品:特价商品、高利润商品、季节性商品、厂家促销商品。值得注意的是,目前一些连锁门店不重视端架商品的配置,失去很多盈利机会。

4. 第四磁石点

第四磁石点通常指门店副通道的两侧,是充实门店各个有效空间的商品陈列位置,也是一个在长长的陈列线中容易引起顾客注意的位置。第四磁石点商品配置必须围绕单项商品进行,为使这些单项商品引起顾客注意,应在商品的陈列方法和促销方法上刻意设计,如安置特别提示标志("特价""广告品""推荐品")等。该磁石点主要陈列热门商品、有意大量陈列的商品、广告宣传的商品等。

5. 第五磁石点

第五磁石点位于收银台前的中间区域,又称堆头。其目的在于采取单独一处、多品种大量陈列的方式,以形成一定程度的集中客流量,烘托店内气氛。该处通常是依据总部安排,根据各种节日组织大型展销、特卖活动;同时展销主题不断变化,也会给顾客带来新鲜感,达到促销的目的。

二、商品配置表的含义与功能

(一)商品配置表的含义

商品配置表,英文名称为 facing,日文名称为"棚割图",即把商品陈列的排面在货架上做出一个有效的合理规划和分配,并以图形、表格的形式呈现出来。商品配置表是以货架为基础,一张配置表代表一座货架。商品配置表通常采用表格式的设计,首先确定货架的尺寸,然后把商品的品名、规格、编码、排面数、售价等表现在表格上;有时也把商品的形状添加到表格上。通常情况下,商品配置表的设计借助计算机来完成,并且不断地被修改和调整,从而使其更完善。

(二)商品配置表的功能

商品配置表主要具有如下功能。

1. 有效控制商品品项数

门店空间的有限性决定了陈列商品品项数不能无限增加。如不加以控制,门店营运过程中品项数会逐渐增加,特别是滞销商品品项数增加更快,这势必会导致门店宝贵的空间资源利用效率下降。制订和修订商品配置表,可以促使门店及时处理或淘汰滞销品项,有效控制门店的品项数,提升门店空间的使用效益。

2. 有利于门店开展排面管理

利用商品配置表可以合理安排畅销商品、销量较少的商品、滞销商品的排面数,优先保证畅销商品,提高门店的销售效率。

(1)有利于陈列空间的规划。门店应该根据商品销售量的多少来决定商品的排面数。畅销商品给予多的排面数,也就是占有较多的陈列空间;销售量较少的商品则给予较少的排面数;对滞销商品则取消排面,将其淘汰。

(2)可以保护畅销商品。畅销商品销售速度很快,若没有商品配置表对畅销商品排面的保护管理,常常会发生滞销品驱逐畅销品现象,即畅销商品卖完又得不到及时补充时,较不畅销商品甚至滞销品占据畅销商品的排面。这会降低门店对顾客的吸引力,同时也会使门店失去售货的机会,降低竞争力。

(3)有助于开展商品利润控制。门店销售的商品,根据毛利情况,可以分为高利润商品和低利润商品。经营者总是希望把利润高的商品陈列在好的位置,利润低的商品陈列在差一点的位置。只有利润高的商品销售量提高了,门店的整体盈利水平才会上升。利用商品配置表,就可以控制货架上商品品种结构,在保证商品齐全的同时提升门店盈利能力。

3. 提升门店营运标准化

利用商品配置表开展统一管理是连锁门店规范化、高效化、标准化管理的重要方式。连锁零售企业拥有数量众多的门店,保证各门店的商品陈列的规范是连锁零售企业总部标准化管理的重要内容。利用商品配置表,规范商品陈列定位管理,明确商品在门店中的陈列方位和货架上的陈列位置,就可以保证各门店商品有序有效的陈列,实现陈列空间的有效利用。同时,利用商品配置表,总部可以统一、高效地开展商品陈列的调整、新产品的引进、滞销品的淘汰等管理工作。

三、商品配置表的设计与制作

商品配置表的设计和制作是一项艰苦的工作,也是一项实践性和操作性很强的工作,需要认真钻研。在连锁门店实践中,通常先在实验货架上进行预配置和预陈列,达到满意效果后,才制作商品配置表。制作完成的商品配置表下发至门店,门店依据这些表格来订货、陈列,然后在货架上放置价签即可。

(一)商品配置表的设计影响因素

制作商品配置表最重要的依据是商品的基本特征及其潜在的获利能力,既要考虑该商品在商品结构中的地位,也要考虑商品配置对销售效果的影响,以及商品的关联性配置对销售效率的影响。具体包括以下因素。

(1)周转率。高周转率的商品一般都是顾客要寻找的商品,即必需品,其应在商品配置表较明显的位置,尤其要与低周转率的商品有关联。

(2)毛利。毛利高的商品通常也是高单价的商品,其应放在较明显的位置。

(3)单价。高单价商品的毛利可能高也可能低,高单价又高毛利的商品应放在明显的位置。

(4)需求程度。在非重点商品中,具有高需求、高冲动性、随机性需求特征的商品,一般陈列在明显的位置。销售力越强的必需品,其陈列带给顾客的视觉效果应越好。

(5)空间分配。运用高需求或高周转率的商品来聚焦顾客的视线,纵横贯穿整个商品配置表;避免将高需求商品放在视线第一焦点,除非该商品具有高毛利的特性;具有较强销售潜力且高毛利的商品,应摆在主要视线焦点区内;潜在的销售业绩越大的商品,给予越多的排面。

案例分享　　　　**商品空间弹性**

商品空间弹性是指单品货架陈列空间与销售量相对变化的比率。研究表明,不同商品的空间弹性差异很大,典型的空间弹性为 0.2,即陈列面积增加 100%,销量增加 20%。表 3-1 是某连锁超市的 17 个商品品类的空间弹性。

表 3-1　商品空间弹性

序号	品类	空间弹性	序号	品类	空间弹性
1	化妆品、珠宝	0.57	10	甜食	0.22
2	水果、蔬菜	0.57	11	书	0.18
3	鞋子	0.50	12	冷冻食品	0.17
4	男性服饰	0.49	13	家用品	0.11
5	香水	0.39	14	厨房用品	0.02
6	饮料	0.39	15	女性服饰	0.01
7	肉类	0.33	16	童装	−0.10
8	日配品	0.23	17	时装	−0.13
9	杂货	0.22			

表 3-1 显示,化妆品、珠宝与水果、蔬菜的空间弹性为 0.57,而时装的空间弹性为 −0.13,表明并不是所有商品增加陈列面积都会带来销售量的增加。对于时装而言,增加陈列面积反而会降低销量,因为这有可能弱化了该产品的独特性。

需要注意的是,单品货架陈列空间和销售量之间的关系需要门店对顾客购买情况进行持续追踪分析,才能找出变化的规律。这种变化并不是一种线性变化,而是存在启动门槛和阶段效应。例如,有些商品陈列空间的变化对其销量影响不大,如食盐;有些商品增加展示空间会对销量现状产生影响,但销量很快就恢复正常,如早餐类食品;有些商品在展示空间增加时,销量的增加速度会滞后,一直到陈列面积达到迫使顾客注意它时,销量才会猛增,如花生。

(二) 商品配置表的制作流程

商品配置表的设计与制作,可分为新开门店商品配置表的制作和已开门店商品配置表的修正两种情况。

1. 新开门店商品配置表的制作

新开门店商品配置表的制作可按以下程序进行。

(1) 商圈与消费者调查。商圈调查主要是了解新店所在区域的市场容量、潜力和竞争者状况;消费者调查主要是掌握商圈内消费者的收入水平、家庭规模结构、购买习惯、对商品与服务的需求内容等。基于这两项调查,结合门店自身情况,就可以开始规划新店所经营的商品类别,确定该店的最佳经营范围,即确定门店商品构成。

(2) 大类商品经营配置表。在掌握商圈内消费者的需求后,商品部门要根据门店商品构成,结合门店定位、营业面积等,提出新开门店商品经营类别。采购部会同门店人员共同讨论决定每一个商品大类所占的营业面积及配置位置,将适合商圈内销售的商品大类做几种形态的搭配,确定门店商品组合,并制订出大类商品配置表。

(3) 中分类配置表。当商品经营的大类配置完成后,采购人员要将每一个中分类商品安置到各自归属的大类商品配置表中。

(4) 收集中分类中可能经营的单品品项,并按商圈顾客需求做出选择。这项工作分为以下两个步骤进行。

① 品种资料收集。要详细地收集每一个中分类内可能出售的单品的商品资料,包括品名、规格、成分、尺寸、包装材料和价格等。这些资料应尽可能收集齐全,最好能一类一类地建立在计算机档案内,便于比较分析及随时调阅。

② 品种挑选及决定。商品资料收集完成后,将所有中分类里的商品价格、包装规格、品质及用途做一个详细的比较,将既符合商圈顾客需要,又能衬托出公司优势的商品,依优先顺序挑选出来,并制作出商品台账。

(5) 开展预陈列。品项决定后,在门店货架上做预陈列,根据商品畅销度、附近竞争店的商品结构等因素,做一个综合比较,看商品品种数、陈列面、优势商品、价格等,是否比主要竞争对手更具优势。

(6) 商品配置表的绘制。规划品种配置、设计陈列排面、绘制商品配置表,这是最耗时的一个环节。何种商品配置到上段或黄金线,何种商品配置到中段或下段,除考虑陈列的原则、经营理念、供应商的合作关系外,也要考虑竞争对手的情况、自身的采购能力与配送调度的能力,这样才能把配置的工作做好。如有的连锁企业设有配送中心,其采购条件优越,商品的调度能力也强,在配置时就应优先考虑这些商品;有些连锁企业拥有自有品牌或能够自行进口商品,在配置时这些商品都会被优先安排到好的位置。商品配置没有明确的硬性规定,在设计时应灵活运用各种方式,凸显门店竞争优势。

(7) 依据商品配置表开展陈列。商品配置表绘制完成后,配发到新开门店。门店要根据该表来订货、陈列,然后放置价签,新开门店商品配置工作就基本完成了。值得注意的是,最好能拍摄记录实际陈列的效果,以作为修改辨认的依据。

2. 已开门店商品配置表的修正

门店商品配置并非一成不变,而是要根据经营的状况加以修改变更。

商品配置表的变更应按固定时间来变动,例如一个月修正一次,一季变动一次,一年大变动一次,都是较为合适的做法。修订商品配置表也是门店保持经营活力、增加新鲜感的重要方式。变更或修正商品配置表的程序如下。

(1) POS 销售数据检视。门店应利用 POS 销售数据,检视商品的销售状况,确定哪些商品畅销、哪些商品滞销,整理出商品列表并分析畅销及滞销的原因。

(2) 确定滞销品并进行淘汰。商品滞销的原因有很多,可能是产品本身不好,或厂商的行销方法不佳,也可能是季节性的因素,还可能是门店的陈列或定价等因素造成的。查出滞销原因后,要判断是否可能改善。若无法改善且已连续几个月都出现滞销,就要剔除该商品,引进更有效率的商品。

(3) 调整畅销品的陈列面及新品项导入。对于畅销商品应检讨其陈列面积是否恰当。同时因淘汰品项而多出的空间,要引入新商品来提升陈列空间的利用效率。

(4) 实际进行调整工作。实际调整商品配置表时,比较烦琐;牵一发则动全身,修改一个品项有时可能会涉及整个货架陈列的修改。但是门店应该清楚,为维持好的商品结构,即使烦琐也要做。有些门店经营时间比较久,其商圈人口、交通状况、竞争情形都出现了变化,这种情况下应尽快大幅度修改商品配置,甚至连部门配置都要改变。此时,按照新开店的方式来制作商品配置表,这样更加可行和便捷。

(三) 商品配置表的制作技巧

在制作商品配置表时,要运用一些技巧和要领,以提升制作效率,避免人力、时间等资源的浪费。

(1) 商品卡的建立很重要。每一种商品都要建立基本资料,如商品本身的尺寸、规格、重量、进价、卖价、成分、供货量、照片等。这些信息在制作商品配置表时会经常用到。

(2) 货架的规格尽量标准化。如将标准尺寸定为 90cm 宽、165cm 高,那么所有门店每一类商品只要几种商品配置表就可以全部覆盖,不会出现一家门店一种商品配置表的情形。

(3) 实验架的设置是必要的。在实验架预陈列商品排面,看其颜色、高低及形状是否协调、有魅力。预陈列时,必须不断调整排面直至最理想的状况。

(4) 要先决定每一个中分类的陈列面积。在规划整个部门的商品配置时,每一个中分类所占的面积数先要决定下来,这样便于后续的配置。例如,碳酸饮料要配置 3 座 90cm 宽、165cm 高的货架,这样就能知道要配置多少碳酸饮料品项。

(5) 要一并考虑陈列量与订货单位。注意陈列量与订货单位的问题,陈列量最好是订货单位的 1.5 倍或其整数倍。例如,某商品的一个订货单位为 12 个,则陈列量应设定为 18 个,等库存剩 6 个时,再订一个订货单位,这样陈列时很方便,不必放到卖场仓库。

(6) 同类商品尽量使用垂直陈列,避免横向陈列。横向陈列会使顾客购买不方便,陈列的系统性也比较乱。

(7) 变形规格商品的处理。某些厂商因促销的原因,将商品附上赠品并包装在一起,从而产生尺寸的变化,这种商品在正常的货架中应尽量避免。对于尺寸规格变形的商品,如果是畅销品,则可用端架陈列的方式展示;若不是很畅销,则不必在端架中陈列,将原来的陈列面缩小即可。例如原来为 2 个陈列面,现在可缩小为 1 个陈列面。

(8) 特殊商品采用特殊的陈列工具。某些特殊的商品只有使用特殊的陈列工具,才能把这些商品的魅力显现出来,以增强卖场氛围的活跃度,提升商品展示效果。

(9) 商品与棚板间要留有适当空隙。避免商品与棚板紧贴,否则顾客在拿取商品时会不方便,规划时商品与棚板间应留有 3～5cm 的空隙。

(10) 修正商品配置表时应随时参阅 POS 资料。若不能充分掌握 POS 的销售资料,就会对商品配置修改的准确性产生很大的影响。

任务二　明确陈列原则

学前思考:观察一家快消品零售连锁门店,分析其商品陈列的特色,并尝试总结一些规律。

所谓陈列,就是将各类不同的商品摆放到合适的位置,其目的就是要让商品充分显示自己,最大限度地引起顾客的购买欲望,创造更多的销售机会,提高销售业绩。对于连锁门店而言,商品陈列技术是销售成败的关键,是一项技术性强、要求高的细致性工作。合理、规范的商品陈列,必须掌握如下原则。

一、显而易见原则

显而易见的陈列原则,又称为一目了然原则,这是商品陈列的首要原则。在销售商品时,首先要让顾客能够看到商品。而对于以自助式的销售方式为主的门店而言,要让顾客看到商品,就必须让商品一目了然地展示在顾客面前,向顾客充分展示商品,以达到促销的目的。为此必须做到以下几点。

1. 标识商品陈列位置

在综合零售行业,便利店、超市、大卖场所经营的商品一般为 2 000～25 000 种,面对成千上万种商品,怎样使顾客方便迅速地判断出什么商品在什么地方,这是任何一个门店在实施商品陈列工作中首先要解决的问题。

(1) 张贴商品布局分布图和分类标识。为了便于经营者管理以及顾客选购商品,门店经营者会将商品分成几个大类,如生鲜、百货、食品、电器等。然而仅仅进行分类还不够,还需要主动告诉顾客商品所在区域,对顾客进行购买指引,因此在大型门店的入口处需要张贴商品布局分布图,同时店内货架上方吊有品类指示牌,以及一些其他图文标识等,使顾客一进门就能初步了解自己所需要购买的商品陈列的大概位置。对于营业面积大、商品种类多的超市,商品布局分布图显得更为重要。

（2）商品陈列位置符合顾客的购买习惯。对于大部分顾客而言,浏览商品和拿取商品的习惯方式是从左到右,因此商品摆放也应从左到右。对一些季节性、节日期间促销商品,新商品的推销,以及特价区的商品陈列要显著、醒目,使顾客明白商品所表达的意思。

（3）在特殊门店入口处,可以向顾客提供购物参考、购物指南、促销海报等,顾客进店后,可以马上找到自己所需的商品。

2. 商品正面面向顾客

在门店中,只有被顾客看到的商品,才有被购买的可能性,因此所有商品一定要被顾客看到,并且容易辨别出是什么商品。具体要求如下。

（1）商品品名面向顾客,如农夫山泉矿泉水陈列时应将带有"农夫山泉"字样的一面朝向顾客。

（2）贴有价格标签的商品将价格标签的一面面向顾客。

（3）商品陈列在货架上端时,可以采取倾斜方式,使顾客看到商品正面。

（4）每一种商品不能被其他商品挡住视线。

（5）特殊造型商品将产品有特色的一面展现给顾客,如运动鞋的侧面是设计特色,则将鞋子的侧面面向顾客。

（6）陈列器具、装饰品以及商品 POP 不要影响店内购物顾客的视线,也不要影响店内照明光线。

3. 商品标识清晰易懂

门店经营者自己很了解商品,就以为顾客也应该很了解商品,这种观念会导致经营者忽略商品标识的问题。所有的商品在让顾客看清楚的同时,还必须让顾客对所看到的商品做出购买与否的判断,因此清晰易懂的商品标识就显得格外重要。

（1）进口商品应贴有中文标识,标识必须填写清楚,产地名称不得用简称,以免顾客不清楚。

（2）商品价格标签应与商品相对应,位置正确;商品陈列的价格牌、商品 POP 牌摆放要正确,要明确显示商品的价格、规格、产地、用途等。

二、容易挑选原则

容易挑选原则是指让顾客在门店中容易选取想购买的商品,主要涉及商品陈列区域、陈列位置等内容。

1. 分区定位陈列

商品的陈列要有利于顾客挑选。按适当的商品分类进行陈列,避免给顾客造成混乱的感觉。分区定位陈列就是要求每一类、每一种品项都有一个相对固定的陈列位置,商品一经配置后,其陈列的位置和陈列面尽量不要变动,除非出于某种营销目的而修改陈列的位置。在分区定位时要注意把相互影响大的商品货位适当分区,如易串味的食品,熟食制品与生鲜食品,化妆品与烟酒、茶叶、糖果饼干等。

2. 顾客购买决策树原则

顾客在选择商品的过程中,其思维模式是有先后顺序的,这称为顾客购买决策树。在陈列商品时,要遵循顾客购买决策树原则,才能使顾客容易挑选和比较商品。例如,洗发护发产品,根据顾客购买决策树的原则陈列时,应将商品首先按照品牌进行划分,如飘柔、海飞丝、舒蕾等;其次在品牌内再根据功能分类,如去屑、去油、滋养、黑亮等;再次,同一功能的商品根据价格进行分类陈列,如高价位的滋润去屑、中价位的茶树长效柔顺去屑、低价位的焗油去屑;最后是商品的包装,如飘柔人参滋养洗发露 200mL、400mL、750mL。

3. 同类商品不应陈列在同一组双面货架的两侧

分析顾客的行动路线发现,顾客常常是依货架的陈列方向行走并挑选商品,而不会再回头选购商品。因此,同类商品不能陈列在同一组双面货架的两侧,即使是相关联的产品也应尽量避免。同类商品或关联性商品若无法陈列在货架的一面,则可以陈列在通道的两侧,或者陈列在同一通道、同一方向、同一侧的不同组货架上。

4. 同类商品垂直陈列

垂直陈列是一个重要的商品陈列技巧。同类商品的垂直陈列也叫纵向陈列。纵向陈列能使同类商品体现出直线式的系列化,使顾客一目了然。调查显示,相比横向陈列,同类商品纵向陈列会使商品销售量大幅度提高。

人的视觉规律是更习惯于上下垂直移动。当同类商品纵向陈列时,顾客在挑选同类商品某个单品时,其视线的上下夹角仅需 25°,即站在离货架 30~50cm 距离挑选商品,能清楚地看到 1~5 层货架上陈列的商品。而同类商品横向陈列时,人的视觉必须横向移动,其视线的左右夹角需要达到 50°,在挑选某个单品时会感到很不方便,若站在离货架 30~50cm 距离挑选商品,就只能看到横向 1m 左右距离陈列的商品,大大降低了顾客视线范围内的商品数,进而减少了商品的销售机会。这也导致同类商品横向陈列在一个段位就会造成要么销售很好,要么销售很差的现象。

此外,大多数顾客到连锁超市购物都是带有目的性的,在一些通道较狭窄的中小型超市中,横向陈列会影响其他顾客在通道内行走或挑选商品。同时,采用横向陈列时顾客挑选商品需要往返好几次,否则必然会错过某些商品;当顾客在纵向陈列商品面前一次性通过时,就可以看清楚整个同类商品,从而会起到很好的销售效果。

因此,同类商品要垂直陈列,避免横向陈列,这既考虑到顾客视线上下垂直移动的便利性,也能使同类商品在货架上的不同段位上都能享受到销售的机会。

5. 有效地运用色彩、照明

决定货架上商品位置的时候,要注意商品外包装颜色搭配的艺术性,尽量使顾客感到舒适、醒目。首先,门店内要达到标准的照明度,使商品能清楚地展现在顾客面前。其次,对于需要强调的商品,可以用聚光灯加以特殊的照明,以突出其位置,引起顾客注意。最后,可以采取特殊色彩的灯光以凸显商品的品质,例如鲜肉、鲜鱼生鲜食品柜,灯光可以选择淡红色,以增加商品的鲜度感。

三、便于取放原则

商品的陈列不仅要做到显而易见,还要便于顾客触摸、拿取和挑选。顾客越方便拿取商品,商品实现销售的机会就越多,增加商品的可得性,就是增加商品的销售机会。

1．商品陈列的最佳高度

商品陈列需要考虑到顾客的身高。不要把商品放在顾客手拿不到的位置。对于放在高处的商品，即使顾客费了很大的劲拿下来，如果不满意，很难再放回原处，这也会影响顾客的购买兴趣。

按陈列的高度可以将货架简单地分为三段：中段为手最容易拿到的高度，即黄金陈列段：男性为 70～160cm，女性为 60～150cm，一般用于陈列主力商品或公司有意推广的商品。次上下端为手可以拿到的高度：次上端男性为 160～180cm，女性为 150～170cm；次下端男性为 40～70cm，女性为 30～60cm，一般用于陈列次主力商品，其中次下端需要顾客屈膝弯腰才能拿到商品，所以比次上端较为不利。而上下端为手不易拿到的高度：上端男性为 180cm 以上，女性为 170cm 以上；下端男性为 40cm 以下，女性为 30cm 以下，一般用于陈列低毛利、补充性和体现量感的商品，上端还可以有一些色彩调节和装饰陈列。图 3-2 以女士为例，展示了货架上各段的位置。

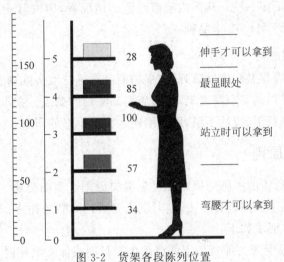

图 3-2　货架各段陈列位置

2．留一点空隙

商品应在货架上放满陈列，但并不是不留一点空隙，如果不留空隙，顾客在挑选商品时就会感到不方便，因此，货架上陈列的商品与上隔板应有一段距离，便于顾客的手能伸进去取放商品。这个距离要掌握合适，以手能伸进去为宜，太宽了影响货架使用率，太窄了顾客不便于取放商品。一般是在陈列商品时与上隔板之间留有 3～5cm 的空隙。

四、饱满陈列原则

饱满陈列原则即商品陈列要有一定的量感，给人以丰富、充实和值得信赖的感觉，以便刺激顾客的购买欲望，进而提高货架的销售能力和储存功能，还相应地减少了超市的库存量，加速商品周转速度。有资料表明，饱满陈列可平均提高 24% 的销售额。相反，若货架不是饱满陈列，则降低了商品的表现力和销售价值，给顾客传递一种商品卖剩的负面信息。因此，商品饱满陈列要做到以下几点。

1．货架上商品数量要充足

门店经营者对每种商品每天的时段销售量要有准确的统计数字，尤其要考虑平日与周

六、周日的区别。注意及时增减商品数量,使商品的陈列量与商品的销售量协调一致,并根据商品的销售量确定每种商品的最低陈列量和最高陈列量,以避免货架上"开天窗"(断货)和无计划地堆放商品,给顾客单调的感觉。

2. 避免货架内出现空缺

由于商品从订单到进货存在一个时间差,在这个阶段会出现某些商品补充不足,特别是畅销商品。由于低估了销量而出现暂时缺货时,要采用销售频率高的商品来临时填补空缺商品的位置,但应注意商品的品种和结构之间的关联性。

3. 货架上商品品种要丰富

商品品种丰富是提高销售额的主要原因之一。商品品种单调、货架空荡的商店,顾客是不愿意进来的。以长度为 1.0~1.2m 的货架为例,超市的一个货架上每一层要陈列 3~4 个品种,畅销商品的陈列可少于 3 个品种,保证其量感;一般商品可多于 3 个品种,保证品种数量。便利店则要更多一些。从国内超市经营的情况看,店内营业面积每平方米商品的品种陈列量平均要达到 11~12 个品种。

4. 促销商品放满陈列

除货架上的商品需要做到饱满陈列外,促销商品在进行堆头陈列、端头陈列时必须放满陈列,这些特殊陈列犹如画龙点睛之笔,是门店商品陈列的亮点。在丰满的同时还要注意商品的整齐排列,若东倒西歪、凌乱不堪,则会给顾客留下不好的印象。

五、先进先出原则

先进先出原则也称为前进陈列原则或避免损失原则。当商品第一次在货架上陈列后,随着时间的推移,商品不断被销售出去,这时就需要进行商品的补货。在补货时要严格遵循先进先出的原则,具体要求如下。

(1)检查补充商品是否与原货架上的商品生产日期或保质期相同。

(2)若生产日期或保质期相同,且货架干净,则可以直接上货。

(3)若生产日期不同,要将原先陈列的商品取下来,用干净的抹布擦干净货架。然后,将新补充的商品放在货架的后排,原先的商品放在前排。因为商品的销售是从前排开始的,为了保证商品生产的有效期,补充新商品必须从后排开始。

(4)当某一商品即将销售完毕但暂未补充新商品时,必须将后面的商品移至前排陈列(销售),决不允许出现前排空缺的现象,这就是前进陈列的原则。

(5)对一些保质期要求很严的食品,如生鲜、冷冻、冷藏等保质期较短的食品,更要严格执行先进先出的方法补充食品,这既保护了消费者的利益,确保顾客购买的商品的新鲜度,又不会使排在后面的商品超过保质期,造成损失。

六、整齐清洁原则

做好货架的清理、清扫工作,这是商品陈列的基本工作,要随时保持货架的干净整齐。陈列的商品要清洁、干净,没有破损、污物、灰尘。尤其对生鲜食品,内在质量及外部包装要求更加严格。不合格的商品要及时从货架上撤下。

七、关联陈列原则

这些商品在一起，
销售提升 30％

进行商品陈列时要关注商品之间的关联性。关联陈列的目的是使顾客在购买了某一商品后，可以顺便购买陈列在旁边的具有一定关联性的商品。例如，在面包的旁边可以同时陈列果酱。关联陈列法可以使得整体陈列更生动，带动了关联产品的销售，提高了客单价。关联陈列包括以下内容。

（1）相关品类商品陈列，这也是经常使用的关联陈列方法，即按照商品的类别进行陈列，如洗衣液、衣物护理液、衣领净等。

（2）品牌关联陈列，即将同一品牌的商品集中陈列。

（3）互补商品关联陈列，即顾客在购买商品 A 后，也顺便购买陈列在旁边的商品 B 或 C。如在陈列的肥皂旁边也可以同时陈列肥皂盒。

关联陈列原则的应用主要是关注商品之间的关联性和互补性，充分挖掘商品在消费者使用或消费时的连带性。由于关联陈列往往要打破原本的商品分类，尽可能再现消费者在生活中的原型，因而在使用时经常会与主题陈列相结合。

案例分享　　　　　**摆放位置不同，销售量相差 3～4 倍**

韩国国内最大的大型超市 e-mart，设有专门研究商品展示和销售技巧的部门 MSV（Merchandising Supervisor），MSV 由 40 多名专业人士组成。因为商品的展示方式与商品的销售量存在直接联系，所以一般的大型超市都有专门负责安排商品展示的人员，他们频繁对商品的展示方式进行研究和讨论。即便是来超市购物的消费者数量增多，这一数量也是有一定限制的，不可能无限增多，所以研究如何让每一位消费者购买更多的物品很重要，这也是每一家大型超市所要做的工作。在超市的这种努力下，出现了"关联陈列"等新的商品展示方式。例如在汽车用品区卖口香糖。这是因为一般去汽车用品区购买物品的消费者都会开车，而且在开车过程中，很多人为了驱赶睡意会嚼口香糖，因此，在汽车用品区才会出现售卖口香糖的现象。

冬天，e-mart 在地瓜卖场区域旁边摆放了"烤地瓜锅"一起售卖，结果销售额增长了 2 倍。矿泉水展示区旁边摆放插在矿泉水桶上使用的小型加湿器，结果小型加湿器的销售量增加了 50％。在新鲜的海产品售卖区域摆放生鱼片以及与其相搭配的十几种酒一起售卖，在方便面区域摆放煮拉面锅一起售卖。这使得原本只想购买其中一种商品的消费者最终一起购买两种产品。大部分人都是将牛奶和麦片混合在一起吃，所以，在牛奶销售区域旁边设置麦片销售区域，就使得这两种产品的销售量增加了 4 倍之多。这是因为这些产品的摆放引起了消费者的注意，也为有这些需求的消费者提供了方便，所以使得销售量增加。甚至在纸尿裤卖场摆放啤酒售卖，也使得啤酒的销售量有了大幅增加。这是因为大型超市的纸尿裤一般以箱为单位进行售卖，很重，所以爸爸去买纸尿裤的情况比较多。

现场职员也会为商品售卖提出建议和想法。e-mart 恩平店蔬菜区职员提出："有很多年轻的主妇买蔬菜时，会询问做菜的方法。那么，在蔬菜卖场一起摆放迷你版料理书怎么样？"超市主管听取其意见，将料理书摆放在蔬菜区进行售卖，结果，料理书的销售量居然增加了 15 倍之多！在书籍卖场饱受冷遇的料理书，只是换了一下摆放的位置，就成了人气商品。下雨天，在卖葱的区域旁边摆放面粉和马格利酒一起售卖，这种相关产品展示方式在各个大型超市中正在逐渐扩散。野营食品五花肉旁边摆放木炭和凉席一起售卖,蛤蜊旁边摆放烧烤铝箔纸、食用海盐等一起售卖。由蔬菜、水果制作而成的解毒果汁很受欢迎,所以就将果汁制作材料和迷你搅拌机摆在一起售卖,山蒜酱油调料成为热门话题时,就在山蒜旁边摆放酱油一起售卖,因此,通过超市这些物品的摆放规律,我们也可以对当下社会的流行趋势有一个大概的了解。

(资料来源:中国网,经作者整理改编)

八、艺术性原则

在陈列的时候,除要将产品展示出来外,还要尽可能地展示商品的美,讲究陈列中的艺术性或美感,使顾客在浏览商品的过程中感到身心愉悦,从而激发购买欲望。需要注意的是,这种艺术性陈列原则要结合所销售的商品特点,展示商品的内在美和外在美。而不能抛开所销售的商品,片面追求商品陈列的艺术效果,更不能忘记商品销售这一核心目标,去探讨所谓的商店陈列艺术。

美陈——营造氛围的利器

案例分享　　　　　　　　　　**伊藤洋华堂的家居陈列**

做卖场、做销售要做“专家”,更要做“杂家”,专家就是要对自己的商品、销售方式、商品知识有深入的认识和理解,杂家则是指什么都要了解、什么都要精通,了解顾客心理、购买需求,知道社会变化、环境变化,敏锐地先于顾客感知,在卖场有所表现,那么对于顾客来说就是引领了。

在伊藤洋华堂,卖场致力于为顾客“创造日常生活中的感动”,让卖场成为顾客的衣橱、居室、厨房,在购物的同时获得流行资讯、家居生活解决方案,改善生活质量,指导时尚流行的品质生活。

例如,床上用品部不仅销售床上用品,跨部门的商品组合,与睡眠、与居室相关联的商品,在这里也能够随手买到,在消费者还没有考虑要购买这类商品的时候,提前帮顾客想到了,让顾客在不经意的时候产生了购买欲望,提高了销售量,从而提升业绩。图3-3就是伊藤洋华堂锦华店床上用品部的儿童体验区,通过多样产品组合和情景式搭配,营造出既凸显产品特色,又让顾客愉悦的购物环境。

图 3-3　伊藤洋华堂锦华店儿童床上用品体验区

(资料来源:搜狐网,经作者整理改编)

九、安全原则

门店在进行商品陈列时,一定要遵守安全性原则,排除危险陈列,尽可能地减少商品的破损和降低对顾客的伤害。

(1) 对于较重的商品、大型的商品要考虑位置及高度的安全性进行陈列,在陈列商品时,一般根据商品的轻重自上而下进行陈列。

(2) 对玻璃容器的商品,如调料、酱菜、水果罐头、咖啡、乳品等,要采取安全措施,设置隔护栏。一层货架只能摆放 1~2 层,如果摆放得太高,不仅不便于顾客取放,而且稍不注意就会有碰倒商品砸伤顾客的危险,不仅损失了商品,也破坏了顾客的购买情绪。

(3) 注意顾客行走动线、商品搬入货架的安全性。

(4) 注意堆头陈列的安全性。

(5) 考虑意外(如地震等)情况,不要将不稳定的商品陈列到较高的位置上。

任务三　选择陈列方法

学前思考:观察一家连锁门店,看其运用了哪些陈列方法。

一、陈列基本工具

商品陈列的基本设备和工具是指门店内用于陈列摆放商品的柜台、货架、模型、辅助工具等。陈列工具既是陈列商品的载体,使商品得到充分协调的展示,达到美化商品,吸引顾客的作用;也在一定程度上形成了对商品的保护,如冷藏柜对需要低温存放商品的保护、封闭柜台对精密防尘商品的存放保护。如果连锁门店能够很好地利用陈列设备,不仅能提升商品对顾客的吸引力,还便于商品的管理和场地整理。所以,任何一个连锁门店都必须认真研究和选择、使用合适的陈列工具。

(一)柜台

在封闭型售货形式中,柜台是顾客与营业员之间的交易工作现场。它既是营业员的工作台,又是向顾客展示陈列商品的展示台。而在敞开售货形式中,柜台一般只做营业员的工作台,较少用于陈列和销售商品。

形状上,柜台分两种式样:一种是标准的长方体;另一种前面是坡形的坡面柜台,更便于顾客观看柜台中下层的商品,而不需要频繁地弯腰或低头。高度上,以中国人的身高为基础,柜台的高度一般为 90~100cm,宽度为 50~70cm,长度可自选,但一般在 120cm,柜台内部可单层或 2~3 层,底座高不应超过 20cm。材质上,传统柜台多为木质,而现代柜台则由金属框架和玻璃镶嵌而成,玻璃柜台一般装有固定或可转换角度的照明灯,多为单色灯。为了更好地陪衬柜内商品,有些柜台内也会装饰多色串灯。

适用的商品:香烟、珠宝、化妆品、手表、手机等贵重物品或没有包装的商品。

柜台陈列的技巧：切忌过多裸露陈列,将商店全部搞成平面陈列,好像全部商品都很廉价;提高柜台中部,柜台上层进行立体陈列,避免商品陈列的位置和顾客眼睛不成直角;柜台拐角处设计成曲线,避免柜台拐角妨碍顾客通行。

(二)货架及货架辅助工具

1. 货架

在封闭式售货方式中,货架一般只有陈列展示和储存商品两种用途;而在敞开式售货中,兼具销售柜的作用。在连锁门店内,货架是最主要的商品陈列方式。

(1)形式上,货架一般分为两种。①靠墙货架,沿着门店四周墙壁摆放。靠墙货架根据使用条件不同又分为上下两部分和上、中、下三部分两种。三部分货架中,上部一般专用陈列宣传商品、中部用于展示销售、下部用于储存。②中心货架,摆放在门店中间不同的位置上,被广泛应用于各类门店。这两种形式的货架在材质上都是以可拆卸组合的钢制货架为主。

货架高度上通常可分为1.35m、1.65m、1.8m,长度以0.9m、1.2m等为最常用的规格,在这种货架上最佳的陈列段位不是上段,而是处于上段和中段之间段位,这种段位称为陈列的黄金位。不同业态的店面应使用符合各自标准的货架。

① 便利店和个体商店使用的是1.3~1.4m高的货架。

② 一般超市使用的是小型平板货架,高度为1.6m左右。

③ 大型超市使用的是大型平板货架,高度为1.8~2.2m。

④ 量贩店和仓储店使用的是高达6~8m的仓储式货架。

(2)形状上货架可以分为三种：H形货架、HL形货架和L形货架。

① H形货架(仓储式)：通常用来陈列干货食品、日化用品、家电等,适合可以叠放的盒装商品。该货架承重好,陈列商品能体现量感。

② HL形货架(大普通货架)：通常用来陈列百货类商品,如家纺类、五金、文具、玩具、家居等商品。该货架顶层可以设置库存区存放库存。

③ L形货架(普通货架)：通常用来陈列体积小的百货类商品,如精品类、化妆品类等。该货架矮小,没有库存区。

2. 货架辅助工具

(1)货架层板。货架层板是最基本的陈列工具,是配合货架进行商品陈列最常用的设施。门店中绝大多数商品都可以用不同规格的层板进行陈列。层板能充分利用货架的陈列空间,层次感强。在使用货架进行陈列时,首先,要根据商品规格、尺寸灵活调整层高,留出顾客拿取商品的空隙;其次,当商品高度相差过大,可考虑将矮小商品进行双层陈列,出于安全陈列原则,一般选择那些稳定性较好的商品进行双层陈列;最后,当商品陈列完毕后,应能够完全覆盖背板,达到目视效果丰满的目的。

(2)拐角层板。拐角层板分为内拐和外拐,它可以使角落处的货架处理更为自然,商品的表现力更为丰富。

(3)护栏。顾名思义护栏是起保护作用的工具,同时商品也可参照护栏进行排面对齐。对于货架顶层、玻璃/陶瓷制品,应该优先设置护栏保护商品。

(4)挂钩。挂钩是用来吊挂商品的,可以使不规则商品得到整齐的陈列,同时将商品的正面准确地展示给顾客。一般适用于打孔袋装商品、无外包装的不规则商品。例如：生活用品类，包括菜刀、剪刀、勺子；食品类，包括瓜子、花生、开心果、牛肉干、蜜饯等。挂钩一般与横通一起使用，并且针对不同的产品，也要选择不同型号的挂钩以配套使用。从图 3-4 中可以看出，像零食、酱菜类别中的袋装商品，如果陈列在普通层板上，在库存数量有限的情况下，商品很难直立起来，这样就不能保证正面面向顾客；而在同一排面上，则会出现有的商品直立、有的商品平躺，非常不整齐。所以，这类袋装商品，如果包装本身已经打孔的，一定要使用挂钩陈列。使用挂钩的陈列面看上去要整齐得多，如果再稍微注意一下规格和颜色的区分，陈列效果会更丰满、美观。

图 3-4　挂钩陈列示意图

（5）平口篮、斜口篮。通过不同深度的平口篮及其分割片的组合使用，在调整托臂倾斜度的情况下，可以取得不同的陈列效果。主要适用于外包装上未打孔的包（袋）装商品，如巧克力、面包、盐、糖、火腿肠、方便面、面条、薯片等。通过调整托臂的倾斜度，不仅可以增加陈列层数，商品正面也能最大限度地展示给顾客。

（6）隔栏。对于无法整齐摆放的商品，或容易被顾客挑选形成大杂烩的相近商品，最好使用分隔片或商品基座等隔栏。主要应用于酱菜、冷柜等商品。

（三）特价台

特价台是为了刺激顾客的需求欲望而设置的。因而，应当把最能刺激顾客的商品陈列在特价台等容易取放的地方，使顾客停住脚步，达到诱导顾客购买的目的。例如，廉价甩卖商品要单设一个地方，诱人的商品放置一个地方，季节性商品和流行性商品放在另一个地方。这样可使整个门店活跃起来，容易引起顾客购买的冲动。

因为特价台是摆放在最重要的地方的陈列台，所以制作要精良，不应采用薄木板，或用空箱、旧的柜台制作。特价台很旧，即使其他陈列柜橱都是上等的，顾客也会把门店看成是很简陋的。特价台的大小、宽度，要按照通路的宽窄来决定，最好是能够自由移动，不妨碍营业，也可以用分区、分片式的，几个台轮换摆放，这样既可以变换门店售卖区域模样，又不会造成浪费。柜台的高度，要便于顾客自由地选择商品，最低 65cm，最高 90cm。如果太高，就看不到店内情形了。

使用特价台时应当注意，不能将单价高的商品摆在特价台上。此外特价台不宜过大，其设置的目的是顾客可以随手取到商品，特价台如果做得过大，顾客就够不着陈列在中央部位的商品；而且如果陈列数量过少，又会显得太空。

二、基本陈列法

1．集中陈列法

商品陈列中最常用和使用范围最广的方法就是集中陈列法，即把同一种商品集中陈列于同一区域内，这种方法最适合周转快的商品。采用集中陈列法时要特别注意以下几点。

（1）商品在集中陈列时应按纵向原则陈列,让顾客在选购过程中看到这一总分类的商品。

（2）在一个商品分类中,如果商品的造型、包装、色彩相似,可采用不同颜色的价格广告牌或者按商品色差陈列加以明确区分。

（3）对于周转快的商品或商品集团(可以理解成商品类别的中分类),要放在好的陈列位置,这是一种极其有效的促销手段。

（4）集中陈列时要将必需品与刺激商品有机配合陈列,必需品陈列在重要地方,刺激商品摆放在其旁边,这种陈列方法能够自然地引导顾客流量,刺激顾客扩大购买量。可以用两种方法保持这种原则:一是根据顾客自然流向,以刺激商品引起顾客的注意,然后陈列准必需商品和必需商品;二是与第一种方法顺序相反,将刺激商品放在顾客自然流向的深处。

2. 整齐陈列法

整齐陈列法是将单个商品整齐地堆积起来的方法,只要按货架的尺寸排列确定商品长、宽、高的排面数,将商品整齐地排列即可。这是一种非常简洁的陈列方式,旨在突出商品的量感,使顾客感觉该商品在数量上非常充足,让顾客产生视觉刺激,以调动顾客的购买欲望。

适合的商品:折扣率高的商品、季节性商品、购买频率高的商品、购买量大的商品,如饮料、啤酒、牛奶等。

陈列的位置:对于一般卖场而言,整齐陈列的货架一般可配置在中央陈列货架的尾端,即门店里面的中央陈列货架的一端,当然在陈列时,为了便于顾客拿取,要注意商品陈列的高度。对于大型综合超市和仓储式超市而言,也适用在堆头处进行大量促销的商品整齐陈列法。

3. 墙面陈列法

墙面陈列法是用墙壁或墙壁状陈列台进行陈列的方法。这种陈列方法可以有效地突出商品,使商品的露出度提高。

适合的商品:价格高或者突出高级感的商品、可以悬挂陈列的商品、中小型商品、葡萄酒等瓶装商品。

4. 端头陈列法

端头陈列法是指在双面的中央陈列架的两个端头陈列商品,端头是销售力极强的位置。中央陈列架的两端是顾客通过流量最大、往返频率最高的地方,从视角上说,顾客可以从三个方向看见陈列在这个位置的商品。因此,端头是商品陈列极佳的黄金位置,是卖场内最能引起顾客注意力的场所,同时端架还能起到接力棒的作用,吸引和引导顾客按店内设计的路线行走。

适合的商品:降价幅度很大的特价品、高利润的商品、新商品、重点推荐的商品或热卖中的商品。

陈列方式如下。

（1）单一商品的大量陈列。单一商品常是全国性品牌商品,这种商品具有较高的知名度,消费者常常会认牌购买,流转速度快、利润高。对于体积较大的商品,可以在端头进行单一商品的陈列,以突出商品的量感。而对于有几种颜色或者不同图案包装的同一商品而言,通过对颜色、图案的搭配陈列,可以呈现出良好的视觉效果。

（2）几种商品的组合陈列。有调查显示,将单一的商品陈列改为复合商品组合陈列,更能吸引顾客的目光,销售额会有很大的提高。在使用几种商品的组合陈列时,组合商品之间要有关联性,不可将无关联的商品陈列在同一端头。定价方面,可以从几种组合商品中选择一种商品以低廉的价格出售,以带动其他商品的销售。在使用端头商品组合陈列时应注意商品种类不宜过多。

三、不规则陈列法

1. 突出陈列法

突出陈列法是将商品放在篮子、车子、箱子或突出板（货架底部可自由抽动的隔板）内,陈列在相关商品的旁边销售。其主要目的是打破单调感,诱导和招揽顾客。突出陈列的位置一般在中央陈列架的前面,将特殊陈列商品突出安置。商品的露出度提高,就会增加商品出现在顾客视野中的频率。

适用的商品：新产品、促销商品、廉价商品、高周转率的商品。

陈列注意事项如下。

（1）突出陈列的高度要适宜,既要能引起顾客的注意,又不能太高,以免影响货架上商品的销售效果。

（2）突出陈列不宜太多,以免影响顾客正常的行走路线。

（3）不宜在狭小的通道内做突出陈列,即使比较宽畅的通道,也不要配置占地面积较大的突出陈列商品,以免影响通道顺畅。

（4）冷藏商品应尽量避免选用此种方法。

2. 散装或混合陈列法

散装或混合陈列法是将商品的原有包装拆下,将单一商品或几个品项组合在一起陈列在精致的小容器中出售的陈列方法。使用这种陈列方法的商品往往是有一个统一的价格或在一个较小的价格范围内出售。顾客对商品的质感能观察得更仔细,从而诱发其购买的冲动。这种陈列方式在糕点、糖果、零食类商品中经常使用。

3. 交叉堆积陈列法

交叉堆积陈列是一层一层使商品互相交叉堆积的陈列方法。这种陈列方法能提高商品的露出度,增加商品的感染力,具有稳定感。

适用的商品：中大型商品,放入箱、袋、托盘中的商品,预计毛利低、回转率低、销售额高的商品,希望充分发挥展示效果的商品。

4. 窄缝陈列法

窄缝陈列法是指在中央陈列架上撤去几层隔板,只留下底部的隔板形成一个窄长的空间进行特殊陈列。窄缝陈列的商品只能是1～2个单品项商品,它所要表现的是商品的量感,陈列量是平常的4～5倍。窄缝陈列能打破中央陈列架定位陈列的单调感,可以吸引顾客的注意力。窄缝陈列可使卖场的陈列活性化,但不宜在整个卖场出现太多的窄缝陈列,因为推荐给顾客的新商品和高利润商品太多,反而会影响该类商品的销售。

适用的商品：要介绍给顾客的新商品或利润高的商品。

5．悬挂陈列法

悬挂陈列法是指将无立体感扁平或细长型的商品悬挂在固定的或可以转动的装有挂钩的陈列架上。悬挂式陈列能使无立体感的商品产生很好的立体感效果，并且能增添其他的特殊陈列方法所没有的变化。目前许多商品都采用悬挂式陈列的有孔型包装，如糖果、剃须刀、铅笔、玩具、小五金工具、头饰、袜子、电池等。采用悬挂陈列法，可以让商品容易被顾客找到、购买，也方便门店修改陈列排面。

适用的商品：多尺寸、多形状、多颜色的商品，中小型轻量商品，常规货架上很难实施立体陈列的商品。

6．随机陈列法

随机陈列法是将商品随机堆积的方法。与整齐陈列法不同，该陈列法只要在确定的货架上随意地将商品堆积上去即可，不用讲究陈列图案或造型。随机陈列法所占的陈列作业时间很少，这种方法主要是陈列特价商品，它的表现手法是为了给顾客一种"特卖品就是便宜品"的印象，诱使顾客产生购买冲动。采用随机陈列法所使用的陈列用具，一般是一种圆形或四角形的网状筐（部分带有轮子），另外还要带有表示特价销售的牌子，牌子上既标有原价，也标有现价，一看便让人怦然心动。随机陈列的网筐的配置位置基本上与整齐陈列相同，但是也可配置在中间陈列架的走道内，或者根据需要配置在其需要吸引顾客的地方，其目的是带动这些地方陈列商品的销售。

7．扇形陈列法

扇形陈列是接近半圆形的陈列方法。这种陈列方法能突出商品的高级感、鲜度感，即使商品的陈列量不是很大，也能提高商品的存在感，以及顾客对商品的注视率。

适用的商品：陈列量较少的商品，预计商品的周转率不会很高的商品，希望主要通过陈列效果促进销售的商品。

8．投入式陈列法

投入式陈列法是将商品投入某一容器中，给人一种将商品陈列在陈列筐中的感觉。投入式陈列可使顾客觉得商品价格低廉，也容易给人留下深刻印象，它可成为零售店或某类商品销售区的焦点。此方法操作简单，陈列位置易变更，商品易撤销，一般陈列时间较短。

适用的商品：中小型商品，独立陈列很费功夫的商品，商品本身及其价格已广为人知的商品，低价格、低毛利的商品，不易变形、不易损伤的商品。

四、特色陈列法

1．盘式陈列法

盘式陈列法即把非透明包装商品（如整箱的饮料、啤酒、调味品等）的包装箱的上部切除（可用斜切方式），将包装箱的底部切下来作为商品陈列的托盘，以显示商品包装的促销效果。盘式陈列实际上是一种整齐陈列的变化陈列法。它表现的也是商品的量感，与整齐陈列不同的是，盘式陈列不是将商品从纸箱中取出来一个一个整齐地堆积上去，而是可以整箱整箱地堆积上去。这样可以加快商品陈列的速度，也在一定程度上提示顾客可以整箱购买，所以有些盘式陈列，只在上面一层做盘式陈列，而下面的则不打开包装而整箱地陈列上去。盘式陈列的位置可与整齐陈列架一致，也可陈列在进出门处特别展示区。

2. 空中陈列法

空中陈列法是利用货架或柜台的上方等通常情况下不使用的空间进行陈列的方法。这种方法可以提高顾客对货柜、货架的靠近率，能显著地突出商品，提高门店的整体形象，空中陈列法还易向顾客传达产品信息。

适用的商品：能够提高门店形象的商品，具有一定关联性的商品，中小型的而且在陈列架上具有稳定感的商品。

3. 情景陈列法

情景陈列法是为再现生活中的真实情景而将一些相关商品组合陈列在一起的一种陈列方式。如用室内装饰品、床上用品、家具布置成一间室内环境的房间，用厨房用具布置一个整体厨房等。目前国内外很多门店专柜都十分注重这种情景陈列，尤其是家具专卖店，其陈列组合有床头挂有艺术壁挂，床头柜上有雅致的台灯，餐桌上摆着精美的花饰，酒柜里陈列着各色名酒等。这种陈列使商品在真实中显示出生动感，对顾客有强烈的感染力，是一种很流行的陈列方式。

4. 主题陈列法

主题陈列法是将商品陈列在一个主题环境中的一种形式，也称为专题陈列。主题选择有很多，如各种庆典活动、重大事件、各种节日等，都可以融入商品陈列中，营造一种特殊的气氛，吸引消费者的注意。如端午节来临之际，可将各式各样的粽子及包装盒摆放成各种形状、样子，既给人一种可口的感觉，也渲染出节日的气氛。

主题陈列在布置商品时应采取各种艺术手段、宣传手段、陈列工具，并利用色彩突出某一商品。对于一些新产品，或者是某一时期的流行产品，以及由于各种原因要大量推销的商品，可以在陈列时利用特定的平台、展台、陈列道具台、陈列用具等突出宣传。如果配合照明灯光，能更好地吸引顾客的注意力，起到宣传推广的效果。

主题陈列的商品可以是一种商品，如某一品牌的某一型号的电视、某一品牌的服装等，也可以是一类商品，如系列服装、化妆品等。

主题陈列注意事项：陈列位置醒目，与其他商品有明显的区别；主题明确，重点突出；营造主题陈列区的小环境，烘托气氛。

主题陈列的适用范围如下。

（1）特定的节日。将与节日相关的畅销品单独陈列，在热闹的节日气氛中，加上热烈的色彩点缀，突出陈列场所的气氛，将使这类商品取得良好的销售效果。如中秋节的月饼陈列、春节的年货陈列、情人节的巧克力陈列等。

（2）与厂商合作。生产厂商为了开展某种商品的展销促销活动，而将该厂商的主要商品进行主题陈列。具体方式为专门辟出一块场地，配以适当的用具展示出来，使这类商品同其他同类商品明显区别开来，既给商品陈列带来变化，又促进这类商品的销售，增加了市场占有率。

5. 岛式陈列法

岛式陈列法是指在门店进口处、中部或者底部不设置中央陈列架，而配置特殊陈列用的展台的陈列方法。这种陈列方法的效果在超市内是相当好的，因为一般的端头陈列架可以使顾客从三个方面观看，而岛式陈列则可以从四个方向观看。岛式陈列的用具一般有冰柜、平台或大型的货柜和网状货筐。需要注意的是,用于岛式陈列的用具不能太高,否则会影响整个卖场的视野,也会影响顾客从四个方向看向岛式陈列的商品的可视度。为了使顾客能够环绕岛式陈列台(架、柜、筐)选购商品,应给予岛式陈列较大的空间。

相对于岛式陈列要求的较大空间来说,在空间不大的通道中间也可以进行随机的、活动式的岛式陈列。这种岛式陈列的用具是配上轮子的散装筐等。这种活动式的货架可以在门店内自由活动,以便根据需要进行调整,所以能简单方便地配置在各种通道里的任何地方。这种岛式陈列的商品陈列量虽然有限,但可被广泛地用来促进销售。采用活动式的货架做随机的岛式陈列,其促销效果是相当明显的,尤其是在卖场没有竞争商品的时候效果比较显著,它会带动门店整体的销售额上扬,即使撤下了活动货架,其促销效果也会有一个滞后效应。

6. 关联陈列法

关联陈列法是指将种类不同但在效用方面互相补充的产品陈列在一起的方法。关联陈列法增加了陈列的灵活性,加大了商品销售的机会。在使用关联陈列法时应注意,商品陈列的类别应该按照消费者的需求进行划分,如卫生间用品、厨房用品、卧室用品等。除此之外,相邻产品必须是互补产品,才能确保顾客产生连带购买行为。

 案例分享　　　　**如何做好场景陈列?——来自茑屋书店的启示**

放眼全球,能把"图书+文创"模式做到极致的只有茑屋书店。在电商冲击下,日本85%的书店面临倒闭。但茑屋书店却逆势增长,营业额超过了纪伊国屋、淳久堂等老牌书店,成为日本最大的连锁书店。一个惊人的数字是,茑屋书店发行的会员卡 T-Card 有6 000多万张,占到日本总人口的一半。

在茑屋书店诸多门店中,代官山店是"图书+文创"模式的集大成者。进入茑屋书店代官山店,一个直观感受是:杂!图书、CD、唱片、文具、文创商品,甚至服装和食品扑面而来,给消费者一种商品极其丰富的视觉效果。

与无印良品或者优衣库将商品排列得整整齐齐,以达到视觉冲击不同,茑屋书店似乎有意营造一种"杂乱"的感觉。一方面,它打破整齐划一的陈列,将商品摆放得琳琅满目。举例来说,图书的开本统一,一般而言很容易将其摆放整齐。但茑屋书店在一排竖直摆放的图书陈列中,故意穿插一些横着摆放的图书,从而形成错落感。而这种场景极大还原了自家书房的感觉,给顾客一种强烈暗示,你可以随意拿取、阅读、消费。

另一方面,茑屋书店代官山店虽然给人感觉有些"杂乱",但它的品类布局和主题规划却非常有秩序。例如一楼是文创用品、旅游和烹饪主题,二楼是唱片、CD和影视主题,分门别类,消费者很容易找到自己需要的商品。杂乱陈列背后的内在秩序却是非常严密的。

茑屋书店完全以消费者的应用场景为中心来陈列商品,如汽车、旅游、人文、料理、建筑、艺术6个主题。在"旅游"的主题陈列中,它将关于旅行的图书、唱片、地图甚至用品等组合在一起,暗示读者,关于旅行,你在这个角落可以买到所有关联商品。再以"料理"主题为例,茑屋书店同样会将关于烹饪的图书、调味品、食品甚至酒水组合在一起。

需要指出的是,上述陈列和商品的选择都是由专业买手完成的,并且由专业店员提供咨询。举例来说,在旅行书籍区域服务的店员是一位65岁的旅行家,他在退休之前曾经游历100多个国家,撰写了十几本导游书籍。而负责料理书籍区域的一位店员是料理界的知名人士,同样著有多本料理书籍。也就是说,茑屋书店的所有主题板块,都分别配备了足够专业的咨询员。

茑屋书店把场景化陈列做到了炉火纯青的地步。国内有不少"图书＋文创"的集合店,也大量应用了场景化陈列。但国内书店陈列是陈列、商品是商品,生搬硬套的痕迹比较重。而茑屋书店却将场景化陈列与卖场空间有机融合在一起,将书店打造成自家书房的感觉。

(资料来源:第三只眼看零售(微信公众号).赵向阳.经编者整理改编)

任务四　能 力 训 练

商品陈列是连锁门店营运的重要内容,它通过视觉效果来触动顾客的购买欲望,激发顾客购买行为。商品陈列是否规范、美观,决定着顾客对门店的第一印象,并直接影响商品的销售。所有门店都非常重视商品陈列,但陈列实践是一项非常细致、综合的工作,会耗费大量人力物力,真正做好商品陈列并不容易。

一、训练内容

组建共同学习小组,观察一家连锁门店商品陈列情况,选择具有代表性的一节货架的一个面,拍照并绘制商品配置图,然后结合陈列原则与陈列方法分析该货架商品陈列的优缺点。

二、训练步骤

1. 选择有代表性的货架

共同学习小组到一家连锁门店进行观察,并选择一节具有代表性的货架。该货架应该能体现门店经营特点或特色,并且为标准货架。

2. 拍照

对一节货架的一个面进行拍照,要求:①正面拍摄该面全景图;②拍摄货架上每一个单品的价签。

3. 测量货架尺寸

测量该货架尺寸,包括:①货架长、宽、高;②货架离地距离、各层高度。

4. 整理资料

共同学习小组根据前期收集的照片和数据,绘制商品配置表。要求配置表内数据标识清楚,内容齐全。

5. 分析陈列情况并完成报告

共同学习小组利用百度脑图或其他思维导图绘制工具,绘制该货架商品陈列的优缺点,然后撰写商品陈列分析报告。

三、训练要求

1. 训练过程

通过小组自主探究、教师辅助指导的方式完成训练任务。

（1）教师布置任务。

（2）学生组建共同学习小组（建议 3～5 人），确定小组成员分工。

（3）选择一家连锁门店中待分析的货架。

（4）拍摄照片和收集尺寸信息。

（5）对收集的资料进行处理，绘制商品配置图。

（6）根据所学内容，分析商品陈列优缺点。

（7）共同完成报告内容。

2. 训练课时

建议训练课时：课内 2 课时，课外 2 课时。

四、训练成果

商品陈列分析报告 1 份。

商 品 管 理

学习目标

【知识目标】

1. 了解商品分类的方法。

2. 熟悉常见商品条码类型。

3. 掌握连锁企业商品政策、配置策略。

4. 掌握连锁企业商品结构设计影响因素及流程。

5. 熟悉连锁企业订货影响因素。

6. 掌握商品收货流程和影响因素。

7. 熟悉门店补货和理货基本原则。

8. 熟悉盘点作业流程。

9. 掌握库存控制主要指标及要点。

【技能目标】

1. 能够选择合适的方法进行商品分类。

2. 能够辨别不同类型商品条码。

3. 能够进行门店订货量计算。

4. 能够开展门店收货作业。

5. 能够开展门店补货和理货作业。

6. 能够开展门店盘点作业。

7. 能够分析处理盘点差异。

【思政目标】

1. 培养品质意识,加强日常工作的细节管理。

2. 培养责任意识,遵守流程规范开展各项操作。

如何开展商品管理

知识技能点思维导图

请根据所学内容，把该思维导图补充完整。

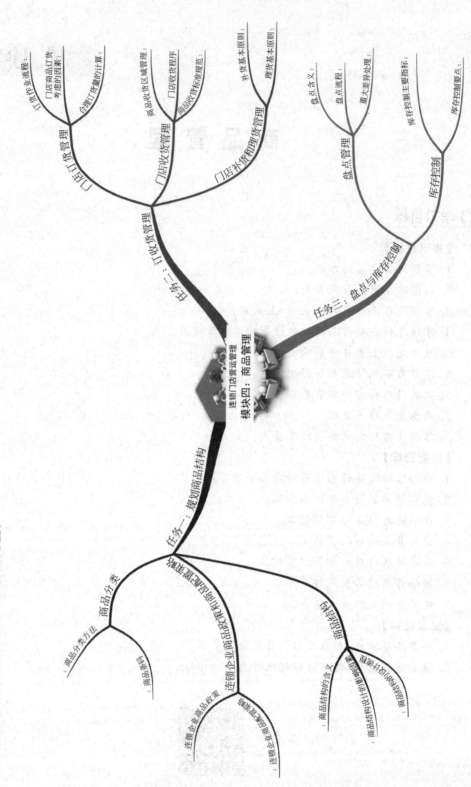

 **案例导入** 开市客的商品策略

开市客(Costco)在 1983 年成立于美国华盛顿州西雅图,是美国第二大零售商、全球第七大零售商以及美国第一大连锁会员制仓储式量贩店。2019 年 8 月 27 日中国首家门店——开市客闵行店在上海开业,该店开业首日异常火爆,由于顾客太多以至于开业 5 小时后暂停营业,引发众多媒体热议。

开市客取得成功的因素很多,例如成熟的会员制、优异的售后服务等,但独特的商品管理策略是必不可少的条件之一。在美国,不同于沃尔玛主要覆盖中低端的定位,开市客目标客户群定位中产阶级,这类群体普遍具有较强的消费能力和意愿,拥有个人住宅和汽车;并不追求廉价商品,而是青睐高品质、高性价比的商品,希望能够在有限的时间内一次性完成自己的购买需求,愿意大批量进行购物。

作为一家仓储式会员店,开市客闵行店的营业面积约为 14 000 m²。步入开市客,虽然感觉里面什么都卖,可仔细观察,会发现店内商品庞而不杂。商品品种足够丰富,消费者需要的商品在卖场基本都可以买到。开市客闵行店商品种类涵盖:计算机/电子产品、小家电、汽车百货、办公用品、五金工具/储物用品、园艺用品、家纺/家居用品/家具、服饰、运动用品、珠宝/手表、书籍、季节性商品/玩具、健康美容用品、杂货、新鲜蔬果、生鲜肉品/海鲜、冷冻/冷藏食品、熟食、点心/糖果、食品、酒品、面包部、西式餐饮、光学眼镜部、听力中心、轮胎养护中心等。但在购物挑选时,会发现可供选择的品牌并不多,这是因为开市客的商品SKU 数量非常少,只有 4 000 个左右,同一类商品只有一两种最为畅销的品牌可供选择,相比传统大卖场动辄 20 000 个 SKU,可谓少而精。当然,因为商品数量较少,开市客的商品都是大包装量贩式,类似于批发,强化了销售的规模效应。

为什么开市客会采取这种"少而精"的商品策略?

对于顾客而言,开市客为顾客精准挑选商品,而不是将市场主流商品堆在货架上让顾客自己选,减少了顾客选择困难,节约了顾客时间,提升了购物体验。这来源于 Costco 销售人员的研究,他们发现过多的选择往往会降低消费者的购买欲望。

对企业自身而言,这种策略可以大幅降低开市客的商品采购成本。商品 SKU 数量少了,单个 SKU 的销量(采购量)可以得到极大的提升,这样同供应链的议价能力大大增强,单品进价可以大幅降低,进价降低后可以让利给会员。会员的忠诚度也会进一步增加。如此形成良性闭环。在开市客有两条严格的规定:第一,所有商品的毛利率不超过 14%,一旦高过这个数字,则需要汇报 CEO,再经董事会批准;第二,外部供应商,一旦在别的地方比 Costco 的价格还低,则它的商品将永远不会再出现在 Costco 的货架上。

此外,精选 SKU 会降低门店营运成本,例如开市客的库存周转天数远低于同行,比沃尔玛低 30% 左右。因为商品少,所以销量集中,库存周转快,极低的库存周转率带来了资金运转效率的提升,降低了经营成本。精选 SKU 还有利于坪效的提升。少而精的商品,使货架的使用效率得到极大的提升,避免了长尾商品对经营面积的占用,从而使单店和单位面积产生更大的效益。开市客的坪效约为沃尔玛的 2.5 倍。

（资料来源:互联网,经作者整理改编）

思考:

(1) 总结开市客商品策略,并分析该策略的优缺点。

(2) 开市客商品策略的适用条件有哪些?

任务一　规划商品结构

学前思考:观察一家品牌服装专卖店和一家服装折扣店,分析比较它们所销售的商品种类、尺码方面的差异。

一、商品分类

商品分类是指为了满足生产、流通和消费的需要,选择适当的分类标志,并按照一定的分类方法,科学、系统地将商品整体划分为若干不同类别的过程。我国通常将商品分为部类、大类、中类、小类、细类等。例如在《全国主要产品分类与代码　第1部分:可运输产品》(GB/T 7635.1—2002)中,可运输产品分为5个大部类,39个部类,185个大类,715个中类,538个小类。合理的商品分类,有助于商品管理和门店的经营管理,更能方便顾客寻找和购买商品。

(一)商品分类方法

商品分类的基本方法有线分类法和面分类法两种。

1. 线分类法

线分类法又称层级分类法,是指将分类对象按所选定的若干分类标志,逐次地分成若干个层级、类目,并排列成一个有层次的、逐级展开的分类体系。例如,饮料可采用此法进行分类,如表4-1所示。

表4-1　饮料按线分类法举例

部类	大类	中类	小类	细类
24:饮料	241:乙醇(发酵);蒸馏酒、利口酒等配制酒和其他含酒精饮料	……	……	……
	242:葡萄酒、果酒等发酵酒	……	……	……
	243:麦芽酒和麦芽	2431:麦芽酿造的啤酒	24311:熟啤酒 24312:生啤酒 24313:鲜啤酒 24314:特种啤酒	…… …… …… 24314·011:干啤酒 24314·012:低醇啤酒 24314·013:小麦啤酒 24314·014:浑浊啤酒 24314·015:冰啤酒 ……
		2432:焙制或未焙制的麦芽	……	
	244:软饮料,冷冻饮品	……	……	……

线分类法的一般表现形式是划分为部类、大类、中类、小类等不同的类目,各层级所选用的分类标志可以相同,也可以不同。上下级类目构成隶属关系,同级类目构成并列关系。

线分类法的优点是信息容量大,层次性好,能较好地反映类目之间的逻辑关系,使用方便,既符合手工处理信息的习惯,又便于计算机处理信息等。线分类法的缺点是结构弹性差,一旦确定了分类层次与每一层次的类目容量并固定了划分标志后,再变动比较困难。因此,在采用该方法进行商品分类时,必须留有足够的后备容量。

2. 面分类法

面分类法又称平行分类法,是指将所选定的分类对象的若干分类标志视为若干个面,每个面划分为彼此独立的若干个类目,再按一定顺序将各个面平行排列构成的分类体系。

应用时,将每个面中的一个类目与另一个面中的一个类目组合在一起,即组成一个复合类目。如表 4-2 所示,把服装的面料、适用性别、款式分为三个互相之间没有隶属关系的"面",每个"面"又分成若干个类目。使用时,将有关类目组配起来,如纯棉男式上衣、混纺女式连衣裙等。

表 4-2　服装按面分类法举例

第一面面料	第二面适用性别	第三面款式
01 纯棉		01 上衣
02 纯毛	01 男式	02 裤子
03 化纤	02 女式	03 套装
04 混纺		04 连衣裙

面分类法的优点是具有较大的弹性,可以大量地扩充新类目,不必预先确定好最后的分组,适用于计算机管理。面分类法的缺点是不能充分利用容量,因为有些可组配的类目无实际意义,如男式连衣裙等。

线分类法和面分类法是商品分类的基本方法,使用时应根据需要进行选择。实践中由于商品复杂多样,通常以线分类法为主,面分类法为辅,两者结合使用。

 拓展知识　　　　　**门店营运中常用的几种商品分类**

商品分类标准有很多种,例如可以按照商品的用途、商品的原材料、生产加工方法、商品的化学成分等进行分类。对于连锁门店营运管理而言,也可以从销售的其他角度进行分类。

1. 按商品之间的销售关系分类

根据商品之间的销售关系,商品可分为独立品、互补品、替代品和条件品。独立品是指一种商品的销售状况不受其他商品销售变化的影响,大部分商品都属于独立品。互补品是指一种商品销售的增加会引起另一种商品销售的增加,反之亦然,例如葡萄酒与高脚杯、羽毛球与羽毛球拍。替代品是指一种商品销售的增加会降低另一种商品的潜在销售量,反之亦然,例如牛奶与奶粉、液体奶与奶粉。条件品是指一种商品的购买以另一种商品的前期购买为条件,例如计算机与各类软件。

2. 按消费者的购物习惯分类

根据消费者的购物习惯,商品(这里主要指消费品)可分为日用品、选购品、特殊品和非需品。

（1）日用品。日用品是指消费者购买频繁、有需要即可购买的并且只花最少精力和最少时间去比较品牌、价格的消费品。一般来说，日用品多为消费者日常生活必需品，消费者对品牌、价格、质量和出售地点等都很熟悉，所以购买时往往仅需要较少的时间与精力，如肥皂、粮油等就属日用品。

（2）选购品。这类商品大多属于能使消费者产生快感或美感的商品。消费者对于这类商品的选购往往比较重视款式、设计等方面的心理效用。消费者把商品的属性与自身的需求综合考虑后，最后做出购买决定。消费者在购买选购品时，会花一定的时间和精力收集信息进行比较。例如服装、饰品等商品。

（3）特殊品。特殊品是指消费者愿意花大量的时间和精力去购买的有特殊性质、意义或品牌识别的消费品。对于该类商品，消费者只愿意购买特定品牌，而不愿意购买其他品牌，这与日用品不同。例如，某品牌和型号的汽车、定制西服等。

（4）非需品。非需品是指消费者要么不知道，或者知道但是通常并不想购买的消费品。例如，绝大多数新产品都是非需品。非需品的性质决定了企业须加强广告、直销和其他营销手段，使消费者对这些消费品有所了解，产生兴趣，千方百计吸引潜在顾客，扩大销售。例如当前的商业养老保险等。

（二）商品条码

商品条码又称商品条形码，是由一组规则排列的粗细不同、黑白（或彩色）相间的条、空及对应字符组成的，用以表示一定商品信息的图形。商品条码由条码符号和字符代码两部分组成。其中，条码符号是指条、空组合部分，用于机器的快速扫描和准确识别；字符代码是指条码符号下方的数字字符，用于人的肉眼识别，如图 4-1 所示。

在我国零售中常见的商品条码主要有 EAN 码、店内码等。

1. EAN 码

EAN 码是国际物品编码协会制定的一种条码，通用于世界各地。目前我国推行使用的商品条码也

图 4-1　商品条码举例

是 EAN 码。这种条码常用的有 EAN-13 码和 EAN-8 码两种。

（1）EAN-13 码

EAN-13 码又称标准版 EAN 码，如图 4-1(a)所示，该条码既可用于销售包装，又可用于储运包装。EAN-13 码的条码符号由左侧空白区、起始符、左侧数据符、中间分隔符、右侧数据符、校验符、终止符、右侧空白区 8 个部分组成。EAN-13 码的字符代码由前缀码、厂商识别（企业）代码、商品项目代码和校验码等 13 位数字组成，通常有三种代码结构，如表 4-3 所示，其中 X_1、X_2、X_3、X_4……分别表示从右至左的 13 位数字。

表 4-3　EAN-13 码三种字符代码结构

结构类型	厂商识别代码（前缀码+企业代码）	商品项目代码	校验码
结构一	$X_{13} X_{12} X_{11} X_{10} X_9 X_8 X_7$	$X_6 X_5 X_4 X_3 X_2$	X_1
结构二	$X_{13} X_{12} X_{11} X_{10} X_9 X_8 X_7 X_6$	$X_5 X_4 X_3 X_2$	X_1
结构三	$X_{13} X_{12} X_{11} X_{10} X_9 X_8 X_7 X_6 X_5$	$X_4 X_3 X_2$	X_1

① 前缀码。前缀码是国际物品编码协会分配给各国（或地区）的物品编码组织的代码，一般用 2 位或 3 位数字表示（$X_{13}X_{12}$ 或 $X_{13}X_{12}X_{11}$）。一个国家只能有一个编码组织加入国际物品编码协会，因此前缀码实际成为国家（或地区）代码。部分国家（或地区）代码如表 4-4 所示。中国被分配的是 690～693 的四位数字（港、澳、台另有编码）。

表 4-4　部分国家（或地区）代码

国家（地区）代码	国家（地区）	国家（地区）代码	国家（地区）
00～13	美国、加拿大	690～693	中国
30～37	法国	489	中国香港
45、49	日本	471	中国台湾
50	英国	750	墨西哥
73	瑞典	880	韩国
76	瑞士	885	泰国
80～83	意大利	955	马来西亚

必须指出的是，前缀码大多用作国别码，但也有用作其他用途的，如 978、979 和 977 是国际物品编码协会分别留给专题出版物（指图书、影视或软件光盘等）和连续出版物（指报纸、杂志、期刊等）专用的。

② 厂商识别代码。厂商识别代码由该国（或地区）物品编码机构分配。我国的厂商识别代码是中国物品编码中心按照国家标准的规定，在 EAN 分配的前缀码的基础上增加 3～5 位数编制的，用于对厂商的唯一标识。我国以 690、691 为前缀码的 EAN-13 码采用表 4-3 中的代码结构一；以 692、693 为前缀码的 EAN-13 码采用表 4-3 中的代码结构二。

③ 商品项目代码。商品项目代码由 3～5 位数字组成，由厂商根据有关规定自行分配。在编制商品项目代码时，厂商必须遵守商品编码的基本原则，同一商品项目的商品只能编制一个商品项目代码，对不同的商品项目必须编制不同的商品项目代码。商品名称、商标、种类、规格、数量、包装类型等商品基本特征不同，应视为不同项目的商品。

④ 校验码。校验码由 1 位数字组成，是根据 X_{13}～X_2 的 12 位数字按《商品条码零售商品编码与条码表示》（GB 12904—2008）规定的方法计算得出，用于计算机自动校验整个代码录入是否正确。

例如，听装健力宝饮料条码的字符代码为 6901010101098，其中 690 代表我国，1010 代表广东健力宝公司，10109 是听装饮料的商品项目代码，8 是校验码。

（2）EAN-8 码

EAN-8 码又称缩减版 EAN 码，如图 4-1(b) 所示。该条码只用于商品的销售包装。主要应用于商品包装上没有足够的面积印刷标准版条码时，可将商品编成 8 位数字代码。EAN-8 条码没有企业代码，只有商品代码，由国家物品编码管理机构分配，在使用上受严格控制。该条码的字符代码只有一种结构，如表 4-5 所示。

表 4-5　EAN-8 码字符代码结构

前缀码	商品项目代码	校验码
$X_8X_7X_6$	$X_5X_4X_3X_2$	X_1

2．店内码

店内码又称商店条码,是指批发或零售企业对没有商品条码或商品条码不能识读的商品,自行编码和印制,并只限在自己店内使用的条码。店内码一般用于以下两类商品。

(1)用于变量消费单元。由于鲜肉、水果、蔬菜、熟食品等商品是按基本计量单位计价,以随机数量销售的,其编码的任务不宜由厂家承担,只能由零售商完成,因此,零售商进货后,要根据顾客需要包装商品,用专用设备对商品称重并编制店内码,然后将其粘贴或悬挂到商品外包装上。

(2)用于定量消费单元。按商品件数计价销售的商品,应由生产厂家编印条码,但因厂家生产的商品未申请使用条码或其印刷的条码不能被识读,为便于扫描结算,零售商必须制作使用店内码。

店内码要遵循相应的国家标准。在我国,店内码一般也采用 EAN 码。采用 EAN-13 码时,前缀码为 20 或 21(22～29 预留),中间 10 位为商品代码和价格代码,最后 1 位为校验码,代码结构如表 4-6 所示;采用 EAN-8 码时,不表示商品的价格,代码结构如表 4-6 和表 4-7 所示。

表 4-6　13 位店内码字符代码结构

校验码种类	价格码种类	前缀码		商品代码和价格代码	校验码
		X_{13}	X_{12}	$X_{11}\ X_{10}\ X_9\ X_8\ X_7\ X_6\ X_5\ X_4\ X_3\ X_2$	X_1
没有价格校验码	4 位数字	2	0 或 1	$X_{11}\sim X_6$ 商品代码: $X_5\sim X_2$ 价格代码	0～9
	5 位数字	2		$X_{11}\sim X_7$ 商品代码: $X_6\sim X_2$ 价格代码	
有价格校验码	4 位数字	2		$X_{11}\sim X_7$ 商品代码: X_6 价格校验码: $X_5\sim X_2$ 价格代码	
	5 位数字	2		$X_{11}\sim X_8$ 商品代码: X_7 价格校验码: $X_6\sim X_2$ 价格代码	

表 4-7　8 位店内码字符代码结构

前　缀　码	商品代码	校验码
X_8(用 2 或 0 表示)	$X_7\ X_6\ X_5\ X_4\ X_3\ X_2$	X_1

二、连锁企业商品政策和商品配置策略

(一)连锁企业商品政策

连锁企业常见的商品政策可以概括为四大类:单一的商品政策、市场细分化商品政策、丰满的商品政策、齐全的商品政策。

1．单一的商品政策

单一的商品政策是指连锁企业经营为数不多、变化不大的商品品种来满足大众的普遍需要,如专卖店、快餐店、加油站、自动售货机等均采取这一商品政策。采取这一商品政策的门店在竞争中不易取得优势,因而它的使用主要局限于以下门店。

(1)销售有大量需求的商品的门店,如加油站、烟酒专卖店、快餐连锁店等。

(2)销售享有较高声誉的商品的门店,如华为手机、格力空调等。

(3)销售有专利保护的垄断性商品的门店。

采取这一商品政策要注意商品的个性化,其品质应优于其他门店,才能对消费者形成吸引力。

2. 市场细分化商品政策

市场细分化就是把消费市场按各种分类标准进行细分,以确定门店的目标市场。如按消费者的性别、年龄、收入、职业等标准进行划分,根据各类顾客群的购买习惯、特点以及对各类商品的购买量的不同,门店可以根据不同细分市场的特点来确定适合某一类消费者的商品政策。例如,门店选择的目标市场是儿童市场,则商品经营范围将以儿童服装、儿童玩具、儿童食品、儿童用品为主,借此形成自己独特的个性化的商品系列,满足儿童的需要,并随时注意开发有关商品,以满足细分市场的顾客需要。

案例分享　孩子王:一站式满足 0～14 岁孩子及准妈妈的各项所需

2009 年成立于江苏南京的孩子王,是一家为准妈妈及 0～14 岁儿童提供一站式商品解决方案、育儿成长服务的连锁企业,截至 2019 年 5 月,已经在全国 19 个省(直辖市)开设 284 家门店,单店面积平均 5 000m²,门店商品种类突破 20 000 件。

孩子王的核心团队是原五星电器的团队。公司联合创始人汪建国(原五星电器董事长)在将五星电器出售给百思买后,带领核心团队到美国考察,受美国玩具反斗城启发,发现我国母婴行业是有前景的,而且自己的团队又有大卖场的经验,于是就在母婴行业做一个大卖场形式的,既有销售又有育儿服务的连锁机构。

2009 年刚开业的时候,很多零售大咖都不看好:①店的面积太大,坪效(销售额/经营面积)很低(主要是服务导致坪效很低);②2009 的"双十一"已经令线下零售门店产生很大的危机感;③母婴行业既不像沃尔玛那样高流量,也不像国美、苏宁那样高单价。但是孩子王创业团队坚信大卖场是可行的:一是受玩具反斗城的启发;二是当时母婴童用品行业存在很大的整合机会;三是认为线下的奶粉店、儿童游乐场、婴幼儿游泳、早教机构都是可以生存的,放在一起应该会有协同作用。

当时母婴童用品零售市场的行业结构是一个典型的哑铃型,上游的供应商超过 4 万家,包括很多有意开拓国内市场的外贸企业,下游的消费者也非常庞大。而在中间的零售环节,尽管门店数量很多,但绝大部分都是规模不大的单店,没有体量较大的连锁门店,存在被整合的机会。

孩子王就是定位于整合中间的零售环节,满足消费者没有被满足的需求。这些需求包括商品安全、健康,购物方便,中档消费,一站式的产品和服务,专业度较高,购物与游乐、教育相结合,线下与线上相结合等。

同时,孩子王积极实践"商品＋服务＋社交"的领先商业模式。由线下切线上,通过线下大店(沃尔玛山姆会员店付费模式)＋线上育儿顾问情感营销(安利营销模式)＋线上线下通用的黑金会员卡(亚马逊 Amazon Prime 会员模式),彻底打通线上线下全渠道。

经过十余年发展,孩子王已成为国内最大的母婴童用品连锁店。

3. 丰满的商品政策

这是在满足目标市场主要需求的基础上,兼营其他相关联的商品,既保证主营商品的品质、规格和档次齐全,数量充足,又保证相关商品有一定的吸引力,以便目标顾客购买主营商品时能兼买其他相关物品,或吸引非目标顾客前来购物。

4. 齐全的商品政策

这是指经营的商品种类齐全,无所不包,基本上满足消费者进入门店后可以购齐一切的愿望,即所谓的"一站式购物"。超大型百货商店、购物中心等均采用这一商品政策。一般来说,采用这一政策的门店,其采购范围包括食品、日用品、纺织品、服装、鞋帽、皮革制品、电器、钟表、家具等若干项目,并且不同类型商品分成许多商品柜或商品区。有的门店各柜台的商品部经理可以自由进货、调整商品结构,及时补充季节性商品,但大型连锁企业则采取集中采购和配送的方法。当然,任何一个规模庞大的门店要做到经营商品非常齐全是不可能的。因此,目前国内外一些老牌百货商店正纷纷改组,选择重点经营商品,以这个重点为核心建立自己的商品品种政策,突出自己的经营特色,与越来越广泛的专业店相竞争。

(二) 连锁企业商品配置策略

在确定了连锁企业商品经营政策后,接下来要确定哪些商品是主力商品,哪些商品是辅助商品,它们之间应保持怎样的比例关系,花色品种、质量等级如何分配等。这就涉及商品配置问题。

商品配置实际上就是由不同商品种类而形成的商品广度与不同花色品种而形成的商品深度的综合。所谓商品的广度是指经营的商品系列的数量,即具有相似的物理性质、相同用途的商品种类的数量,如化妆品类、食品类、服装类、衣料类等。所谓商品的深度是指商品品种的数量,即同一类商品中,不同的质量、不同尺寸、不同花色品种的数量。保持合理的商品结构,对门店的发展有着重要作用。由于商品广度和深度的不同组合,形成了门店商品结构的不同配置策略,这些策略各有利弊。

1. 广而深的商品配置策略

这种策略是指门店选择经营的商品种类多,而且每类商品的品种丰富的策略,一般为较大型的综合性门店所采用。由于大型的综合门店的目标市场是多元化的,常需要向消费者提供一揽子购物,因而必须备齐广泛的商品类别和品种。

这种策略的优点是:目标市场广阔,商品种类繁多,商圈范围大,选择性强,能吸引较远的顾客专程前来购买,客流量大,基本上满足顾客一次进店购齐所有商品的愿望,能培养顾客对门店的忠诚感,易于稳定老顾客。

这种策略的缺点是:商品占用资金较多,而且很多商品周转率较低,导致资金利用率较低;此外,这种商品结构广泛而分散,试图无所不包,但也因主力商品过多而无法突出特色;同时,企业必须在商品采购上耗费大量的人力,由于商品比较容易老化,企业也不得不花大量精力用于商品开发研究上。

2. 广而浅的商品配置策略

这种策略是指门店选择经营的商品种类多,但在每一种类中经营的商品品种少的策略。在这种策略中,门店提供广泛的商品种类供消费者购买,但限制了每类商品的品牌、规格、式样等。廉价商店、杂货店、折扣店等零售企业通常采用这种策略。

这种策略的优点是:目标市场比较广泛,经营面较广,能形成较大商圈,便于顾客购齐基本所需商品；便于商品管理，可控制资金占用。

这种策略的缺点是：由于这种结构模式花色品种相对较少，满足需要能力差，顾客的挑选性有限，很容易导致失望情绪，不易稳定长期客源，企业形象较差。长此以往，门店难以创造出商品特色，在多样化、个性化趋势不断加强的今天，即使门店加强促销活动，也很难保证企业经营的持续发展。

3. 窄而深的商品配置策略

这种策略是指门店选择较少的商品经营种类，而在每一类中经营的商品品种很丰富。这种策略体现了门店专业化经营的宗旨，主要为专业店、专卖店所采用。一些专业商店通过提供精心选择的一两种商品种类，配有大量的商品品种，吸引偏好选择的消费群。目前国内一些大型百货商店和超级市场也开始注重引入这种策略。

这种策略的优点是：专业商品种类充分，品种齐全，能满足顾客较强的选购愿望，不会因品种不齐全而丢失销售；能稳定顾客，增加重复购买的可能性；易形成门店经营特色，突出门店形象；而且便于门店专业化管理。这种模式较受广大消费者的欢迎。

这种策略的缺点是：种类有限，不利于满足消费者的多种需要；市场有限；风险大。

4. 窄而浅的商品配置策略

这种策略是指门店选择较少的商品种类和在每一类中选择较少的商品品种。这种策略主要被一些小型门店，尤其是便利店采用，也被开展自动售货机或无人零货柜等业务的零售企业采用。这种策略要成功使用，有两个关键因素，即地点和时间。例如，便利店虽在品种和价格上难以吸引消费者，但它们也有自己独特的优势：距离消费者非常近的经营地点、较长的经营时间和多样化的便民服务。

这种策略的优点是：投资少、见效快；商品占用资金不大，经营的商品大多为周转迅速的日常用品，便于顾客就近购买。缺点是：种类有限，花色品种少，挑选性不强，易使顾客产生失望情绪，商圈较小，吸引力不大，难于形成门店经营特色。

三、商品结构

（一）商品结构的含义

知易行难的
单品管理

商品结构是根据预定商圈消费者需求和门店定位确定的商品组合，主要由主力商品、辅助商品和关联商品组成。

主力商品是指在市场上具有竞争力的产品，包括知名品牌、畅销商品、当地消费者认同的商品等，其特点是顾客需求量大，占销售比重大，具有价格优势，且有良好的货源供应。主力商品贡献了门店大部分销售，并体现了门店的定位。简而言之，主力商品就是满足顾客80%的需求的20%的商品，也是占门店销量80%的20%的商品。主力商品要覆盖门店每个类别，应覆盖到小类/细类。

辅助商品是指与主力商品具有一定相关性，在价格、品牌等方面对主力商品起辅助作用的商品。其目的是配合主力商品销售，充实商品类别（指小类/细类），使门店商品更加丰富，以满足顾客多元化需求。辅助商品可以是价廉物美的、具有史好价格点的商品，可以是季节性、流行性商品，也可以是常规性的、随处可以买到的一般目的性商品。

关联商品是指随同主力商品或辅助商品共同购买、共同消费的商品，以迎合顾客的消费倾向。关联商品可以是一些顾客易接受商品(只要看到,就很容易接受并可以立即购买的商品)、安定性商品(在设计、格调、流行性上无直接关系的商品,即使卖不出去,也不会成为不良的滞销品)、常用商品(日常所使用的商品,在顾客需要时可以立即指名购买的商品)。如服装店,会在搭配好的衣服上放置袜子、围巾等,这些就是衣服的关联商品。

 案例分享　　　**日本宠物也呈"高龄化",尿布等关联产品市场巨大**

在日本,随着少子化的加剧和单身人士的增多,越来越多的人把宠物当作家庭成员宠爱。而这些宠物猫狗渐有"老龄化"趋势,因此相关的宠物健康食品和护理用的尿布等物品,市场需求相当大。

雨果网从日本 *Economic News* 2015 年 2 月 10 日的报道中了解到,日本宠物食品协会在 2014 年 12 月公布的"全国猫狗饲养实况调查"中显示,2014 年的宠物饲养数量,狗是1 034 万只,同比减少 5%,猫则增长了 2%,共有 995 万只,两者总数超过 2 000 万只。日本15 岁以下的儿童人数为 1 633 万(数据来源于日本总务省统计局人口推算),宠物猫狗的数量居然比孩子还多。近四五年来,室内饲养宠物颇受欢迎,其中有 33% 的人是因为"宠物使生活得到治愈",而这样的人群多集中在 20～30 岁。

即便消费税调高,宠物及相关产品的市场依然在扩大。矢野经济研究所的数据显示,2013 年度的"宠物关联市场",零售额同比增长 100.8%,达到 1 兆 4 288 亿日元,宠物保险和宠物医院等服务领导着整个市场。2014 年,市场也很快从增税之后的衰减中走出,同比增长 100.9%。

近几年,宠物也逐渐有"老龄化"趋势。从"全国猫狗饲养实况调查"还可得知,狗的年龄最多的是"7 岁以上(高龄)",占 53%,而 1～6 岁成年期的狗也超过了 40%。2010 年,"高龄"和"成年"的比例基本相同,因此可以看出,这 4 年来狗也有"老龄化"的趋势。

可能是受到了"老龄化"的影响,饲主们更加关心宠物食品的安全和健康性。2013 年度的宠物食品市场规模,零售额同比增长 101%,达到 4 476 亿日元。猫粮、狗粮中的高级商品和健康食品,市场需求非常大。宠物狗用的尿布和宠物猫用的猫砂等排泄管理相关的商品市场坚挺。从宠物用的尿布需求扩大也可以看出多少受到宠物"高龄化"的影响。宠物关联的市场需求依然大,甚至还有继续扩张的可能性。

(二) 商品结构设计的影响因素

连锁门店在制定商品结构时,主要考虑两个因素:一是要划定门店的基本经营范围。门店的业态一旦确定,门店的经营范围也就是门店经营的商品大类基本上也就确定了。二是描述目标顾客需求。根据门店目标顾客需求,对门店的商品结构广度和深度进行设计,同时确定商品结构的层级,根据竞争情况适当调整。

1. 划定门店的基本经营范围

一家门店如何选定自身的商品组合,首先受自身业态特性的影响。由于业态大多是以经营商品重点的不同而划分的经营形态,所以业态决定商品的定位,一旦选择了经营的业态,就在一定意义上确定了商品组织结构的大致框架。

2. 描述门店目标顾客需求

同样的业态在不同的地理位置,目标顾客也不相同。例如便利店,在学校附近,面向学生群体,文化用品比较突出;在社区附近,面向家庭,日常生活用品居多;在医院附近,多是病人或者是看望病人的人,鲜花、营养品等居多;在火车站,以旅游休闲食品、当地特产、旅游用品(箱包)居多;在地铁站,面向上班族,主要为方便面、速食、咖啡等快捷便利性商品;在加油站,面向开车族,主要为咖啡、功能性饮料等。所以相同的业态也会有不同的目标客户,门店的商品结构也不相同。只有进行充分的市场调查,才能设计合理的门店商品结构广度和深度,确定商品结构的层级,最后再根据竞争情况适当调整。

(三)商品结构的设计流程

1. 制定商品总目录

(1)请有关厂商来报价或提供资料,根据报价单或商品资料,将每一类商品的品名、规格、价格(原价、卖价、同业的价格)、有效期、特色等按本店商品归类,并编制号码输入计算机,便于管理。

(2)竞争店的访查。随时访问同业店,以便发现是否有本门店没有出售或在档案里尚未建立资料的商品,如果有则应抄录厂商的地址、电话,以便请厂商提供资料。

(3)参观展览会。展览会是生产厂商推广商品的主要手段之一,门店可以从中发现很多适合经营的商品。

2. 制定陈列目录

门店需要从商品总目录中选择门店计划销售的商品,拟订门店陈列商品目录。制定门店商品陈列目录时需考虑以下内容。

(1)该项商品是否符合公司商品政策。如果符合就可以引进;如果不符合,则宁愿舍弃也不选用。不符合政策的商品不但无法盈利,还要花费资源去管理(如订货、进货、验收、付款、陈列、下架、入仓退货、发票处理等)。

(2)做好市场调查工作。了解该项商品在同行业间的销售情况,作为进货的依据。如能取得同行销售资料最佳;如不能,则可以从同行门店中商品陈列情况大致了解,具体如下。

① 看陈列面。如果陈列面大,则表示该商品的周转率较快、畅销。

② 看清洁状况。如果该项商品在陈列架上显得非常干净,则表示该项商品的周转率高。

③ 看标示的有效日期及制造日期。除非是新上市的商品,否则只要接近制造日期或离有效期限较远的商品,即表示该商品进货不久,这一定是再次进货的商品。

(3)厂商的行销策略是否符合需求。主要关注:厂商有没有强烈的广告诉求、厂商能否配合门店的促销策略、厂商能否给予较大的上架陈列费用以及较大的销售折让。如果符合这些要求,则可以考虑进货。

对于连锁零售企业而言,商品总目录、陈列目录通常是由总部相关部门来完成的。门店经过一段时间的营业之后,就可以依据销售排行榜分析商品的销售状况,不断调整陈列目录。

3. 制作商品规格书

门店的商品中有些需要经过处理才能使"产品"转换成"商品",实现商品化。所谓"商品化"就是将产品加以处理,包装分级后,赋予一个品牌、名称,再设定一个价格陈列在门店货架上,运用广告、促销手段供顾客选购的整体过程,具体步骤如下。

（1）决定各种产品的包装及容量。如出售净菜,需要确定每份重量为多少,包括哪几样配料,用什么方式包装等。一般来说,决定包装状况与容量可以运用的方法如下。

① 依据每户的平均人口,请教行业专家,从功能、营养等角度出发,设计数种包装供顾客选择。

② 访查同业,了解其包装容量,借鉴他人之长用于自己经营。

（2）编制商品规格书,将商品制作与处理方法标准化、规范化。规格书中应载明商品的品名、原料、重量、托盘代号、包装、定价标准等。

4．制作商品配制表

所谓商品配置表就是用图表的方式将商品陈列位置及数量表示出来,以便门店进行陈列作业,这是商品陈列纳入规范化管理的主要措施。前面已经详细介绍过,此处不再展开。

任务二　订收货管理

学前思考:门店订货时需要考虑哪些因素?

一、门店订货管理

（一）订货作业流程

连锁门店订收货方式一般分为两大类:配送方式和自采方式。如果连锁零售企业建有配送中心,门店主要通过配送方式进行订货。门店通过管理信息系统向配送中心订货,配送中心按照规定的时间进行送货。根据具体处理方式不同,配送中心送货又分为统配、直通、直送三种方式:统配是指从总部配送中心把库存商品拣选配送到门店;直通是指商品送货至配送中心后不入库直接拣选配送到门店;直送则是供应商根据配送中心订单直接把商品配送至门店。没有配送中心的连锁零售企业,各门店统计实际的订货数量,报总部采购部门,总部采购部门根据实际的商品库存情况决定是从内部各门店商品调拨还是向供应商订货,如果向供应商订货,则订货方式与直送类似。特殊情况下,经总部许可,门店会自行向供应商采购,并由供应商直接送货到门店,该种订收货方式称为自采（又称为地采）。

（二）门店商品订货考虑的因素

门店在订货时应考虑以下因素。

（1）商品在排面的最基本陈列数。

（2）商品的日平均销售量（daily mean sales,DMS）:不同企业计算 DMS 方法不同,例如有的企业采取的计算公式为 DMS＝90％×前 5 周日均销售量＋10％×前 1 天销售量。

（3）现有的库存量。

（4）端架/促销区的陈列量。

（5）快讯商品或做促销的商品。

（6）与促销商品是否有相关联性（如现在咖啡在做促销，可考虑咖啡壶等相关商品）。

（7）季节性商品/流行性商品。

（8）商品货源提供的安全性（从节假日、气候、运输条件、供应商库存等方面来考核供应商的实力、能力、配合程度等）。

（9）最少订货量：在信息管理系统中应有明确规定，如配送中心最小包装单位为一整箱，则订货量不得少于此。

（10）商品的进货折扣/搭赠。

（11）门店商品的库存空间：是否还有存放位置。

（12）商品保质期：如一年保质期，留足 2/3 存留时间；半年以上保质期，留足 1/2 存留时间。

（13）计算机自动建议订单数量是否合理。

（14）供应商的送货行程安排。

（15）当日进货量及人力情况安排。

（16）主管下单时，特别是快讯商品（即邮报商品），不要将到货日期安排在同一天，避免同时到货，分日期、分时段有序到货，以减轻收货区及部门库存的压力。

（17）大宗团购。

（18）盘点因素：各门店不得在盘点期间大量进货，以免影响盘点的准确性。

（19）竞争对手的影响。

（三）合理订货量的计算

1. 一般商品订货量

不同类商品的订货管理的方法不同，门店一般商品的订货量可以采用下面的方法。

建议订货量＝（订货频率＋供应商交货期）×日均销售量＋最大货架储存量×

0.5－已订未发货数量－库存数量

订货频率＋供应商交货期≤最大安全库存天数

日均销售量＝90％×前 5 周日均销售量＋10％×前 1 天销售量

最大货架储存量＝商品的货架排面×商品在货架上纵向的列数

式中，订货频率为两次订货日期间隔的天数（通常为 7 天）；供应商交货期为从门店下订单到供应商送到门店的天数；最大安全库存天数为保证商品不脱销的库存天数（特别是为了保证临时的团购订单及时出货）。

2. 促销商品订货量

为确保促销商品的销售，对促销商品要加大订单的力度。

正常促销商品订货量＝正常订货量×1.5

惊爆商品订货量＝正常订货量×3

拓展知识　　　　　　　　经济订货批量

经济订货批量(economic ordering quantity,EOQ)是针对成本问题提出来的,是使订单处理和存货占用的总成本达到最小的每次订货数量。订单处理费用包括使用计算机时间、订货表格、人工及新到产品的处置等费用;占用成本包括仓储、保险费、存货投资、货物变质、税收及失窃等。企业无论大小都可采用EOQ计算法。经济定购批量法的计算公式为

$$EOQ = \sqrt{\frac{2 \times 每次订购费用 \times 年需求量}{单位产品年库存管理费用}}$$

练习:某连锁门店估计每年能销售15 000套电动工具。这些工具每件单价为900元,损耗、仓储等费用约占该工具成本的10%,每次订货费用为30元,计算其经济订货批量。

解析:根据经济订货批量公式,计算如下。

年需求量:已知每年能销售15 000套,即年需求量为15 000套。

订货成本:已知每次订购费用为30元。

库存管理费用率:已知损耗、仓储等费用约占该工具成本的10%,即库存管理费用率为10%;又已知每件单价为900元,则单位产品年库存管理费用＝900×10%＝90(元)。

$$经济订货批量(EOQ) = \sqrt{\frac{2 \times 30 \times 15\ 000}{90}} = 100(件)$$

二、门店收货管理

(一)商品收货区域管理

门店收货区域划为两个区域:验货区和周转区,通常黄线外面为验货区,验货区内货物为供应商的待验收商品。所有商品的验收、换货,必须在黄线以外的验货区进行,验货区的商品由供应商负责保管。

黄线里面为周转区,周转区内货物为门店已验收商品,周转区内由收货部自行划分一个退货区,用于存放退货商品。商品进入周转区后,供应商不得再拿出。所有商品的退厂、换货,需在黄线以内的周转区进行交接,经防损员核对,签字确认后方可放行。门店间互调商品在周转区内验收。

(二)门店收货程序

从门店收货方式看,可以分为两类:配送中心送货至门店进行收货(统配、直通);供应商送货到门店进行收货(直送和自采)。

1. 统配、直通典型收货流程

统配、直通典型收货流程如图4-2所示。

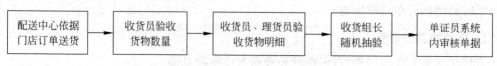

图4-2　统配、直通典型收货流程

说明如下。

（1）配送中心根据门店订货，配送商品至各门店。配送中心驾驶员持商品交接单随货至门店，将单据交收货员。

（2）收货员凭商品交接单的总件数，验收清点实际送货的总件数，确认无误后写明收货日期。签字，并加盖收货章（二联交驾驶员带回，一联留门店）。若发现短少，需在交接单上注明详细情况，并当场打电话通知配送中心运输组。

（3）收货员、理货员验收商品的明细，双人验收，收货完毕后在配货出货单上双人签名，并将第一联交综合组（或单证组），第二联交理货组留存。

（4）收货主管（组长）随机进行验货抽查。若抽查完毕无误，则在配货出货单上签名确认，并交还综合组（或单证组）。

（5）单证员凭单在系统内审核交接单，确认增加门店库存，单证员保管单据。

2. 直送、自采典型收货流程

直送、自采典型收货流程如图 4-3 所示。

图 4-3　直送、自采典型收货流程

说明如下。

（1）直送方式下，配送中心向供应商下订单；自采方式下，门店向供应商下订单。

（2）供应商根据订货单送货到门店。

（3）门店收货员收货。收货员根据订货单与供应商送货单进行收货。收货时见物验收，双人复核，核对正确后在门店订货单与供应商送货单上填上实收数量，并用大写签收总件数。收货完毕后核对订货单与送货单是否完全一致，确认无误在订货单和供应商送货单上签收并加盖收货章。需要注意的是，收货时应遵循"七对一复核"：核对内码、品名、规格、计量单位、数量、保质期、条形码这七项内容，并进行复核。

送货单上某单品数量如大于订货单数量，由收货主管确认。如门店需要该商品，则应当场补打订货单，做到订货单与送货单完全相符，并由收货人员双人签收方可交综合组入账；如不需要，则让供应商带回。

如发现单货不符的，有权拒收。

（4）将核对签收并已盖收货章的订货单与送货单，交给综合组（或单证组）打印一式三联进货单，一联交供应商，一联交综合组（或单证组），一联理货组留存。

（5）单证员凭单在系统内审核交接单，以增加门店库存，单证员保管单据。

（三）商品收货标准规范

1. 一般商品收货标准

（1）外箱必须完整无损。

（2）商品包装单位需正确无误，包装牢固。

（3）送货数量不得多于订单数量，如果供应商送货数量超出订单范围，门店只需按订数量录入,超出部分的商品,门店可根据实际情况决定是否收下。

门店如收下超出部分的商品,则计算机系统认为多出商品属于负销售,门店应通知采购部门根据超出数量补下订单。

门店如因库存情况,不收超出部分商品,则供应商应拉走超出部分商品。

(4) 货物描述、含量、规格等,必须与门店信息管理系统中的商品描述一致。

(5) 条形码。送货商品上的条形码,必须与信息管理系统中此商品的条形码一致。如不符合,则需粘贴门店店内码,粘贴内码的位置必须符合门店要求。

(6) 保质期限。保质期不能超过收货临界期限,如一年以内保质期商品,必须具有 2/3 有效时间,一年以上保质期商品,必须具有 1/2 有效时间,否则可拒收。

(7) 成套商品配件必须齐全。

(8) 中文标识。进口商品上必须有中文标识。

(9) 防伪标识。烟、酒等特殊商品,必须粘有防伪标识。

(10) 卫生检验合格证。食品、部分洗化用品必须有质量检验合格证或卫生检验合格证(采购部门收取复印件后转楼面一份供日常备查)。

(11) 需要标明产品规格、等级、所含主要成分的名称和含量。食品应标明质量、容量、净含量、生产日期、保质期等。非食品应注明有关规格、成分、包装方法、中文标示、失效日期、产地认证等。

2. 拒收标准

直送或自采时供应商送货商品有如下情况之一的,门店可拒收。

(1) 商品描述、含量、条码、规格等,与订单不相符。

(2) 超过规定的收货临界期限。

(3) 没有按门店要求进行包装的商品。

(4) 外包装破损严重,单品受压变形,外表有划痕等。

(5) 商品有破损、断裂、划伤。

(6) 外表有油渍不洁者。

(7) 商品有瑕疵。

(8) 质量问题,如奶制品中有沉淀物,肉类有发白或发黑等情况。

(9) 不予配合的供应商(该退货的商品没有退换货的),可予以拒收。

(10) 供应商不愿卸货而将货物拉走的。

(11) 直供商品无订单。

(12) "三无"商品、无中文标识的进口商品、应有防伪标志而没有的商品。

三、门店补货和理货管理

及时的补货和理货,可以树立和维护门店商品饱满的良好形象,也可以为顾客提供充足的商品,提升门店销售业绩。

1. 补货的基本原则

(1) 货物数量不足或缺货时补货。

（2）补货以补满货架或端架、促销区为原则。

（3）补货的区域先后次序：堆头→端架→货架。

（4）补货的品项先后次序：促销品项→主力品项→一般品项。

（5）必须遵循先进先出的原则。

（6）补货以不堵塞通道、不影响卖场清洁、不妨碍顾客自由购物为原则。

（7）补货时不能随意更改陈列排面，依价格卡所示数量范围补货，否则会影响商品陈列，违反者将按规则处罚。

（8）补货时，同一通道的放货栈板，同一时间内不能超过 3 块。

（9）补货时所有放货栈板均应在通道的同一侧放置。

（10）货架上的货物补齐后，第一时间处理通道的存货和垃圾，存货归回库存区并更正库存单，垃圾送到指定区域。

（11）补货时，有放货栈板的地方，必须同时有员工作业，不允许有通道堆放栈板，又无人员或来不及安排人员作业的情况。

2．补货作业程序

（1）正常补货作业程序如图 4-4 所示。

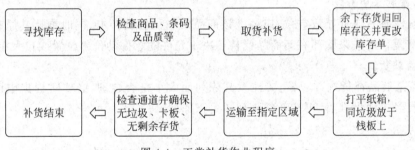

图 4-4　正常补货作业程序

（2）夜间补货作业程序如图 4-5 所示。

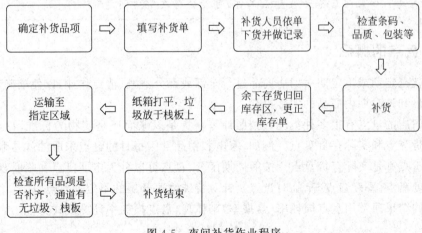

图 4-5　夜间补货作业程序

3．理货的基本原则

（1）商品不整齐时，需做理货动作。

（2）零星物品的收回与归位是理货的一项重要工作。

（3）理货的区域先后次序：堆头→端架→货架。

（4）理货的商品先后次序：海报商品→主力商品→易混乱商品→一般商品。

（5）理货时，必须将不同货号的货物分开，并与其价格签的位置一一对应。

（6）理货时，须检查商品包装（尤其是复合包装）、条码是否完好，缺条码迅速补贴，破包装要及时修复。

（7）理货时，每一个商品都有其固定的位置，不能随意更改排面。

（8）一般理货时遵循从左到右、从上到下的顺序。

（9）补货的同时，进行理货工作。

（10）每日销售高峰期之前和之后，须有一次比较全面的理货。

（11）每日营业前理货时做商品清洁工作。

4．补货、理货时缺货处理

（1）若该品项商品不足时，采取拉排面的方法，即将货架上里面的商品拿到货架前方摆放，使商品看起来更充实。

（2）若该商品缺货导致空位，应插上该商品的"暂时缺货"卡，同时维持其原有排面，直到该商品恢复供应或采购部有新商品代替。决不允许随意挪动价签位置或拉大相邻商品的排面以遮盖缺货。

（3）若某商品补货次数频繁，要注意其陈列面大小是否合理，必要时提出申请，按程序由相关人员经书面批准后，再按新的陈列图更正陈列。

任务三　盘点与库存控制

学前思考：如果门店不开展盘点工作，可能会存在哪些问题？

一、盘点的概念

盘点就是定期或不定期对门店商品进行全部或部分清查、清点作业，以便准确地掌握商品库存数量和该时期内商品的实际损耗。

连锁门店的盘点有很多种类型。按照计算存货是以账面还是实物为标准，盘点可以分为账面存货盘点和实际存货盘点。例如，家电和精品部门每日的盘点采取的就是账面盘点；大部分的盘点都是实际存货盘点。按照周期区分，盘点可以分为定期盘点和临时盘点，定期盘点如年度盘点、季度盘点等，临时盘点是针对特殊情况开展的不定期盘点。

盘点的结果通常用盘点损耗率（盘损率）来体现，盘点损耗率计算公式为

$$盘点损耗率 = \frac{损耗金额}{销售额} \times 100\%$$

关于损耗金额的计算，在"防损及安全管理"模块具体介绍，此处不再展开。

二、门店盘点作业流程

(一)盘点主要步骤

门店大小不同,盘点的复杂程度会有很大差别。通常而言,大型超市的定期盘点是较为完整和规范的。下面以大型超市定期盘点为例,说明门店盘点作业相关内容。其他门店可在大型超市定期盘点作业的基础上进行适当删减,确定自己的盘点作业内容。

(1)确定盘点日。由门店确定进行夜间全部或局部盘点的日期,提前上报总部。

(2)盘点前各部门的工作准备如下。

① 收货部提前通告供应商,盘点当日,除生鲜、日配外,收货部停止做收退货。生鲜、日配组产生的所有票据必须在盘点当日 15:00 以前全部按照流程处理完毕。

② 信息部门提前五天制作负库存列表,交由卖场查找核实问题后,第二天交由信息部门监督进行处理。

③ 盘点前三天各部门人员清理手中各种单据,将手中内调、外退、借据、报销单、换货、报损单、携入携出单等按照制度处理完毕,以免影响月结数据。

④ 盘点前的工作准备:盘点单据的准备;盘点使用工具的准备;区域、货架的划分及编号;支援人员的统计及分配。

⑤ 盘点前由卖场各部门经理检查确认盘点表并签字,然后交由收银部按盘点表核对商品,收银经理检查无误后签字确认,完成盘点表的准备工作。

⑥ 提前三天进行盘点前全体人员的培训。

⑦ 盘点前两天卖场在显著位置张贴盘点通知,通告顾客,在盘点当日 17:00 开始,配合广播告知顾客闭店时间。

(3)盘点前的注意事项如下。

① 已损坏但与供应商协商未能及时处理的商品,在盘点时进行认损处理,盘点后供应商来进行换货,通过补损进行库存更正。

② 盘点前商品认损未制作退货单,不允许提前放置退换货库区,必须单、货同行,在盘点前进行处理。如果盘点开始后商品认损,在未登账前不允许进行空退处理。

③ 收退货时将因总部、分店库存不一致而无法处理的情况及早通知 IT 部共同解决。

(4)盘点表的准备。卖场提前两天按照要求制作盘点表(一式两联);盘点表准备好后,统一交至财务部,由稽核人员管理。

(5)商品整理准备如下。

① 各店库区及销售区商品提前两天开始整理,但必须以不影响销售为原则。

② 库房商品按照同一货号、同类商品集中使用栈板码放,原则按照与销售区商品对应。

③ 销售区商品集中码放,标签朝外,便于盘点及盘点表的抄写。

④ 及时回收孤儿商品(指顾客已经挑选好但未结账带走的商品)。

⑤ 正常商品与退换货及破损商品分开存放。

⑥ 小件商品在整理过程中可按照一定组合进行包装、捆扎、装箱,便于当天加快盘点速度。

(6)账面商品处理如下。

① 盘点前收货部主管确定验收单是否验收,与实物数量是否相符,做到单、货相符,没有遗漏。

② 退货商品在盘点前应确定是否已打印退单,如已打印,此笔退货商品不做盘点。

③ 盘点前两日须将破损商品进行清退处理工作。

④ 在盘点前按正常流程进行商品消耗的录入处理。

(7) 盘点当日上午门店仓库进行封库盘点(包括赠品库、退货库,不包括卖场架顶商品)。

(8) 盘点当日晚卖场进行全面盘点。

(9) 盘点人员安排如下。

① 盘点分为初盘、复盘,人员以小组为单位,四人一组,两人初盘,两人复盘,其中初盘人员由本组人员及外组人员组成,复盘人员为其他部门人员及本组人员组成,复盘时必须由其他部门人员点数,本组人员填写。

② 初复盘人员不见面。

(10) 盘点完毕后,由收银员录入系统。

(11) 次日由信息部门 9:00 前打印盘点差异表,各部组根据盘点差异表进行核查,再到信息部门修正。

(12) 确认盘点生效后,由总经理、财务签批,信息部门更新库存。

(13) 盘点负责人及信息部门写盘点报告进行盘点总结。

(二) 盘点流程

盘点流程如图 4-6 所示。

(三) 盘点修订流程

盘点修订流程如图 4-7 所示。

(四) 盘点结果的分析和处理

1. 追查差异原因

盘点作业结束后,将实际库存和计算机内库存相核对,若有差异,要追查原因,堵疏防漏。一般而言盘损的原因有下列几种:①错盘、漏盘;②计算错误;③偷窃;④收货错误,或空收货,结果账多物少;⑤报废商品未进行库存更正;⑥对一些清货商品,未计算降价损失;⑦生鲜品失重等处理不当;⑧商品变价未登记和任意变价。

2. 盘点重大差异处理

盘点可能出现的重大差异,即盘点损耗率大幅超过同行业标准或公司目标,以及毛利率远低于同行业标准或公司目标的。若发生重大差异,应立即采取下列措施。

(1) 重新确认盘点区域,看是否漏盘。

(2) 检查收货,有无大量异常进货,并且未录入计算机。

(3) 检查有无大量异常退货,并且未录入计算机。

(4) 检查库存更正及清货变价表。

(5) 检查是否有新来生鲜处理员工,技术不熟练。

1. 盘点组到位	① 盘点人员在盘点前半小时集合（在停车场或卖场服务区）。 ② 闭店后盘点小组进入盘点区域盘点
2. 初盘	① 部组主管至稽核人员处领取盘点表。 ② 初盘人员按盘点表顺序进行初盘
3. 复盘	① 初盘人员盘点完成一个区域后，主管将初盘表交至稽核人员，同时领到复盘表。 ② 复盘人员进入工作区开始复盘。 ③ 复盘完毕后，转由稽核人员抽盘
4. 稽核抽查	① 稽核人员对初复盘表进行核对、抽查，如有误，则核盘后再用红笔在相应地方更正确认。 ② 无误后转至收银经理安排录入
5. 录入	① 由计算机部门通知收银员开始录入盘点表的时间。 ② 各部组与收银员按盘点表中商品代码进行手工录入。 ③ 打印流水盘点小票。 ④ 与盘点表核对无误后，收银员签字确认
6. 核对	各部组核对盘点表、流水盘点小票，无误后签字确认，并交由稽核人员管理

图 4-6 盘点流程

1. 出盘点差异	① 由信息部门在盘点次日早9:00前打印各组盘点差异明细表，交给店长。 ② 出具盘点差异汇总表并交给店长
2. 稽核抽查	① 由卖场按盘点差异明细表查找问题，填写盘点差错调整表。 ② 信息部进行差错调整，出具正式的盘点差异汇总表
3. 盘点损益表	① 总经理、店长、财务对盘点差异汇总表签字确认后，计算机部门更新库存。 ② 信息部门出具正式的盘点损益表
4. 盘点报告	① 总经理、店长、财务在盘点损益表上签字确认。 ② 卖场与信息部门出具盘点报告

图 4-7 盘点修订流程

（6）重新计算。

三、门店库存控制

（一）库存控制主要指标

保本保利分析

作为管理体系的重要构成要素,考核指标体系为库存管理提供了强有力的保障。库存管理指标主要由库存商品的经营现状、原定目标、目标与实际运行效果之间的变化率等指标构成。

1. 总体库存运行质量指标

（1）库存周转天数 = 360÷库存周转次数,其中：库存周转次数=销售额÷平均库存,平均库存=（期初库存+期末库存)÷2。

（2）库存天数=库存金额÷日平均销售额×100%。

（3）库存品种数（SKU）：考核期内有库存的品种数。

（4）总商品品种数：考核期内确定必须经营的品种数。

2. 库存期限管理指标

（1）滞销品比率=X 天内无销售的商品品种数÷总商品品种数×100%。

（2）超期库存比率=X 天内未销售完的商品金额÷库存总金额×100%。

（3）保质期指标：货架商品剩余保质期长度不得低于门店保质期规定（例如不得低于保质期长度的 1/3)。

（4）库存记录准确率=库存记录准确的商品数÷总盘点商品数×100%。

3. 库存数据管理指标

（1）断货比率=断货品种数÷总商品品种数×100%。

（2）畅销品断货比率=销售前 N 个断货品种数÷总商品品种数×100%。

（3）低库存品种比率=库存天数低于 M 天的品种数÷总商品品种数×100%。

（4）高库存品种比率=库存天数超过 X 天的品种数÷总商品品种数×100%。

（5）负库存品种比率=库存金额为负数的品种数÷总商品品种数×100%。

4. 库存结构管理指标

（1）动销率（商品出勤率)=销售的商品数÷总商品数×100%。

（2）销售同比增长率=（本期销售额÷同期销售额-1)×100%。

（3）毛利存货周转比率=毛利率×库存周转比率。

（二）库存控制要点

库存控制是零售企业的核心技术之一。很多零售企业库存管理水平普遍不高,突出表现为畅销商品断货、滞销商品长期积压、库存记录不准、库存量不安全、库存周转率差等问题。优化库存控制手段与方法,有针对性地建立库存管理体系,是加强库存控制、提高商品周转率的有效手段。库存控制的关键在于期限、数量和结构三个方面,具体说明如下。

1. 商品库存期限管理

库存期限的长短直接影响商品周转速度。库存期限过长,商品周转速度就慢,反之则快;通过实施滞销商品、超期库存商品及商品保质期限管理,可有效提高商品周转速度,降低商品资金占用。

(1)滞销品管理。正常销售情况下,滞销商品是指那些已经入库但在一定时期内未实现销售的商品。通常,这些商品以新品居多,但也有因市场变化进入衰退期,导致一定时期内没有销售的需淘汰的商品。连锁门店商品品类非常多,只有全面跟踪商品销售状况,分析一定期限内未销售的商品库存数据,才能有效区分和处理滞销情况。

(2)超期库存管理。造成商品库存期限超过规定期限的原因很多,就商品而言,销售期过长的商品主要有滞销积压的商品、过季商品、淘汰品项的剩余商品、家电商品的样品、包装破损质量完好的商品、有一定质量瑕疵但不影响使用价值的商品等。这些商品在处理方法上,可以分为强化促销、退换货处理、清仓降价处理等。当现有商品为正常商品,而库存量小于周平均销量的,可采取强化促销的方法;如商品符合与供应商商定的退换货条件,或商品确定为质量问题的,必须退给供应商;对存货量过大的商品,可与供应商协商换货。无法退换的商品必须进行清仓处理。否则,随着库存时间的延长,商品使用价值会降低,从而导致门店损耗增加。所有列入超期库存的商品,在订货时,必须采取限制措施;无法调换,形成损失的商品应作为淘汰品项,不再经营。

(3)保质期管理。商品保质期管理的关键是商品周转过程各环节必须严格遵循先进先出原则。所有与商品接触的各环节员工必须遵守保质期管理的要求,规范操作,才能达到勤进快销、高周转的要求。收货时,所有非生鲜类商品的保质期必须执行最短保质期限制的工作要求,确保商品有足够的销售时间。各部组补货时,必须遵循先进先出原则,并逐一检查商品保质期是否符合要求。临近商品保质期的商品,要进行登记,与供应商进行协调退货或换货。如果不能退货,必须在商品能完全使用或食用前的一段时间内,进行降价处理。这种商品在销售完毕前,可采取控制订货的措施,销售完毕后,可取消订货限制。

2. 库存数量管理

库存数量管理主要以商品保持正常销售又不形成积压为原则,因此商品数量的管理应以杜绝断货为目标,确保商品库存量安全。

库存可以区分为零库存、负库存、高库存、低库存四大类。对四大类库存采取相应措施,可以保证商品不断货,又能确保库存占用合理,不形成积压,避免出现资源浪费。

(1)零库存。商品库存为零时,就是断货,门店已无商品可供销售。这种情况在商品经营中必须下大力气解决。往往有断货现象发生的,都是畅销商品,是门店商品经营的重点品类,代表公司的经营形象。重要商品的断货会直接导致销售业绩下降,顾客对门店的信任度降低,门店在形象受损的同时,货架空间等资源也被严重浪费。

在实际营运中,从销售的角度来看,造成库存为零的原因是库存不足以满足销售,从供货角度看是订货不足、漏订货、供应商缺货不能提供等原因。为最大限度避免出现断货,可通过加强订货审核、建立缺货标签、重点商品追货,或采用替代品进行货源补充,以减少断货带来的损失。

(2)低库存。低库存是库存量小于订货周期内平均销售量的库存,这部分库存如不及时补充订货,将直接面临断货的可能,是潜在的断货。

商品处于低库存状态时,必须定期跟踪处理。对低库存商品要区别对待,正常商品库存处于低库存状态的可通过清单列示商品目录,提前准备订货,确保库存商品在下次订货到位之前的正常销售；季节性及淘汰商品的低库存商品必须加快处理，避免因库存削价形成损失。上述处理方式，在加强库存储备的同时，有效减少了库存量，降低了库存商品的资金占用量。

（3）高库存。高库存是库存量远远大于月或旬平均销量的库存。控制这种库存的目标在于，限制库存资金占用，节约库存空间及货架资源，降低库存商品维护和整理费用，达到高周转的目的。同时，通过对高库存分析，有效监督商品采购人员在采购过程中的"黑洞"问题。

控制高库存的主要措施是按销售量与库存量比较进行排查，针对库存量过高的商品列出清单，跟踪订货人员与各部组人员分析造成库存过大的原因（通常造成库存过大的原因包括商品促销订货量大于实际销售量、商品重复订货、商品过季等）。通过与供应商协商退货、降价促销、调整商品陈列位置等方法均可以达到降低库存、加快周转的目的。

（4）负库存。负库存是零库存的一种特殊形式，负库存产生的主要原因包括库存记录不准、库存入账不能及时处理等。负库存的存在直接从金额上抵消正常商品的库存，导致库存金额不准，进而影响库存订货，致使库存订货不足或不准。

针对负库存的出现，门店可采取以下措施：库存管理部门跟进库存入账流程，确保到店单据及时入账，重新确定特殊商品入账原则等；因商品条码原因导致销售记录不准也会形成负库存，通过强化商品条码检验工作，加强商品收货时的条码检验，或在卖场对货架商品进行条码检查，把负库存的形成降至最低。

3. 库存结构管理

库存结构是指门店商品库存总额中，各类商品所占的比重。它反映库存商品类别分布和库存商品质量情况。首先，针对不同类别的商品分别采取不同的控制方式。例如，以生鲜、食品、日用百货为主的商品库存要求高周转、速度快。这类商品进入门店后，两周内必须实现销售，如经过跟踪，两周内不能实现销售的，必须采取措施，改变陈列或加大促销力度。服饰、家电类商品花色品种多，确定时间为一个月，一个月内单品种必须实现销售，如未实现销售的，必须与供应商协调调换新品，或加大促销力度。

其次，门店应通过不断淘汰滞销品，引入新品来优化库存结构。例如，进入市场衰退期的商品，其售后会经历一个从高到低的过程，该类商品两周内未销售的，可采取退换货、降价促销等措施进行处理。而对于季节性商品，会因商品季节过渡而出现季末销售数量不定的情况，这些商品应及时与供应商办理退货，并确保换季新商品及时上柜销售。

总之，库存管理是门店营运管理的关键环节。如果库存混乱，所有报表都没有意义，门店营运的许多工作，如资金规划、订货管理、损耗控制等就没有了基础和依据。

任务四　能力训练

连锁门店订货受众多因素影响，既需要科学的数据分析，又离不开丰富的经验支持。如何更好地开展订货管理，是一项非常有挑战性的工作。尤其是生鲜商品订货难度更大，很多生鲜商品保鲜期短、仓储条件高，竞争激烈，顾客对价格比较敏感，订货时如不慎重，经常会导致损耗增加，影响部门绩效。如何做好生鲜商品订货，值得每一位从业人员去思考和探讨。

一、训练内容

组建共同学习小组,实地调研一家大型超市生鲜商品销售、订货情况,并结合所提供的案例材料,讨论确定影响连锁门店生鲜订货的主要因素。

二、训练步骤

1. 大型超市生鲜商品经营调研

共同学习小组选择一家连锁大型超市,通过实地观察、人员访谈等方式,了解生鲜商品订货影响因素。

2. 案例分析

围绕所提供的材料(扫描右侧二维码获取)进行讨论分析,概括总结案例中所涉及的生鲜商品订货要点。

3. 整理资料

共同学习小组整合调研资料、案例分析结论,确定连锁门店生鲜订货主要考虑因素。

生鲜高管巡店实录

4. 形成分析报告

共同学习小组利用百度脑图或其他思维导图绘制工具,绘制连锁门店生鲜订货影响因素思维导图。

三、训练要求

1. 训练过程

通过小组自主探究、教师辅助指导的方式完成训练任务。

(1)教师布置任务。

(2)学生组建共同学习小组(建议 3～5 人),确定小组成员分工。

(3)选择一家大型连锁超市生鲜部门进行调研。

(4)分析案例资料。

(5)整合调研材料和案例分析结论。

(6)绘制思维导图。

2. 训练课时

建议训练课时:课内 2 课时,课外 2 课时。

四、训练成果

连锁门店生鲜订货影响因素思维导图 1 份。

模 块 五

价 格 管 理

学习目标

【知识目标】

1. 了解影响价格策略制定的因素。

2. 掌握制定价格策略的程序。

3. 掌握商品定价方法。

4. 掌握商品定价技巧。

5. 了解商品调价原因。

6. 掌握市场价格的调查与分析。

7. 理解调价时机的选择和调价幅度的确定。

8. 掌握商品调价流程。

【技能目标】

1. 能够进行价格带分析。

2. 能够选择合适的商品定价方法。

3. 能够利用定价技巧制定商品价格。

4. 能够开展市场价格调查。

5. 能够选择合适的调价时机。

【思政目标】

1. 培养竞争意识,正确认识社会主义市场经济规律。

2. 培养法制意识,规范开展门店价格管理。

行之不易的价格管理

知识技能点思维导图

请根据所学内容,把该思维导图补充完整。

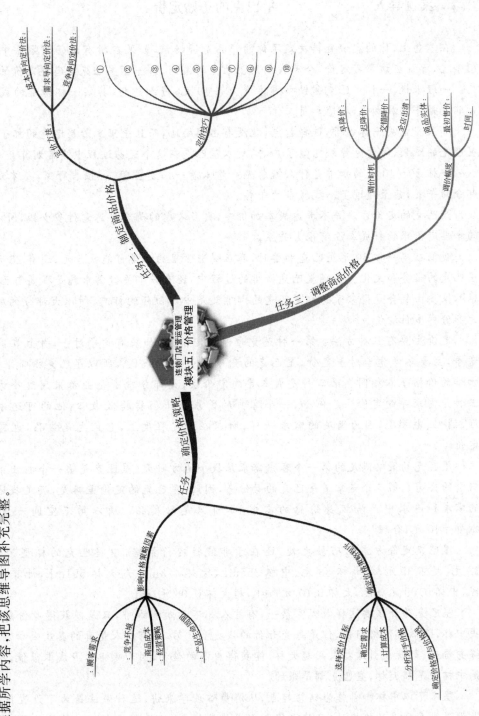

连锁门店运营管理
模块五:价格管理

任务一:制定商品价格

定价方法
　成本导向定价法:
　需求导向定价法:
　竞争导向定价法:

定价技巧
① ② ③ ④ ⑤ ⑥ ⑦ ⑧ ⑨ ⑩

任务三:调整商品价格

调价时机
　早降价:
　迟降价:
　交错降价:
　全店出清:

调价幅度
　商品实体:
　最初售价:
　时间:

任务二:确定价格策略

影响价格策略因素
　顾客需求:
　竞争环境:
　商品成本:
　经营策略:
　产品生命周期:

制定价格策略的步骤
　选择定价目标:
　确定需求:
　计算成本:
　分析对手价格:
　确定价格带与价格线:

　案例导入　　　　　　　　星巴克的巧妙定价

　　在零售上,你的定价直接决定了你的产品是否畅销,如果在所有的营销方法中,只学一门手艺,那就应该学习定价,今天我们用星巴克的案例,讲一下星巴克是怎样定价的。

　　一般来说,一杯星巴克拿铁咖啡售价 30～40 元,仔细想想,其实一杯咖啡的成本很低,无非就是牛奶加咖啡,场地和员工。

　　如果我们买一杯咖啡,选择打包,就没有占用场地,而且手里拿着星巴克的杯子,还拎着星巴克的纸袋,等于免费给它做了广告,所以星巴克在这个交易过程中非常划算。

　　一杯 30～40 元的咖啡是什么概念呢? 意味着一顿麦当劳、一顿吉野家,基本超过了大部分的午餐,甚至超过了一线城市的午餐。

　　星巴克的定价方法并不考虑成本加价率,更多考虑的是客户愿意付多少钱,所以星巴克的咖啡定价跟物料成本没有很大关系。

　　我们在喝一杯 30 元星巴克咖啡时,真正喝进嘴里的咖啡可能就 5 元,还有 25 元喝的是星巴克的服务和文化。在喝星巴克咖啡的过程中,还有一个关键需求就是提高自己的"身份感",很多白领会觉得拿了一杯星巴克的咖啡就是中产白领的标志,所以大部分的顾客愿意为身份感多付溢价。

　　定价主要有三种方法:第一种是竞争导向定价法,如果有竞争对手,并且在同一维度竞争,主要参考竞争对手定价,星巴克的竞争对手是 COSTA,所以星巴克咖啡跟 COSTA 咖啡的价格基本相同。第二种是成本导向定价法,大部分中小企业都采用这个方法。第三种是需求导向定价法。例如,一个客户的需求是出门转转散散心,他的可选方案有餐厅、酒吧、电影院,因为满足的需求一样,所以在一定程度上,它们也是竞品,也需要参考定价。

　　星巴克的策略满足的第一个客户需求是找个地方聊天(星巴克是第一个打出第三空间概念的公司),第二个是拿着星巴克的身份感,因此,星巴克的定价策略是,满足找地方聊天的需求和追求中产阶级身份感的需求,咖啡只是附属品。所以第三空间＋身份感＋咖啡＝40 元,合理!

　　星巴克定价方式的巧妙之处,还在于非线性定价策略,以星巴克的杯型为例,中杯 32 元、大杯 35 元、超大杯 38 元、中杯 355mL、大杯 473mL、超大杯 591mL,计算一下会发现,中杯 0.09 元/mL,大杯 0.07 元/mL,超大杯 0.06 元/mL。

　　星巴克为什么要这样做呢? 第一,有些人并不喜欢喝咖啡,只是想获得身份感,所以他买中杯,降低了价格门槛,但是每毫升付的钱更多。第二,有些人是真的喜欢喝咖啡,顺便获得身份感,那就吸引这些人买超大杯,能获得更高的盈利,因为咖啡本身成本很低,所以不管是中杯还是超大杯,星巴克都是赚的。

　　星巴克以中杯咖啡作为销售起点,从消费心理学来讲,这种做法是为了设置价格锚点,当设置一系列产品价格时,产品之间会形成价格锚点,从而影响人们对物品价值的判断,暗中提高销量。

　　价格锚点是指商品价格的对比标杆。营销中,企业通过各种锚点招数,或者利用对比和

暗示来营造幻觉的手段,动摇人们对于货币价值的评估。

一旦形成价格锚点,潜意识中顾客对咖啡价值的判断就会受到影响,同时也很容易将顾客的决策目标锁定到中杯、大杯,进而接受更高水平的消费,毕竟,有时候消费者的心理也是非常不坚定的。

由此可见,每一个品牌行为背后都隐藏着一个"理性"经济学,为了引发顾客的"非理性"消费行为,必须先深入研究人的消费心理。品牌背后的定价策略是一门很深厚的学问,你学会了吗?

(资料来源:互联网,经作者整理改编)

思考:

(1)星巴克采用了哪些定价策略?

(2)你还知道价格锚点的哪些应用吗?请举例说明。

任务一　确定价格策略

学前思考:选定某一小类商品,在不同门店和电商平台进行调研,看其定价策略有何差异。

一、影响价格策略的因素

(一)顾客需求

制定价格时所考虑的顾客需求主要是指顾客的价格意识与对价格的判断,即顾客所接受的商品价格水平,和顾客对商品品质与价格对比关系的看法。需要注意的是,没有一家门店可以满足所有顾客的需求,所以门店在制定价格前,必须进行市场细分和客层定位。

市场细分即按照既定标准将商圈顾客整体划分为若干群体的过程,客层定位则是在市场细分基础上结合门店自身情况、市场竞争情况所选定的一个或几个顾客群体作为目标客群的过程。

(二)市场竞争环境

不同市场竞争环境中,连锁门店应采取的定价策略也不同。

1. 市场竞争激烈程度

如果市场缺乏竞争,可以采取高价格策略以提升门店利润空间;市场竞争激烈时,采取市场平均价格策略或低价策略,以增强企业竞争力。

2. 门店在市场中的地位

如果门店是市场领导者,那么门店商品价格就会成为领导价格,此时价格策略应该是在保证市场地位的前提下实现利润最大化;如果门店是市场追随者,则价格策略可以紧跟市场领导者,避免无端引起价格战。

3. 门店自身经营特色

门店如果能错位经营,与其他同类型门店取长补短,形成自身特色,则为最优选择;如果难以形成特色,应控制与同类门店商品重叠比例和定价差异,互有长短;在无其他合理价格策略时,可选择竞争性价格策略,开展针对性定价。

(三) 商品成本

任何门店都不能随心所欲地制定价格,在确定价格策略时,应考虑商品成本因素。从长远看,商品的销售价格都必须高于成本,这样才能保障门店的持续经营,成本是商品定价的最低界限。零售业的商品成本主要考虑采购进价和营销费用。

(四) 经营策略

连锁门店经营策略主要是指门店在不同的发展阶段、围绕不同的营运目标所采取的一些应对措施。这些策略对于门店价格策略会产生直接影响。在不同的发展阶段,连锁门店会采取不同的经营策略,价格策略也会相应调整。例如,在连锁门店初创时期,市场竞争不激烈时,采取的价格策略应该是利润最大化;当市场竞争激烈时则应通过低价、低利润切入市场;在发展期通常是采取低价策略扩大市场占有率;当处于成熟期、市场地位稳固时,就应以利润最大化为价格策略。

不同的连锁门店有不同的发展目标。如果是以扩大销售、提高市场占有率为目标,其定价策略应该是低价或平价甚至亏本,利用薄利多销的渗透策略,在很短的时间内迅速提高商品销售量,该策略就是与竞争门店争夺有限的市场份额,这种定价策略可能只是权宜之计,但对企业在短时间快速占领市场是有效的。如果是以盈利为目标,则连锁门店就应以相对高价的定价策略,以确保公司整体盈利水平。如果是以提高现金流量为目标,门店对那些高周转率的商品应采取比竞争对手更低的价格,因为这些商品的利润并不体现在单个商品的价格优势上,而是体现在销售的数量上。销售量越大,现金流量的贡献率就越大。需要指出的是,在连锁门店经营中,现金流量贡献率有时会超过利润贡献率。连锁门店可利用这些销量大的商品吸引更多的人流,从而带动其他商品的销售;另外,商品的周转率提高,就会增加对供应商的进货次数与进货批量,增强企业对供应商的议价能力,获得更多的价格折扣。

(五) 商品生命周期

商品生命周期大致可以分为导入期、成长期、成熟期、衰退期,每个时期应采取不同的价格策略。

1. 导入期

商品在导入期的阶段,较易引起顾客的注意,此时应以较低的价格出售。如柑橘等水果初上市,超市可以选出品质最好的商品,而以近于成本的价格出售,以换取顾客的好感;如果该项新商品属于潜力商品,即有意将其培育成"明日之星"的商品,则在初期绝对不可以赚取过多的利润,以免"吓跑"顾客。等到该商品已经达到一个阶段,如每天都已有相当固定的销售数量后,才可采取合适的方式(如分级销售等),稳步提高售价。

2. 成长期

成长期的商品可以维持一个稳定且适当利润的售价,偶尔也可以运用促销手段,以再度吸引顾客的注意。

3．成熟期

成熟期的商品定价策略与成长期相同,但须随时注意观察,并准备新的替代品,待准备好替代品,在成熟期末出清存货,如此回转的速度才会快,顾客才会有新鲜的感觉。

4．衰退期

衰退期的商品应在举办促销活动的同时,尽快出清存货。顾客对衰退的商品已经没有新鲜感,这会导致销售速度变慢,而且可能会形成滞销品。门店应注意,对于衰退期商品,宁可出清存货,也要避免让商品变成滞销品,因滞销品不但会占据库存空间,在办理退货时,还要付出更大的代价。

二、制定价格策略的程序

(一)选择定价目标

定价可达成的目标如下。

(1)求生存目标,即售价能够负担可变成本及部分的固定费用。

(2)求当期利润最大化目标,即获取最多的毛利。

(3)求当期收入最大化目标,即采取低价薄利多销,实现销售收入最大化。

(二)确定需求

零售业无法像制造业那样事先预估购买者需求函数,并据此测算市场需求。但是需求对价格的影响又必不可少,至少要了解以下各项。

1．需求与供给的关系

若需求大于供给,这是卖方市场。在定价时可采取高姿态,但要注意此状态究竟是临时性的还是持续性的。若是临时性的,切勿给人以趁火打劫之感;若需求小于供给,则是买方市场,门店在定价时要采取较低姿态。

2．需求的价格弹性

所谓需求的价格弹性,是指需求量对价格的弹性,也即某一产品在其他因素保持不变的情况下,价格变动时,该种产品需求量相应变动的程度。商品本身的价格、顾客的收入、替代品价格,以及顾客的爱好等因素都会影响对商品消费的需求。需求价格弹性大,则代表商品需求变动受价格影响大,顾客对价格敏感度高;需求价格弹性小,则代表商品需求受价格影响小,顾客对价格敏感度低。

 拓展知识　　　　**价格弹性在门店营运中的应用**

价格弹性对于零售企业在如何科学合理地确定其价格时非常有帮助。

价格弹性系数＝销售量的变化率÷价格的变化率,其中:销售量的变化率＝(现价销售量－原价销售量)÷原价销售量,价格的变化率＝(现价　原价)÷原价。

由于价格弹性系数是一个绝对值的概念,所以它只有以下三种数值。

(1)价格弹性系数＝1,这意味着价格的变化率与销售量的变化率是一致的,这样当价格下降10%时,销售量上升10%,此时的消费额(价格×销售量)在变价前后是不变的,所以对于价格弹性系数为1的商品,企业去变价是毫无意义的。

(2)价格弹性系数>1,这意味着销售量的变化率要大于价格的变化率,例如当价格弹性系数是2时,即当价格下降10%时,销售量则上升20%,此时的销售额会因价格下降而明显增加,或者会因价格增加而销售显著下降,所以对于价格弹性系数>1的商品,正是企业促销时需要积极寻找的商品,这些商品非常适合做促销,弹性系数的数值越大,促销力度越大时(即降价幅度越大),促销的效果也越明显。

(3)价格弹性系数<1,这意味着销售量的变化率要小于价格的变化率,例如当价格弹性系数是0.5时,即当价格下降10%时,销售量则上升5%,此时的销售额会因价格下降而减少,但却会因价格提高,而销售额只是略有下降,毛利额能够有所增加,例如当价格弹性系数为0.6时,价格提高10%时,销售量只是下降6%,这样最终的结果,毛利额还是增加的,所以对于这一类商品,涨价对于商家而言是比较有利的。

企业在现实中也许能够遇到一些价格弹性系数接近1的商品,完全等于1的情形是非常少的。

那么企业如何来求解价格弹性系数?是不是每种商品的价格弹性系数都是恒定的?很显然,价格弹性系数是在不断地变化的,它会随着顾客对该商品的价格敏感度、竞争对手的市场反应、该商品的替代品的状况、该商品在消费需求中的重要性和消费频次等因素的变化而变化。所以,这就需要企业平时注意积累数据,当企业进行变价时,就要将变价前后同样时间段的数据进行对比,计算出不同商品的价格弹性系数(这一点很重要,如果变价前后的时间段不一样,计算出来的价格弹性系数就会误导企业),这样企业在选择促销品时就可以比较准确地预测和把握促销效果了。

(三)计算成本

零售业的商品成本主要来自采购进价,故其成本估算比制造业简单,但要考虑下列因素。

(1)进价成本变动的计算,一般采取加权平均法舒缓成本波动的幅度。

(2)是否有现金折扣。

(3)是否有数量折扣。

(4)确定正常损耗的比率。

(5)是否有过时、过期的商品。

(6)是否失重(某些食品)。

(四)分析竞争对手的价格

对于价格敏感性高的顾客而言,他们往往会多方比较,再予以取舍,故在决定售价或调整售价时,不得不考虑竞争对手现状或其可能的反应。在分析竞争价格时,要注意下列因素。

(1)竞争不仅限于同业,还包括异业之间的竞争。顾客由于时间有限,金钱支出有限,有时会购买替代品,从而导致异业竞争情况的出现。

（2）同样的商品在不同的零售业态，售价往往不同，这是因为价格并非顾客考虑的唯一要素。

（3）简单对比售价高或低并无多大意义，应结合目标客群的具体特点和具体需求进行分析。

（4）对于门店销售的众多商品而言，顾客仅对较常购买的畅销品或必需品等少数品项有所谓的价格敏感性或熟悉度。

（5）除少数敏感性商品外，价格带分析比个别商品单价分析更易掌握重点。

（五）确定价格线与价格带

价格带管理

对于商品群的定价，重要的一点就是理解价格线与价格带。商品的价格线（price line，PL）是指零售价格的种类，它反映的是单品的售价，具体体现为价格带上各价格的分布。价格带（price zone，PZ）是指门店中某一小类商品的销售价格由高到低形成的一条价格幅度曲线，是商品群销售价格上限与下限之间的范围，是由商品群的上限价格和下限价格形成的。价格带的确定是为了方便顾客对商品价格的选择。一般来说，由于不同业态门店的目标顾客不同，商品群定价也就不同。如对于大型综合超市，其商品价格大多集中在中、低价格带；而对于便利店，其商品价格大多集中在高、中价格带。

拓展知识　　　　　　商品价格带分析

商品价格带分析是零售从业人员的必备技能，具有极其重要的意义。商品价格带分析方法的关键在于确定小类商品价格区域和价格点，确定价格点后便可以决定小类商品定位以及应当引入和删除的商品种类。具体步骤如下。

第一步：选择分析对象，其对象要求为门店商品某一个小分类。

第二步：汇总该小类中单品信息（如酱油），罗列出其价格线。

第三步：归纳该小类单品的最高价格和最低价格，进而确定品类目前的价格带分布情况。

第四步：判断该小类价格区。所谓价格区是指价格带中陈列量比较多且价格线比较集中的区域。

第五步：确定商品品类的价格点（price point，简称 PP 点）。所谓价格点是指对于该门店或业态的某小类商品而言，顾客最容易接受的价格或价位。确定了 PP 点后，备齐在此 PP 点价位左右的商品，就会给顾客造成商品丰富、价格便宜的感觉和印象。

这里需要澄清的是：如何理解商品丰富的概念。商品多≠商品丰富。

其实，门店商品丰富与否，确切地讲是指既定小类中顾客计划购买的某价格点的单品种类的多与少，而不是指在该门店既定小类中陈列商品总数的多与少。例如，A 超市定位为精品超市，杨先生到该超市购买红酒，打算购买 500 元/瓶，但发现超市中上百款红酒，价格集中在 120 元左右，500 元左右的只有 1 款。这次购物经历后，杨先生得出的结论是 A 超市红酒品种少。大家会觉得不符合常理，但从价格带的角度理解，就会认同杨先生的观点。门店必须备齐符合门店定位的商品，因为顾客是根据 PP 点来判断门店商品种类多与少，其余价格的商品顾客并不关注。

任务二 制定商品价格

学前思考：选择一家连锁门店，记录门店商品价格，讲一讲其商品定价的规律是什么？

一、商品定价方法

实际工作中，连锁门店定价方法多种多样。不同门店、不同市场环境所采用的商品定价方法也不同。通常情况下，定价方法有三大类：成本导向定价法、需求导向定价法和竞争导向定价法。

1. 成本导向定价法

成本导向定价法，即以商品的综合成本为主要依据，同时考虑其他因素制定价格的方法。由于定价时依据的商品成本类型不同，以及核算利润的方法不同，成本导向定价法可以分为成本加成定价法、目标利润定价法、变动成本定价法、盈亏平衡定价法等。其中，在连锁门店中最常使用的是成本加成定价法。

成本加成定价法就是在商品成本的基础上，加上门店营运费用、预期的利润额作为产品的销售价格。售价与成本费用之间的差额即利润。由于利润的多少是有一定比例的，这种比例人们习惯上叫"几成"，所以就称为成本加成定价法。采用这种定价方式，必须做好两项工作：一是准确核算成本，一般以商品进货价格为主要依据；二是确定门店营运费用标准和利润标准，也即确定商品加价额度和加成率。

在实际运用中，成本加成定价法又分为顺加成（顺加）和逆加成（倒扣）两种情况，计算公式为

顺加成：销售单价＝商品成本×（1＋加成率）

逆加成：销售单价＝商品成本÷（1－加成率）

在毛利率相同的情况下，两种不同的加成方法得出的单价是不一样的。若设定商品成本为 100 元，毛利率为 20%，那么，按"顺加成"得出的销售单价为 100×（1＋20%）＝120（元），按"逆加成"得出的销售单价为 100÷（1－20%）＝125（元）。

这主要是因为"顺加成"是以商品成本为基数计算加价额，而"逆加成"则是以销售单价为基数计算加价金额；基数不一样，加价水平就不一样，最终计算出的价格自然也就不同。

2. 需求导向定价法

需求导向定价法即以商品的消费者需求情况为主要依据，综合考虑企业的营运费用和市场竞争情况，制定或调整商品价格的方法。实际操作中，连锁企业通过市场调研，先确定目标消费者可以接受的价格范围，然后根据成本加成情况，逆向计算出可接受的商品进货价范围，并与供应商或厂家进行谈判。需求导向定价法包括习惯定价法、认知价值定价法、差别定价法等。

习惯定价法是指依据消费者所习惯的商品或服务的价格进行定价。消费者在长期购买、使用某些商品或服务时，在心目中已经形成一种习惯性标准，包括商品或服务的功能、属

性及价格水平,符合标准的价格被顺利接受,偏离其标准的价格则易引起疑虑。因此,经营这类商品或服务的门店要力求价格稳定,避免价格波动带来不必要的损失。在必须变价时,应采取改换包装、品牌等措施,避开消费者对新价格的抵触,并引导消费者逐步形成新的习惯价格。

认知价值定价法,又称为感受价值定价法,是以商品在消费者心目中的价值为定价基本依据的一种定价方法。该方法的关键在于获得消费者对商品价值的认识和评估商品的需求价格弹性。为了解消费者的认知价值,通常采用邀请消费者、产品专家、经销商等有关人员对商品价值进行评估的方式,具体有直接价格评比法、相对价值评分法、属性诊断评价法。直接价格评比法就是邀请有关人员,直接对商品价格进行评定,给出他们各自认为合理的价格,并以平均值作为商品最终售价。相对价值评分法是邀请有关人员对本商品和市场上其他同类商品进行打分,根据商品得分的相对比例和现行市场平均价格来推算商品价值,即通过将本商品与竞争店的商品进行比较来确定商品的相对价值和绝对价格。属性诊断评价法是邀请有关人员对一种商品的多种属性进行打分,并根据各种属性的重要性和对价格的影响力来确定各属性权重,最后通过加权平均法计算得出商品价值,确定价格。商品的需求价格弹性系数随竞争对手、替代品的状况、该商品在消费需求中的重要性等因素的变化而变化,具体可以参考相关商品的价格弹性进行估算。

差别定价法是指同种产品以不同价格销售给同一市场上的不同顾客。通常情况下,这种价格差异不是由于商品成本因素差别导致的,也不是由于附加价值不同导致的,而是销售方根据顾客需求特征实行差别定价引起的,因此又称为歧视性定价法。差别定价法通常以顾客(如新老顾客、长期和短期顾客、集团购买和个体购买等)、地点(如演唱会前后排、酒店房间朝向等)、时间(如高峰和平峰、白天和夜间等)、流转环节(如批发和零售等)、交易条件(如支付手段、交易方式等)等为基础的实施。实施差别定价法时,需要注意如下几点:①消费者对产品的需求有明显的差异,可以对市场进行细分;②实施差别定价的各个细分市场之间能够被完全隔离,商品在各市场之间转移非常昂贵或不可能;③差别定价不会引起顾客反感和敌意;④差别定价不会违反相关法律规定。

案例分享　　电商企业大数据杀熟普遍存在但认定有难度

《中国消费者报》报道(记者裴莹)　2020年3月19日,中国政法大学传播法研究中心副主任、中消协专家委员会委员朱巍做客《中国消费者报》和今日头条财经频道联合推出的"消费热点解读"栏目,分享他对预付式消费、网购商家虚构原价等问题的看法。

《中国消费者报》:经常看到电商平台大数据杀熟的新闻,但涉事企业都矢口否认,最后不了了之。作为研究互联网及有关法律的专家,你认为是否存在大数据杀熟?目前在法律层面上,判定企业行为是否属于大数据杀熟,存在哪些难点?对消费者有哪些维权建议?

朱巍:实践中,大数据杀熟确实是存在的,而且类型多种多样。有的是通过数据比对消费者的消费能力和比价能力,对待不同的消费者实施不同的价格;有的是通过数据判断消费者对某种商品或服务需求的迫切程度来抬高价格;有的是通过宣传页面、引流页面等深度链接来区分不同的消费者。以上这些类型,都属于利用大数据、人工智能等方式,实现商业利益最大化。

从监管实践看,大数据杀熟确实难以认定。一方面,平台会以优惠折扣的大小来抗辩价格的不确定性;另一方面,消费者举证责任不好固定,监管者也比较难从算法和后台获取数据。

对消费者来说,①尽量在移动端安装多款同类别的 App,增加比价能力。②每次看到的价格,应通过截屏取证的方式保存下来,以便后续维权。③尽量避免通过同一平台账号、开放平台账号等方式登录不同平台。④应随时清除 cookies,避免留存更多数据轨迹。

(资料来源:中国消费者报 · 中国消费网;作者裴莹)

3. 竞争导向定价法

市场的竞争性越强,连锁店越需要运用竞争导向定价法。竞争导向定价法就是以市场同行业竞争对手的价格为主要依据,根据自身竞争实力制定商品价格的方法。竞争导向定价法包括随行就市定价法和密封投标定价法。

随行就市定价法又称为通行定价法,这是广泛采用的一种定价方法,它以行业的平均价格水平或竞争对手的价格为基础制定商品价格。在竞争激烈、产品同质化程度高的市场中,随行就市成了一种较为稳妥的定价方法,它既避免激烈竞争,降低经营风险,又能保证企业获得正常经营利润,而且易被消费者接受。如果企业能努力降低成本,还可以获得更多利润。在具体实施过程中,连锁门店通过市场调查了解各主要竞争对手的商品价格,特别是要掌握对于那些消费者经常购买的敏感性商品的价格,然后采用紧跟或略低于市场上的最强的竞争对手的价格,以便保持本企业或者本门店的竞争力。

密封投标定价法是指买方通过招投标方式引导卖方竞争,密封递价,参加比价,根据竞争者的递价选择最有利的价格的定价方法,适用于一些工程建设项目或某些大宗商品的采购。一般来说,招标方只有一个,处于相对垄断地位,而投标方有多个,处于相互竞争地位。标的物的价格由参与投标的各个企业在相互独立的条件下来确定。在所有投标者中,报价最低的投标者通常中标。

 拓展知识　　**品种类别定价法和周转率定价法**

1. 品种类别定价法

所谓商品的品种类别,就是将连锁门店中的商品分成两类:第一类是利润商品,它们是可以为连锁门店带来利润的商品;第二类是连锁门店的形象商品,例如销售价格低廉、省时、便利的商品,可以让顾客形成门店产品性价比高的印象。

商品品种类别定价法就是将连锁门店的形象产品(如蔬菜水果、主副食品等)按较低的毛利率出售,对其中一些消费者使用量大、购买频率高、最受欢迎的商品按进价,甚至低于进价出售,这些商品称为拳头商品。而对于那些为连锁门店带来利润的商品,如调味品、休闲食品等,则以较高的利润定价出售。在陈列上,以拳头商品为核心,在它周围大量陈列能带来利润的商品,使拳头商品引来顾客、集中顾客,同时顾客在购买拳头商品时,也带动其他商品的销售。

实施商品品种类别定价法,关键是事先对商品进行分类,确定低盈利和高盈利商品;然后对这些商品的销售数据进行分析,确定合理的占比,设计合理的组合陈列,配合相应的促销计划,否则,不会取得很好的销售效果。

2. 周转率定价法

周转率定价法就是依据商品周转率的高低,将连锁门店商品分为高周转率商品和低周转率商品。对于周转率较低的商品,可以制定较高价格。但对于那些周转率较高的商品,可以采用低于竞争对手的价格,因为这些商品的利润并不体现在单个商品的价格优势上,而是体现在销售的数量上,销售量越大,现金流量的贡献率就越大。必须要明确,在连锁门店的经营中,现金流量的贡献率有时会超过利润贡献率,成为第一位连锁门店营运目标。连锁门店可利用这些低价商品吸引更多的人流,从而带动其他商品的销售。

另外,提高商品的周转率,就会增加供应商的进货次数与进货批量。增强连锁门店对供应商的议价能力,可获得较多的价格折扣。

二、商品定价技巧

做生意,定价很有讲究。定得好,商品销得快;定得不好,货卖不动。以下定价技巧可供连锁门店在制定商品价格时借鉴。

价格锚点的秘密

(一)同价销售法

在国外,分柜同价销售是比较流行的同价销售法,例如,有的小商店开设 1 元钱商品专柜、10 元钱商品专柜,而一些大商店则开设了 20 元、50 元、100 元商品专柜。

英国有一家小店,起初生意萧条、很不景气。一天,店主灵机一动,想出一招:只要顾客出 1 英镑,便可在店内任选一件商品(店内商品都是同一价格的)。这种方式很好地抓住了人们的好奇心理。尽管一些商品的价格略高于市价,但仍招徕大批顾客,销售额比附近几家百货公司都高。

提示:对比价格是一件烦人的事,一口价干脆简单。这种方法虽实施简单,但不能广泛应用。实际上,策略或招数只在一定程度上管用,关键还是要货真价实。

(二)分割法

没有什么东西能比价格更让顾客敏感的了,因为价格代表顾客要支付的金钱,商家要让顾客感受到只从他兜里掏了很少一部分,而非一大把,这就需要采用分割法进行定价。价格分割是一种心理策略,商家定价时采用这种技巧,能让买方在心理上感到价格便宜。价格分割包括下面两种形式。

1. 用较小的单位报价

例如,茶叶 500 元/kg 报成 25 元/50g,大米 2 000 元/t 报成 2 元/kg 等。在巴黎地铁内,广告商给出的宣传语是"只需付 30 法郎,就有 200 万旅客能看到您的广告"。

2. 用较小单位商品的价格进行比较

例如,"每天少抽一支烟,每天就可订　份报纸。""使用这种电冰箱平均每天 0.45 元电费,只够吃一根冰棍!"

提示:记住报价时用小单位。

（三）特高价法

独一无二的产品才能卖出独一无二的价格。特高价法是指在新商品开始投放市场时，价格定得大大高于成本，使企业在短期内能获得大量盈利，以后再根据市场形势的变化来调整价格。例如，某地有一商店进了少量中高档女外套，进价 580 元/件。该商店的经营者看见这种外套用料、做工都很好，色彩、款式也很新颖，在本地市场上还没有出现过，于是定出 1 280 元/件的高价，居然很快就销售一空。

提示：如果推出的产品很受欢迎，且市场上只此一家有货，就可以卖出较高的价格。但是这种形势一般不会持续太久。畅销的东西，别的商家也可群起而仿之，因此，要保持较高售价，就必须不断推出独特的产品。

（四）低价法

便宜无好货，好货不便宜，这是经验之谈，低价法就是要消除这种成见。采用这种方法是将产品的价格定得尽可能低一些，使产品迅速被消费者接受，在市场取得领先地位。由于利润非常低，能有效地排斥竞争对手，使自己长期占领市场。这是一种长久的战略，适合一些资金雄厚的大型零售企业。

对于一个生产企业来讲，将产品的价格定得非常低，可以先打开销路，占领市场，然后再扩大生产，降低生产成本。对于商业企业来说，尽可能压低商品的售价，虽然单个商品的销售利润变少，但销售额增大了，总的商业利润会更大。

提示：在应用低价格方法时应注意，高档商品慎用；对追求高消费的消费者慎用。

（五）安全法

价值 10 元的商品，以 20 元价格卖出，表面上是赚了，却可能赔掉一个顾客。对于一般商品来说，价格定得过高，不利于打开市场；价格定得太低，则可能出现亏损。因此，最稳妥可靠的方法是将商品的价格定得比较适中，消费者有能力购买，门店也可以实现正常销售。

安全定价通常是由成本加正常利润构成的。如一条牛仔裤的成本是 80 元，根据服装行业的一般利润水平，加价 20 元，那么这条牛仔裤的安全价格就为 100 元。

提示：在实际操作中，如果企业的商品名气不大，即使采用安全定价，也不一定安全。渴求名牌、高消费的消费者会觉得产品档次太低，讲究实惠价廉的消费者又嫌价格偏高，容易两头不讨好。

（六）非整数法

差之毫厘，谬以千里。将商品零售价格定成带有零头的方法，就是非整数法。这是一种极能激发消费者购买欲望的定价方法。这种方法的出发点是消费者从心理上认为有零头的价格比整数价格低。例如，一家日用杂货店进了一批货，以每件 10 元的价格销售，但销量不大。无奈杂货店只得降价，但考虑到进货成本，只降了 2 角钱，价格变成 9.8 元。想不到就是这 2 角钱之差，货物竟然很快被销售一空。

提示：实践证明，非整数价格法确实能够激发消费者的购买欲望，获得明显的经营效果。因为非整数价格虽然与整数价格接近，但它给予消费者的心理感受是不一样的。

（七）整数法

整数法与非整数法恰好相反，它是利用整数定价，以产生高档、高品质的心理感受。美国的一位汽车制造商曾公开宣称，要为世界上最富有的人制造一种大型高级豪华轿车。这种车有 6 个轮子，长度相当于两辆凯迪拉克高级轿车，车内有酒吧间和洗澡间，价格定为 100 万美元。为什么一定要定 100 万美元的整数价呢？这是因为高档豪华商品的购买者，一般都有显示其身份、地位、富有、大度的心理诉求，整数的定价迎合了购买者的这种心理。

提示：高档商品、耐用商品等宜采用整数定价策略，给顾客一种"一分钱一分货"的"超值"的感觉，以树立商品的形象。

（八）弧形数字法

带有弧形线条的数字，如 5、8、0、3、6、9 等似乎更容易被顾客接受；而不带弧形线条的数字，如 1、7、4 等，相较而言就不大受欢迎。所以，在连锁门店商品的销售价格中，常常出现 8、5 等数字。

满足消费者的需求总是对的，"8"与"发"虽毫不相干，但大多数消费者都乐于接受这样的数字。据国外市场调查发现，在生意兴隆的连锁门店中，商品定价时所用的数字，按其使用的频率排序，先后依次是 5、8、0、3、6、9、2、4、7、1。这种现象不是偶然出现的，究其根源是顾客消费心理的作用。

提示：在价格的数字应用上，应结合我国国情。很多人都喜欢 8 这个数字，并认为它会给自己带来发财的好运；4 因为与"死"字同音，被人忌讳；7 会让人感觉不舒心；因为中国老百姓有六六大顺的说法，所以 6 比较受欢迎。

（九）分级法

分级法是指在制定价格时，同类产品分成几个等级，不同等级的产品，其价格有所不同。从而使顾客感到产品的货真价实、按质论价。例如，服装厂可以把自己的产品按大、中、小号分级定价，也可以按大众型、折中型、时髦型划分定价。这种明显的等级，便于满足不同的消费需要。分级法的关键是分级要符合目标市场的需要，级差不能过大或过小，否则起不到应有的效果。例如，由于服务产品复杂多样，内容、质量不一，一般分为几个档次，每个档次对应一个价格，这样从价格上既反映了质量的差别，又为消费者进行产品比较提供了便利，同时还简化了服务企业的工作。在美国服务业，一般产品分为五级，价格分布类似于正太分布，既 40% 的平均价格、20% 的中高价格、20% 的中低价格、10% 的最高价和 10% 的最低价。

提示：同类商品不要划分太多档次，以免淡化分级定价的优势。同时，要慎重确定各档次商品的价差幅度。幅度太小，达不到吸引不同目标消费者的目的。幅度太大，又会失去购买中间价商品的顾客。

（十）调整法

调整法是指根据商品市场情况（如需求情况、竞品情况等因素）及时调整商品价格，以保证自始至终对顾客有吸引力。好的调整犹如润滑油,能使畅销、平销、滞销商品畅通无阻。例如,德国有一家零售公司,非常善于利用该定价方法,该公司刚推出 1 万套内衣外穿的时装时,定价为普通内衣价格的 4.5～6.2 倍,但销量非常好,这是因为这种时装一反过去内外有别的穿着特色,顾客感到新鲜,有极强的吸引力。没过几个月,当德国各大城市相继推出这种内衣外穿时装时,该公司就将价格大幅下降到只略高于普通内衣的价格,同样一销而光。又过了 8 个月,当内衣外穿时装已经不那么吸引人时,该公司便以成本价出售,每套时装的价格还不到普通内衣的 60％,这种过时衣服在该地区仍然十分畅销。

　　提示:企业在市场竞争中,应时时预测供求的变化。

 案例分享　　　　　　　　　　**生鲜的定价技巧**

　　对综合零售连锁企业而言,生鲜产品是一个非常重要的品类。如何能够以最快的速度把商品销售出去呢? 当然是确定合理的销售价格。好的定价策略是减少生鲜的损耗,提高利润的一个有效因素。

　　生鲜的定价策略有两部分:一是常规的定价策略;二是应变的定价策略。

　　常规的定价策略是指根据公司盈利原则和经营的分类,能用规律和公式来计算的部分。应变的定价策略是生鲜的经营者会根据商圈、竞争对手、天气、库存、商品品质及当前实际经营状况等采取的定价策略。

　　做好应变部分的价格策略,主要有以下几个因素。

　　一是市场竞争,这个是根据市场调查的结果进行的价格调整。

　　二是当前的天气状况,顾客会因天气情况而增减。客流一少,商品卖出去的概率必定下降,所以要进行价格调整。

　　三是当前商品的库存,有些商品的储存时间不能太长,如叶菜类、活鱼类、鲜肉类等,必须以最快的速度销售完。如果库存过多,也需要调价。反之,如果销售非常好,当库存减少时,也可适当提高售价。

　　四是商品的品质,如果到货的商品品质不好,就不能按正常的售价销售,必须调整价格。综合考虑上述因素,生鲜经营就能像生鲜的商品一样具有活力。

任务三　调整商品价格

　　学前思考:收集连锁门店(如服装专卖店、经济型酒店等)一段时期的调价资料,并思考调价的原因和优缺点。

　　零售市场价格竞争异常激烈,门店需要有一定的定价权限,并能及时根据市场的变化调高或调低商品销售价格,通过价格引导消费、刺激消费,适应市场的变化,实现零售企业的经营目标。

一、调整商品价格的原因

　　门店营运过程中,最常遇到的问题就是如何确定商品的价格。因为门店拥有的市场供求信息一般不够完整、精确,导致其制定的商品价格可能与市场不适应,所以有必要进行价格调整。门店对商品售价的调整有许多原因,主要有以下两方面。

1. 采购原因

由于在采购中出现采购的商品品种、质量等不符合顾客需求,采购过量,供应商选择不当,采购成本变动等问题,门店应调整商品价格促进商品销售。

2. 销售过程原因

即使门店在适当时间采购到适当数量或质量的商品,但由于销售过程的问题或市场的变化,也会引起商品调价出售。例如,同区域、同类门店商品价格竞争,本店的促销活动等。

二、市场价格调查与分析

市场价格(特别是竞争对手的价格)是门店进行价格调整的主要依据。建立采集价格信息系统、进行市场价格的调查与分析,是门店制订与调整价格的基础和前提,也是价格管理的重要组成部分。

(一) 价格信息采集

价格信息采集主要是采集竞争对手的价格信息,因为市场价格是经常波动的,因此采集价格信息的工作要经常、持续地做。由于零售企业经营的品种非常多,这就需要建立一个长期稳定的价格采集系统。

1. 采集价格信息系统的建立

由于各零售企业都不希望其他零售企业了解自己的定价,再加上商品品种繁多,所以采价人员采集价格信息的难度相当大,这就需要零售商店建立稳定的价格信息收集体系。通常零售企业采用以下方法完成这项工作。

(1)聘用专人进行采价工作。

(2)聘用兼职采价员(主要由本店员工兼任)。

(3)委托供应商或其派驻本店的促销员采价。

(4)请专业调研公司采价。

(5)请顾客提供价格信息。

2. 采价实施

考虑商品的类别和价格敏感性等因素,将各类商品中价格变化频率大的定为重点采价商品,安排采价频率最高;而对价格比较稳定的商品和价格敏感性低的商品,可安排的采价周期长一些。对于生鲜类、散装商品的采价,因其等级差异、特征不明显等难以比较,要安排对该类商品熟悉的专门人员采价。对货架端头、堆头及其他明显位置的商品,要提高采价频率。通常采用如下几种形式。

(1)日采。对敏感度高的商品(如生鲜类商品)要每天采价,甚至一天采价几次,发现竞争对手价格明显下调的,要立即采取措施。

(2)周采。对价格变化频率大的商品,要每周至少安排一次采价。

(3)月采或季采。对价格敏感性低的商品,可以安排每月或每季采一次。

（4）临时件采价。对摆放位置明显，或准备在现场悬挂 POP 的特价促销商品，要加大采价频率，定价前更要采价，一般要针对竞争对手定价。

（5）新引进商品的价格信息采集。首次进入本店销售的商品，定价前一定要了解市场定价情况，尤其是竞争对手的定价。这通常是由供货商来提供价格信息。根据本店的定价策略，既要考虑公司的营利性，又要考虑其竞争性。

3. 价格信息的记录和整理

采价员采价前要先把待采价的商品名称记录在纸片上，先到本店认识待采价商品的特征，然后再到指定对比店去采价。采价时一定要记录商品的品名和条形码，系列商品多的要记录规格。所有记录的价格信息都要记录采价的时间和地点。为保证采价员的记录规范化，企业应印制一定格式的采价单。由企业主管部门收集这些采价单，并将这些价格信息输入计算机系统中进行价格对比。

因为采价人员、输单人员的操作失误等原因，可能导致少数商品价格信息错误，所以在将价格输入计算机系统后，可以通过设定对比价格差异较大的范围，自动选出超出采价误差范围的商品信息，打印出来交由采价员进行核查。

（二）价格信息的分析

1. 价格对比分析

价格对比是指将本店的商品定价和竞争对手的商品定价进行比较，可以横向比较（即完全相同的商品与竞争对手的定价对比），也可以纵向比较（即同类但不同规格商品的定价对比）；可以一对一的单个对比，也可以整体比较。通过对比可以了解竞争对手的价格水平和价格策略，明确门店与竞争对手价格水平之间的优劣势，进而有针对性地调整本店价格，或者通过陈列的改变等方式（如突出本店具有价格优势的商品、减少比竞争对手价格高的商品的陈列面等）来改变顾客对价格的感受。

2. 对竞争对手的定价分析

将采集到的竞争对手的价格信息输入计算机后可以自动与本店商品对应排列，通过设定自动统计程序，计算机可自动统计本店与对比店（主要竞争对手）的价格差异比率。另外通过本次采价与上次采价的对比统计，也可以了解对比店价格变化的升降比率，还可以了解对比店哪些商品价格变化频率较大，哪些商品价格比较稳定。通过分析这些信息，及时调整本店的商品结构，或改变定价以保持本店商品定价的竞争性。

3. 价格信息的利用

比价后，如发现竞争对手的价格出现了较大幅度的下调或间接的下调，如打折销售、大面积给顾客返利等情况，连锁门店有关管理人员应立即与供货商联系，要求供货商给予同样的折扣，本店商品价格要立即调整，若没有下调空间，则应立即将商品撤下，或将商品从明显位置更换下来。对于供货商采取的短期特价优惠行动，本店应积极响应，争取抢先竞争对手推出特价。

4. 对定价策略的有效性分析

定价策略成功的关键一方面在于策略的正确性，另一方面在于其实施的有效性。定价策略实施是否有效，是从财务分析、消费者评价和竞争对手变化三个方面来评价。主要分析内容包括盈利多少、市场占有率扩大了还是变小了、竞争对手的经营情况如何等。

三、调价时机的选择

调价时机的选择是非常重要的，直接影响商品是否能顺利销售出去。在保本期内，可以选择早降价、迟降价、交错降价和全店出清销售等方法。

1. 早降价

注重存货周转率的零售店往往采用早降价策略。降价一般适用于销售上有明显呆滞的商品和储存超过一定期限的商品，在需求还相当活跃时，通过降价把商品销售出去。这种时机选择有以下优点。

(1) 降价可以早些出售商品，为新商品腾出资本、储存和销售的空间。

(2) 因为商品的需求还保持着，所以早降价的幅度小。

(3) 销售费用低，早降价不必为商品再花费广告及人力推销的费用，只需正常的促销。

(4) 增加顾客流量，早降价对顾客的吸引力大。

(5) 降低销售风险，后期可以在销售季节中进一步降价，推动商品周转。

(6) 提高市场占有率，有些消费者愿意早购买流行性商品，也有一些消费者只要流行期未过，即使价格较高，也愿意支付比原价略低的价格购买。

一般来说，大型百货商店和中等价格水平的专业商店通常采取早降价方式。

2. 迟降价

迟降价是保持最初的销售价格到期末，到最后才进行降价销售。迟降价也有许多优点。

(1) 迟降价保护了门店高质量的形象。

(2) 迟降价提供了充足的时间按最初价格销售。

(3) 迟降价可以减少等待降价购买的顾客数量。

(4) 迟降价是一次性的降价销售，通常降价幅度大，吸引力大。

以上列举的早降价策略的种种有利之处，正是迟降价策略的不利之处。

3. 交错降价

除了迟、早的选择，商家还可以运用交错降价的方式，就是在整个季节期间价格逐步下降。这种策略往往是和"自动降价计划"结合运用的。在自动降价计划中，金额和时机选择会被商品库存时间的长短所制约。

4. 全店出清销售

"全店出清销售"是指门店定期全面降价的一种方式，通常一年有两三次。这种策略可以避免频繁地降价对正常商品销售造成的干扰，只是在下一个销售季到来之前迅速将商品出清。由于降价销售的商品绝大多数是存货，而且降价销售时间很短，所以吸引的只是在该时间段爱买便宜商品的顾客。例如，美国的零售店全年出清存货一般一年两次，常在圣诞节和美国独立纪念日（7月4日）等旺销期过后举行。中国香港的零售商也常在暑期和春节开展出清存货、大减价等促销活动。

四、调价幅度的确定

连锁门店调价，还要解决调价幅度的问题，虽然对降价幅度具体数值没有可遵循的明确规定,但是过度的降价会降低零售商应获得的利润,影响门店的市场形象,降价幅度过小又起不到促销的效果。实践中,价格的降低幅度会受下述因素的影响。

1. 商品的实体

具有流行性、季节性特点的商品,尤其是时髦性商品,在流行期末应大幅度地降价,以消除存货。在美国,流行性或季节性的商品通常在最初标价的基础上降低 25%～50%,常用品则要降低 10%～15%,顾客才会感兴趣。

2. 商品的最初售价

如果商品最初的售价高,降价的幅度小,消费者往往兴趣不大。例如原价是 1 000 元的商品,降价 50 元,降价幅度小,顾客一般不会感兴趣;但如果原价是 20 元,降价 5 元,降价幅度大了,顾客感到便宜很多就会有效刺激顾客购买。一般来说,在原价的基础上降低 15%以上,才会引起消费者关注,扩大该商品的销售量。

 拓展知识　　　　　　　**韦伯定律与调价幅度**

韦伯定律最初是由德国著名的生理学家与心理学家 E. H. 韦伯发现的,他发现同一刺激差别量必须达到一定比例,才能引起差别感觉,这个比例是一个常数;用公式表示为 $K = \Delta I / I$,式中,K 为常量;ΔI 为刺激变化量;I 为初始刺激量。韦伯总结出:当一般刺激变化量在 10%以上时,消费者能够明显察觉到变化。

在调整商品价格过程中,经常会应用到韦伯定律。例如,当某品牌商品原价为 5 000 元,价格变化幅度在 500 元左右时,顾客能够明显感觉到其价格的变化。当然,这也会受到个人和各种环境因素的影响。例如,当整个市场上的该商品价格都在下降,而且下降幅度差不多时,对顾客的刺激就小得多。相反,如果整个市场上的行情没变,一个门店将该品牌商品由原价 5 000 元,突然降价 300 元销售,就会引起消费者的极大注意。韦伯定律不仅局限于定价方面,在广告宣传、促销活动、商品陈列等方面都有广泛应用。

3. 时间

降价的幅度也取决于降价时间。早降价的商品降价幅度小,并且有时间继续降低价格;迟降价的商品降价幅度应该较大,这样才会刺激销售。

此外,确定商品降价幅度,应以商品的需求弹性为依据。需求弹性大的商品,只要有较小的降价幅度,就可以使商品销量大增;相反,需求弹性小的商品,需要有较大的调价幅度,才会扩大销售量。但是由于需求弹性小的商品,降价可能会引起销售收入和销售利润减少,所以确定调价幅度时要慎重。

商品的降价幅度,还受到存货水平、销售和储存空间、资金周转的要求等因素的影响。

五、商品价格调整流程

门店对价格的制定、调整和实施需要规范的管理。通常门店调价的操作流程如图 5-1 所示。

图 5-1　门店调价的操作流程

（1）建议品项。各门店根据本店所处的实际市场情况，筛选出变价商品品项，如竞争商品、促销品项等。

（2）确定价格。确定商品价格和价格期限。

（3）变价申请。

（4）变价审核。重点审核变价后的毛利、预计的销售额等，审核是否需要变价和值得变价。

（5）店长批准。

（6）执行变价。相关部门接到变价申请单，核查批准的权限无误后，在相应时间内，进行系统的变价。

任务四　能 力 训 练

商品价格对于商品销售起着重要作用，是连锁企业实现经营目标的重要手段。随着国内零售行业特别是各零售业态之间竞争的逐渐加剧，价格战此起彼伏，在这种商业环境下如何保持一定的利润水平，同时建立良好的价格形象是每个连锁企业都要面临的一项复杂任务。如何在今天的竞争环境下为数以万计的商品制定价格策略，建立科学的价格管理体系，以提高连锁企业的运营绩效，从而为持续的高速发展创造条件是各家零售企业急需解决的问题。

一、训练内容

组建共同学习小组，选择一家综合超市（或大型超市）、一家精品超市（或便利店），通过线上资料收集、线下实地走访、亲身购物体验等方式，就某一小类进行价格带对比分析，并结合这两家门店定位讨论各自价格策略的优缺点。

二、训练步骤

1. 选择目标门店进行定位分析

共同学习小组根据当地情况，选定两家符合要求的连锁门店，线上、线下收集相关信息，确定门店目标定位，并推测门店应采取的价格策略。

2. 收集价格信息

选定某一个商品小类（如果汁、瓶装饮用水、巧克力等），收集该类商品的信息（品牌、规格型号、价格等），信息要收集完整。

3. 绘制价格结构图

绘制每家门店商品价格结构图，列明价格线，标出价格带，分析其价格区。

4. 分析价格带

首先，依据每家门店定位对各自价格带进行分析，讨论两者是否匹配；此外，对两家门店价格带进行对比分析，讨论各自特点。

5. 形成分析报告

共同学习小组利用百度脑图或其他思维导图绘制工具，绘制门店价格策略的优缺点，然后撰写价格带分析报告。

三、训练要求

1. 训练过程

通过小组自主探究、教师辅助指导的方式完成训练任务。

（1）教师布置任务。

（2）学生组建共同学习小组（建议 3～5 人），确定小组成员分工。

（3）初步查找企业资料，讨论企业定位及应采取的价格策略。

（4）到门店收集商品信息。

（5）绘制价格结构图。

（6）开展价格带分析。

（7）共同绘制思维导图并撰写报告。

2. 训练课时

建议训练课时：课内 2 课时，课外 2 课时。

四、训练成果

价格带分析报告 1 份。

顾 客 服 务

→ 学习目标

【知识目标】

1. 熟悉常见顾客类型。

2. 掌握现场销售流程。

3. 熟悉促成交易的方法。

4. 了解收银作业纪律和流程。

5. 熟悉常见顾客投诉类型。

6. 掌握顾客投诉处理原则。

【技能目标】

1. 能够辨别顾客类型。

2. 能够运用费比模式进行现场销售。

3. 能够完成收银作业。

4. 能够运用"CLEAR"方法处理顾客投诉。

【思政目标】

1. 培养服务意识,切实保障消费者合法权益。

2. 培养诚信意识,公平公正处理顾客投诉。

提供良好的顾客服务

◤知识技能点思维导图

请根据所学内容，把该思维导图补充完整。

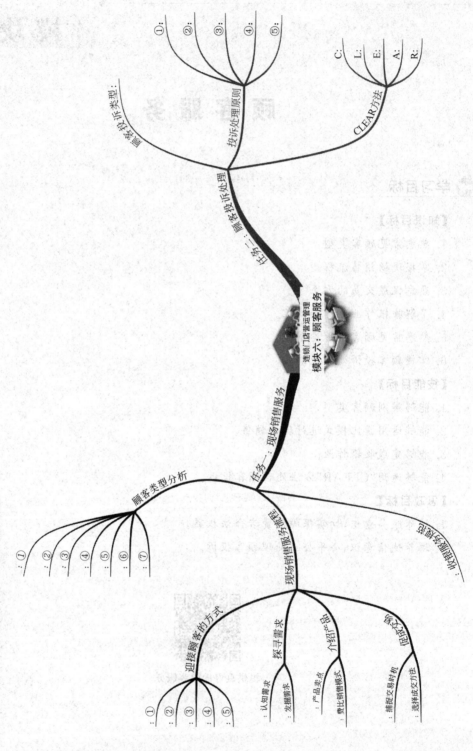

连锁门店营运管理
模块六：顾客服务

任务一：现场销售服务

任务二：顾客投诉处理

顾客类型分析
①：
②：
③：
④：
⑤：
⑥：
⑦：

现场销售服务流程
迎接顾客的方式
①：
②：
③：
④：
⑤：

探寻需求
认知需求
发掘需求

介绍产品
产品卖点
费比销售模式

促成交易
捕捉交易时机
选择成交方法

收银服务

客诉投诉类型：
①：
②：
③：
④：
⑤：

投诉处理原则：

CLEAR方法
C：
L：
E：
A：
R：

 **案例导入　　　"立足于心"的服务才是好服务**

纵观全球商业发展,自19世纪中叶开始,零售业先后爆发了百货商店、连锁商店、超级市场、无店铺销售"四次革命"。回溯我国当代商业发展,先后经过百货商店、供销社、便利店、专卖店、电商、新零售等业态。基于后发优势,我国当代商业的发展既遵循全球商业发展规律,又存在跳跃和并行,并已呈现出引领全球商业发展之端倪!在如今互联网繁盛的时代,人们的消费习惯也随之改变了,不再是过去单纯根据商品价格、质量来消费,店铺服务越来越影响顾客的消费意愿。

在商业中,一直有一个"护城河"概念,而每个商业翘楚也都有自己的护城河。就拿手机来说,苹果的操作系统、三星的电子元器件、华为的自研芯片就是护城河。同样,连锁企业也有自己的护城河,这个护城河就是服务,例如海底捞的服务。

服务,究竟是什么?对于很多区域连锁零售企业来说,服务目前是挂在嘴上,贴在墙上的东西,却忘了真正的服务一定是要从消费者角度出发的。对于消费者来说,你有没有充电宝租借,有没有服务箱内的创可贴,有没有投诉奖励的那100元,都不重要。重要的是,在你这里购物,是不是真的让我心情愉悦。而让消费者心情愉悦,才是真实的服务。以海底捞为例,作为"服务界"的一把手,海底捞顾客服务方法和应对措施等早已成为体系,融入企业的精神内核。从等位时的小零食、美甲、帮忙照看宠物到就餐时的随时在线陪聊,甚至一个眼神都能被捕捉到,需求立马满足……海底捞的服务一直被认为是业内标杆。

它的口碑完全是由服务打造的,但有时过度服务对于消费者也是一种负担,正如2019年年底一篇文章刷屏,细数了在海底捞过生日时得到的一系列暖心但令人尴尬的服务,包含声势浩大的投屏、举LED灯牌、唱生日歌引发全场关注,以及强行表演舞面等;同时,文章还收集了网友在海底捞遇到的其他令人惊讶的服务,广大"社恐患者"表示吃不消。

欣慰的是,作为业界大佬的海底捞也在不断调整自己的服务策略,以更好地满足顾客需求。2019年年底开始,海底捞在门店新增了"请勿打扰"服务,即消费者可以拒绝各种周到的服务,将"请勿打扰"的台卡放在显眼处,就仅有正常的上菜、清理空盘等基本服务。

海底捞方面的解释是,推出上述服务是为了更好地服务不同顾客的个性化需求,部分门店尝试制作了一些展示个性化需求的标识牌,方便员工快速识别顾客的需要。根据海底捞的说法,目前仍在试点阶段,在部分门店尝试,还将根据实际情况进行不断优化。将不断鼓励门店和员工的创新意识,为顾客提供更多个性化的服务。

对于这项服务,多数网友表示"深得我心"。事实上,海底捞的服务素来以"变态"著称,服务员们个个眼观六路、耳听八方,除贴心、有趣之外,也有消费者觉得服务过度,被打扰甚至有种压迫感,无法好好吃饭。因此,有网友在微博上建议海底捞设置一个"请勿打扰"的牌子,让自己享受吃饭时的清静。但从网友反馈来看,部分服务员还有点"不适应",即使是"请勿打扰"期间,也会提供热情服务。

从另一个角度看,所有的服务都是有成本的,推崇极致服务的海底捞人工成本更高。2019年上半年,海底捞实现营收116.95亿元,但其员工成本同比增长了65.8%。从占比来看,2018年上半年,其员工成本占收入比重的30%,2019年上半年则增至31.2%,海底捞给出的解释是餐厅业务扩张和员工薪资水平的提升。在餐饮行业"三高一低"(房租高、人力成本高、食材成本高、毛利低)问题突出的大背景下,海底捞推出"请勿打扰"服务也是一举两得,既顺应了消费者需求,又能降低部分人工成本。

对于海底捞那些"过度服务",广大消费者如数家珍。尽管被无数餐饮同行诟病,但海底捞依然坚持自我,不断改善其"极致服务",也在不断赢得更多顾客的认可。

真正的服务,其出发点一定是为了消费者,而不是门店的销售或利润。因为服务是一种发自内心、以心换心的"产品"。只有真心的服务,才是可以让更多零售企业在同质同价化的今天真正建立起自己护城河的最好方法。

(资料来源:互联网,经作者整理改编)

思考:

(1) 你怎么看待海底捞的"逆天服务"?

(2) 你认为海底捞的服务理念和方式,对于大型超市等连锁门店而言有何启发?

任务一　现场销售服务

> 学前思考:观察一家连锁门店,思考该门店为顾客提供哪些服务?

在销售过程中,可能会经常出现销售人员在热情地介绍产品,但是顾客对他的话毫无兴趣,或者只是偶尔提一些问题,最后还是草草收场,无法达成交易的情况。销售人员和顾客之间的沟通之所以毫无结果,是因为销售人员没有提前了解顾客的性格,采取针对性的销售策略。事实上,对一位顾客颇为有效的销售策略用到另一位性格迥异的顾客身上,可能会起到完全相反的效果。顾客更容易对那些性格和行为方式与自己相似的人产生好感,并从他们那里购买产品。对顾客进行准确的类型分析,是销售人员对顾客进入店面后的第一项重要的工作,也是达成交易的首要一步。所以只有进行顾客类型分析,才能因人而异,投顾客所好,针对性地采取不同的销售技巧及话术,销售才容易成功。

一、顾客类型

引起顾客注意的最终目的是要将注意力转变为购买力。想要有效地激发顾客的购买欲望,就要事先研究各类顾客,迅速判断出顾客属于哪种类型,应采用怎样的策略。根据顾客的性格特点和行为方式,可以将顾客类型分为从容不迫型、犹豫不决型、自命不凡型、滔滔不绝型、吹毛求疵型、来去匆匆型及沉默寡言型七种类型。作为销售人员,需要针对这些不同类型顾客的特点采取相应的应对策略。

1. 从容不迫型

这种类型顾客严肃冷静,遇事沉着,不易为外界事物和广告宣传所影响,他们对销售人员的建议认真聆听,有时还会提出问题和自己的看法,但不会轻易做出购买决定。

对此类顾客,销售人员需要从熟悉产品特点着手,谨慎地应用层层推进引导的办法,多方分析、比较、举证、提示,使顾客全面了解利益所在,以期获得对方理性的支持。

2. 犹豫不决型

这类顾客的一般表现是：对是否购买某件商品优柔寡断，即使决定购买，但对于商品的品种、规格、式样花色、销售价格等又反复比较，难以取舍。他们外表温和，内心却总是瞻前顾后。

对于这类顾客，销售人员要冷静地诱导顾客表达出所疑虑的问题，然后根据问题做出说明。等到对方确已产生购买欲望后，销售人员不妨采取直接行动，促使对方做出决定。比如可以说：那么，我们明天给你送货，你方便吗？

3. 自命不凡型

这类顾客总是认为自己比销售人员懂得多，也总是在自己所知道的范围内，毫无保留地诉说。当销售人员进行商品说明时，他们也喜欢打断，说："这些我早知道了。"他们多半自以为是，自尊心强，比较顽固，不易接近。但一旦建立起业务关系，便能够持续较长时间。

与这类顾客打交道的要诀是以顾客熟悉的事物寻找话题，适当利用请求的语气，当一个"忠实听众"，表现出羡慕钦佩的神情，满足对方的虚荣心。有时候销售人员用尽各种销售技巧之后，所得到的可能依然是一副冷淡、傲慢的态度，甚至是刻薄的拒绝，因此，销售人员必须事先做好思想准备。

4. 滔滔不绝型

这类顾客在营销过程中愿意发表意见，往往一开口便滔滔不绝，口若悬河，离题甚远。如果营销人员一直附和顾客，就容易使销售场景变为家常闲聊，甚至影响对其他顾客的服务。

对待这类顾客，销售人员首先要有耐心，当顾客情绪激昂，高谈阔论时给予合理的时间，切不可在顾客谈兴高昂时贸然制止。然后，巧妙引导话题，转入营销。而且，要善于倾听顾客的谈话内容，或许能发现营销良机。

5. 吹毛求疵型

这类顾客怀疑心重，一向不信任销售人员，片面认为销售人员只会夸张地介绍产品的优点，尽可能地掩饰缺点。所以这类顾客不会轻易接受他人的意见，而是喜欢鸡蛋里挑骨头。与这类顾客打交道，销售人员要采取迂回战术，先与他交锋几个回合，但需要心服口服地称赞对方高见，让其吹毛求疵的心态发泄之后，再转入正题。一定要注意满足对方争强好胜的习惯，请其批评指教。

对于这种类型的顾客，首先，接受顾客的不良情绪，允许顾客发泄心中的不满，仔细倾听顾客的"挑剔"，让顾客感到你尊重他。其次，换位思考，从顾客的角度理解其挑剔的原因，让顾客感觉你已经与他在"同一频道"。最后，提出解决方案，解决顾客问题，满足顾客需求。

6. 来去匆匆型

对于比较忙碌的顾客，应该立刻切中正题。要知道，顾客的时间比销售人员的时间还要珍贵。他们来去匆匆，会连珠炮似地发问，销售人员一定要先听清楚对方的问题，可以不必按照对方问话的次序，高效地选择回答顾客的问题。

为了达成交易，销售人员必须为顾客节省时间，并且尽力去了解顾客的时间安排。这就要求销售人员在和他们谈话时尽量干脆利落，赢得他们的好感。如果销售人员本身的行动和说服力不够简洁和清楚,会让顾客不耐烦。所以这时销售人员最好长话短说,多用动词,少用形容词,言语简短有力。

7. 沉默寡言型

这类顾客与滔滔不绝型的顾客正好相反,老成持重,稳健不迫,对销售人员的促销劝说之词虽然认真倾听,但反应冷淡,不会轻易说出自己的想法。事实上,这种不爱说话的客户并非绝对不开口,只要遇到他们感兴趣的话题,他们也能讲得很开心,所以销售人员应该从客户的兴趣爱好方面着手,调动他们谈话的兴致。

一般来说,销售人员应该避免讲得太多,尽量使对方有讲话的机会和体验的时间,要表现出诚实和稳重,特别注意谈话的态度、方式和表情,争取良好的第一印象。善于解答他们的问题,了解和把握对方的心理状态,才能确保双方面谈过程中不会冷场尴尬。

二、现场销售服务流程

如果分析每个顾客从进店到离开的购物路线,可以发现销售人员的四个行为可以影响顾客的购买意愿,把这四个行为称为销售成交四步曲,如图 6-1 所示。

图 6-1　销售成交四步曲

第一步:迎接顾客

迎接顾客是销售服务的开始。这是一个非常重要的步骤,因为顾客的第一印象往往决定了他会在店内待多久。事实上,一个友好的打招呼可以让那些随便逛逛的顾客变成真正的消费者。那么,如何迎接顾客呢?首先要用一种顾客能够接受的方式与其打招呼;其次用高兴、亲切的语调,就好像与一个非常想见到的人打招呼;最后欢迎顾客时要注意自己的身体语言,如果在工作时,应马上停下手里的工作,将身体转向顾客,并且微笑。在客流量多无法正常接待的情况下,要掌握"接一待二顾三"的本领,既不能冷落前面的客人,又要照顾到后来的顾客。在交流过程中,还要果断判断顾客的购买意愿,把工作重点逐渐转移到购买意愿最强的顾客身上。

迎接顾客的常规方式主要有以下五种。

(1)问好式。这是最简单,也是最常用的一种方式。例如:

——您好!欢迎光临!

——上午好!欢迎光临!

问好时要注意身体的朝向,希望哪个方向的顾客注意到你,就把身体朝向哪一方,将自己的问候准确地传达出去。

(2)促销式。把本店当期促销信息快速传递给顾客,刺激顾客购买。

——您好!欢迎光临。本店某某品牌饮料第二瓶半价,某某品牌面包八折优惠。

便利店经常采用这种迎接方式,可以第一时间把促销信息告知顾客,激发顾客的购买欲望。需要注意的是,介绍促销信息时,语速不宜过快,吐字应清晰,以免顾客听不清。

(3)应答式。应答式就是回答客户的问题,看起来是被动的,但是优秀的服务人员可以变被动为主动,通过回答顾客的问题了解顾客的需求。例如,顾客询问:"这是某某品牌的吗？"这时我们要先做回答，然后变被动为主动："是的，先生！您对我们某某品牌很了解，是吗？"这样，一个探询顾客需求的机会就出现了。而有些不合格的服务人员则是直接回答："是的，没错。"

（4）迂回式。迂回式就是要创造一种朋友见面的愉快场景，不是直接切入销售的话题，而是采取迂回的策略，从其他话题引入。例如：

——"张先生，今天心情不错嘛，有什么好事情啊？"

——"哦～，这是您的小孩吧，好漂亮的哦～"

（5）切入式。同时来了三批或者四批顾客，怎样做才能照顾好每一拨顾客，让他们每个人都感觉到自己受到关照？切入式相迎非常适合此种情形！例如，服务人员在和一名顾客交流，又来了一批顾客。这时，服务人员要先安抚住眼前的顾客，"对不起，请稍等一下"。然后立刻转到新来的顾客面前："先生您好！您先看看喜欢哪款产品，有什么问题直接和我说好了"，同时递上产品的宣传彩页来稳住顾客，让他先来了解一下产品。随后，马上回来和前面的顾客沟通："这位小姐，您看通过我刚才的介绍，这样的商品是否符合您的要求……"服务完前面顾客后，再转到新来的顾客那里："对不起，让您久等了"。这样做，每一批顾客都能掌控得住，不会冷落任何一批顾客，不会出现顾客等了良久找不到人而黯然离去的情况。

第二步：探寻顾客需求

1. 正确认知顾客需求

探询顾客需求是销售所有阶段中最重要的一个环节。一般来讲，顾客的购买动机是由于他们存在某些问题，或者他们认为现状与理想的情况有差距。为了弥补和减小这个差距，他们产生了购买需求。

潜在的需求是指顾客陈述的一些问题、对现有状况的不满，以及目前面临的困难等。如顾客讲："我现在的手机有些慢""买到宝宝吃的绿色健康的有机蔬菜真不容易""下班后再到超市去买菜，太花时间了"等。这都是顾客对自己问题的描述，这就是潜在的需求。

明确的需求是指顾客主动表达出来的要解决问题的愿望，顾客表达明确需求的用语主要有"我想""我希望""我要""我正在找""我们对……很感兴趣""我期望"等。例如，"我希望你们送货到家的时间尽量短""我正在找拍照功能好的手机"等。

研究发现，对销售真正有贡献的是顾客所表达的明确的需求。顾客一旦表达了明确的需求，其实也就是表明他已经产生了要改变现状的想法，而只有在这个时候，销售人员随后的产品推荐才会起作用。但遗憾的是，我们经常见到这样的服务人员，当顾客讲："现在的手机用不了多长时间，就变得很慢！"这时，销售人员不是通过询问，进一步明确顾客需求，而是匆忙进行商品的推销："这里有一款手机，是最新款，芯片好，内存大，而且价格并不贵。"结果会是什么呢？顾客会有更多的异议提出来，让销售人员难以招架。

2. 深度挖掘顾客需求

唯有真正了解顾客需求，才能为顾客提供有效的建议，从而促使成交。这需要通过和顾客进行深度沟通来实现。在深度挖掘顾客需求的沟通中，销售人员要做到以下两点。

（1）听与问，了解顾客要什么，顾客为什么要。

会听是沟通的第一步。用心倾听是对顾客最好的尊重和关心，也是挖掘顾客需求的关键技巧。会听的销售人员在听的同时，会在恰当的时候向顾客发问，鼓励顾客继续讲述。恰当的提问一方面可以激发顾客表达的欲望,使沟通继续进行;另一方面,提问可以引导顾客围绕自己的需求展开描述,从而帮助销售人员确定其真实需求。

善于沟通的销售人员,必须掌握以下几种提问的技巧。

① 开放型问题。例如,"请问有什么可以帮助您?"这种问题问得比较广泛,一般是在还不太了解顾客的情况下使用。目的是为了初步了解顾客信息。

② 特定型问题。例如,"您为什么要用 300 元钱买两套呢?"特定型问题指针对某一点提出的问题,目的是为了得到特定的答案。

③ 引导型问题。例如,"一方面,一两岁的孩子,其实对衣服没有太多的讲究;另一方面,这么小的衣服拿在手上也不起眼,送礼的话就显得不够大气。您说是不是?"引导型问题往往是先描述一个事实,引导对方给出自己想要的答案。

④ 反问型问题。例如,"您其实不一定要买衣服,而是给亲戚的孩子准备见面礼,对吗?"反问型问题是指对既定事实再次描述并提问,确定答案,并使对话继续下去。在恰当的时机使用反问型问题往往能够使促销员由被动变为主动。

(2) 提供建议,了解顾客还可以要什么。

销售人员了解到顾客的真实需求之后,要向顾客说明自己可以帮到他。在向顾客提建议的时候,要尽量引用顾客的话,并且强调顾客的需求,说明你的建议更能满足顾客的需求,是顾客想要的东西,按照你说的,顾客会更加受益。例如,"咱们店里不光卖儿童服装,也卖儿童玩具。您与其花 300 元买两套衣服送人,还不如给孩子买两个玩具"。

从本质上来说,销售的过程就是销售人员和顾客有效沟通的过程。当顾客想要打火机,而你只有火柴的时候,你需要做的就是通过沟通,把火柴卖给他! 而这一过程的实现,就要求销售人员在和顾客沟通的过程中,不仅要知道顾客"要什么",更要清楚他"为什么要",然后你才能自信地告诉他"我能满足你的需求"。

 案例分享　　　　　　　　判断顾客购买意向

连锁门店每天都会有客流量,但并不是每一个进店顾客都会购买商品。一般来说,顾客可以分为三种类型:有明确购买目标的顾客、有购买意图但目标不明确的顾客、没有购买意向的闲逛顾客。开展现场销售接待服务时,应首先迅速判明顾客购买意向如何。

1. 有明确购买目标的顾客

该类顾客走进店铺后,通常会直奔商品而去,甚至主动向服务人员提出购买要求。这类顾客往往已经事先确定购买目标,甚至已经明确所购单品。对于这类顾客,不需要过多介绍,要快速、主动、热情地接待,并帮助其做出最终的购买决策,使其获得完美的购物体验。

2. 有购买意图但目标不明确的顾客

该类顾客往往是缓慢地步入门店,眼光不停打量各种商品,并且在个别商品前面停顿、迟疑,但并不提出购买要求。这类顾客是服务人员需要重点关注的对象,他们可能因为服务人员的一个言行就立刻做出购买决策,也可能因为忽视而悄然离去。对于这类顾客,服务人员应该主动接近,并且用封闭式问题探求顾客的购买需求,恰当的时候进行商品展示、重点介绍、给出优惠,促使其做出购买决策。

3. 没有购买意向的闲逛顾客

该类顾客一般要么是被门店装饰或活动吸引产生好奇感,要么是随意闲逛消磨时间,并没有购买打算。所以,他们在的状态是闲逛——行走缓慢、四处张望,并且专爱凑热闹。这类顾客很容易因为没有成交的可能被服务人员忽视。事实上,来了就是客。对于门店而言,培养潜在顾客同样是一个重要的目的。面对这类顾客,如果服务人员依然保持热情的接待,并主动向其介绍门店商品、促销活动内容、推出的新品等,极有可能使其产生购买需求,并顺利成交。

案例:某中老年服饰店正在开展中秋节促销活动,一个中年妇女缓缓走入店铺,四处张望,促销员热情地走向前:"中秋节快乐! 有什么能帮到您?"

顾客依然保持四处张望的姿态,淡淡地回答:"我就随便看看。"

促销员继续笑着说:"买衣服是要好好挑一挑的。您有什么需要可以随时叫我,我叫小丽。"

顾客点点头。促销员转身拿了一本产品手册和促销宣传单递给顾客,并引导其坐下,然后倒了一杯热水端给顾客。

十分钟后,顾客叫来促销员,询问了店铺促销活动的细节,并提出试衣服的要求。经过试衣和促销员介绍,顾客最终购买了两件衣服,满意离去。

如果案例中的促销员因为顾客的"随便看看"而放弃,这个顾客恐怕真的"随便看看"就离开了。所以,对于走进门店的每一个顾客,服务人员都要以饱满的热情和专业的态度去接待,而不是敷衍了事。观察和分析顾客的根本目的在于根据顾客的需求和性格、消费习惯、消费水平等提供差异化的服务,而不是为了"放弃"顾客。

(资料来源:互联网,经作者整理改编)

第三步:介绍产品

为顾客介绍产品,是现场销售过程中一个不可缺少的环节,为了促成购买,提高销售的成功率,销售人员需要掌握介绍产品的学问。进行产品的介绍,就是要使顾客对产品产生兴趣,诱发需求,促成购买。没有需求,便不能形成购买,需求就是购买欲望。所以,销售人员在介绍产品时,应紧紧围绕顾客的实际需求,用咨询的语气,以自己的情感、行为影响顾客,抓住顾客的心理、情绪变化,诱发和激励顾客购买。

不同的顾客具有不同的个性和购买动机,这就要求销售人员根据顾客的特点和购买动机有针对性地运用不同的语言技巧。例如,面对专业人员和技术人员,由于他们学有所长、懂行、善于分析,所以,讲解语言不能通俗化,应突出专业知识;而对一般普通顾客,讲解语言则要通俗易懂,符合顾客的胃口,避免专业化和学术性。否则,将无法激起顾客的兴趣和注意,甚至还会引起顾客的反感。

在介绍产品时,应做到以下两点。

1. 挖掘产品的卖点

产品卖点就是能够吸引顾客注意力的独特利益点,也是产品销售的诉求点和独特的卖点。20 世纪 50 年代初,美国人罗瑟·瑞夫斯(Rosser Reeves)提出了 USP(unique selling proposition)理论,意思是独特的销售主张,即一个广告中必须包含一个向顾客提出的销售主张,这个主张要具备三个要点:①利益承诺,强调产品有哪些具体的特殊功效和能给顾客提供哪些实际利益;②独特,这是竞争对手无法提出或没有提出的;③强而有力,必须聚焦在一个点上,能够集中打动、感动和吸引顾客。

对商品而言,卖点就是销售人员所阐述的与顾客需求密切相关,且对顾客购买最具影响力的因素。一个产品有很多卖点,针对不同的顾客,要强调不同的卖点。例如,某品牌手机的卖点包括:前后双高像素摄像头——针对拍照发朋友圈的社交需求;人工智能——针对年轻人追求时尚求新求异的需求;闪充技术——满足频繁使用手机人群的需求。针对不同的需求,手机销售服务人员选择不同的卖点,介绍给顾客。

2. 采用费比销售模式

"费比"是 FABE 的译音,FABE 则是英文 feature(特征)、advantage(优点)、benefit(利益)、evidence(证据)的第一个字母的缩写。费比模式是指企业或销售人员把产品的优点、给顾客带来的各种利益等通过列举方式直观地展示给顾客,从而有效地提高推销效率和节约购买成本的一种推销方式。

针对不同顾客的购买动机,把最符合顾客要求的商品利益向顾客推介是最关键的。因此,最精确有效的办法是利用特点(F)、功能(A)、好处(B)和证据(E)。费比模式的标准句式是:"因为(特点)……,从而有(功能)……,对您而言(好处)……,你看(证据)……"

具体实施步骤如下。

(1) 把产品特征详细地介绍给顾客。

(2) 充分分析产品的优点。

(3) 尽数产品给顾客带来的利益。

(4) 以"证据"说服顾客购买。

第四步:促成交易

促成交易是现场销售过程的最后一环,也是销售的最重要的一环。对销售人员来说,能否有效地促成交易直接关系到其销售业绩的好坏,所以会迫切希望最终能达成交易。而消费者之所以犹豫不决,是因为他们对销售人员所介绍的产品没有详细地了解,他们没有十足的把握,怕买回去后悔,所以经常会采取拖延的措施。

为了达成销售,销售人员在完成前述环节之后,要准确捕捉成交时机,并且根据不同顾客、不同需求、不同场景,采取不同的成交策略,以掌握主动权,快速成交。

1. 捕捉成交时机

准确把握最佳成交时机是快速成交的关键一步。大部分时候,顾客不会主动请求购买,需要销售人员在最佳成交时机主动提出成交请求。而很多销售人员之所以前面聊得很好,最终却没能成功成交,就在于没有抓住成交契机。

巧妙而准确地捕捉成交时机,需要销售人员随时关注顾客的一言一行,通过顾客的表现判断其真实想法,捕捉成交信号。当顾客已经有购买意愿,成交时机成熟时,顾客往往会有以下表现。

(1) 不断点头,并且态度诚恳。心不在焉地点头只是为了应付,而不是真心认同。

(2) 突然不再发问,同时陷入思考。这说明顾客在心中已经有了判断,但还不能最终确定。

(3) 开始询问购买细节,如颜色、数量、使用方法、保养方法、售后服务、交货期、支付方式等,说明顾客已经开始想象购买后的使用场景。

(4) 主动征求其他人的意见,说明他心中已经有了自己的想法,但还存在某些疑虑。

(5) 要求体验、试用、试穿、试吃等;重复问已经问过的问题;询问折扣价格,开始讨价还价；对商品某些细节提出异议。

（6）用假设的语气提及购买，例如"要是……""如果……"等。

销售过程中，顾客的语言、表情、行为都表明顾客在想什么。从顾客的言行举止上完全可以判断出来他是准备购买，还是抵制购买。及时捕捉顾客流露出来的成交信号，就能够准确把握成交时机，从而主动促使成交。

2. 九种快速成交的策略

捕捉到了成交时机，如果成交策略不对，也有可能错失良机。成交的策略很多，下面介绍九种店铺促销活动现场常用的成交策略。

（1）请求成交法。当顾客不再提问、表达异议，并且明显有购买意向，却迟迟不提出购买请求时，销售人员就可以迅速提出成交请求。例如，"您眼光真不错，这款我帮您包起来？"或者说："我帮您下单了？"销售人员在提出成交请求时，语气一定要自然，并且尽量不要提"钱"，更不要用"好不好""行不行"这样的问句。

（2）主动成交法。主动成交是指销售人员通过一定的沟通技巧，将成交决策交由顾客，而不是由销售人员提出。

（3）假定成交法。指假定顾客已经确定购买，进一步要求他说出购买决策。例如，"您看什么时候给您送货合适？"或者"您喜欢哪种包装？"假定成交一般要从顾客购买后的服务角度提出问题，同时销售人员要大方自信、语言温和、亲切自然，切忌自作主张或者咄咄逼人。

（4）惜失成交法。利用顾客怕错过的心理，通过给顾客施加类似"错过就再也没有这么好的机会"的压力，来促使对方及时做出购买决策。例如，"您眼光真好，这是我们这次促销的限量款。一共才推出两件，另一件昨天已经被预订了。"

（5）选择成交法。将商品的款式、颜色、价位、性能、数量、送货方式等作为选择对象，问顾客"要哪一个"。无论顾客做出怎样的选择，最终都能成交。例如，"您是决定买这件白色的裙子，还是那件米白色的？"

（6）从众成交法。针对顾客因为不了解商品性能、质量而产生的顾虑，可以采取"别人都在用，并且非常认可"的从众成交法。例如，"你们单位很多都是买的这款产品，口碑很好呢！"从众成交法适合质量为首要关注因素的商品，如家电、家具等。而对于服装、鞋帽、饰品等注重款式的商品就不太适合了，现在大部分顾客恐怕都不太喜欢"撞衫"。

（7）诉求成交法。根据顾客购买动机，描述顾客购买后的场景，使其下定决心购买。例如"有了这款抽油烟机，您再也不会每次做完饭都满身油烟味了。"

（8）特殊待遇成交法。绝大多数顾客都无法拒绝"独享"的特殊待遇。例如，"您一次买这么多，我刚才跟老板申请了一下，他同意给您在现有折扣基础上，再打98折。这可是绝无仅有的哦！"一般来说，特殊待遇抛出之后，都能快速成交。

（9）欲擒故纵成交法。对于天生优柔寡断、拖拖拉拉的顾客，当你已经明确提出成交请求但对方依然迟迟不做决定，但也没有离开的时候，你就要做出离开的样子，促使对方做出购买决定。例如，"没有关系，您再考虑一下。您看今天过来购买的人也特别多，您看中的这款很容易被其他顾客抢走哦。"

对于以上九种成交策略，销售人员可以根据实际情况选择其中一种或几种组合使用。也可以发挥创意，寻找更合适的成交方法。但是，无论选择如何成交，都必须保持真诚、和善的态度。

此外,销售人员在促销中还应掌握以下几个要点。

(1) 要对产品有信心,了解它的优缺点。

(2) 学会用成功的"案例"来销售。

(3) 客观销售(依据不同的顾客需求,采取主动或保持一定距离的销售)。

(4) 学会侧面回答。

 案例分享　　　　　　　　　　**做顾客的专业辅导顾问**

随着各类商品的丰富化和同质化,越来越多的顾客陷入了"选择"的困境。他们不怕买不到商品,而是怕买不到自己真正想要的商品。且不说那些需要专业知识才能准确做出选择的电器产品,单就是一件衬衫,在电商平台上也能搜出几十甚至几百家不同用料、不同价格却"看起来差不多"的商品。此时,如果促销员能够从专业的角度为顾客提供顾问式服务,成交的机会必然会更大。

但是,要做顾客的专业辅导顾问,并非那么简单。很多促销员认为只要向顾客强调产品的好处就算是顾问了。事实上,这种不顾顾客感受的行为恰恰走在了顾问式促销员的反面。要想成为顾客的专业辅导顾问,促销员必须注意做好以下 3 个方面的工作。

1. 成为"专家"

先要自己懂,才能提供专业的建议。像有的服装促销员自己都不懂服装搭配,却言之凿凿地"建议"顾客该如何搭配。结果顾客按照其建议搭配出来的效果非常不理想,其销售过程也将随之终止。要成为"专家",促销员首先要对店内所有商品的功能、特点、技术指标、使用方法等了如指掌。但是,这种了解并不是简单背诵专业术语即可,要能够用顾客的语言表达出来才行。最好是能够结合具体的使用场景进行描述,让顾客通过联想产生真实体验感。

某家居建材店,顾客正在比较几款颜色、花纹相近但价格差别很大的瓷砖,顾客迟疑不决,他想买一款性价比高一点的瓷砖。但是,对于几款看起来都差不多的瓷砖,他无从选择。

该店促销员早就看出了这个顾客的迟疑,笑着走上前,问道:"请问有什么可以帮您吗?"顾客像找到救星一样,赶紧指着几款瓷砖问道:"它们有什么不同?"

促销员并不急于介绍产品,而是笑着说:"先生,您很细心,确实在买产品之前一定要明晰不同产品的性能和质量。其实,选瓷砖也有冷门。比较简单的做法是敲击瓷砖,听声音。品质比较好的瓷砖被敲击时,发出的声音清脆。如果敲击声音沉闷,那么这款瓷砖的品质就比较一般。"顾客根据促销员的介绍,分别敲击了自己看中的几款瓷砖,果然其中有两款发出的声音比较沉闷。但是,剩下还有三款该如何选择?他又犯难了。

促销员继续说道:"我看您选的这几款瓷砖都是经常用于家里卫生间装修的。"

顾客点点头,说:"是的。自己家用,想选一款性价比高一点的。"促销员表示认同,并介绍道:"卫生间一般比较潮湿,瓷砖选不好,不好清理不说,防潮性还差,很容易影响日后的使用。要检测瓷砖的吸水率,可以通过浸泡滴水的方法。"说着,促销员拿起一块瓷砖放在店铺的洗手池中,并接满水,然后再拿出。他指着淅淅沥沥滴下的水,向顾客介绍道:"你看,这款瓷砖不太吸水,说明它的密度比较高,具有很好的防潮抗污能力。"顾客听后,也拿起其他两款瓷砖,学着促销员的做法检测了一下它们的吸水率。果然发现其中有一款瓷砖的吸水率比较高。

最后，还剩下两款瓷砖供顾客选择。顾客非常信任地和促销员说明自己家的装修风格和他理想中的装修效果。促销员根据顾客的描述，从瓷砖的色泽、纹理、花纹上帮助顾客选中了一款。虽然那款瓷砖的价格是顾客最开始看中的几款瓷砖中最高的，但顾客依然觉得自己"买对了"，高兴地付钱离开，并表示"以后买卫浴产品还来你店里"。

相较于一味介绍自家产品的促销员，能够为顾客提供更为客观、专业意见的促销员更容易赢得顾客的信任。让顾客信任，就是销售成功的第一步。

2. 熟悉竞品

要做顾客的专业辅导顾问，除了要了解自己店铺的商品，还要熟悉竞争对手的商品情况。这是优秀促销员能够成为顾客专业辅导顾问的资本，唯有全面了解市场上所有同类商品的特性、价格，促销员才能够使顾客明白到底哪一家的商品真正适合他。

某品牌家电专卖店里，顾客问促销员："你们这款电视和旁边那家店里的一款，无论是大小、外形、功能都差不多。为什么贵了600多？"

促销员笑着说："因为我们的电视好啊。"

顾客问道："那到底好在哪里？"

促销员支支吾吾半天，也没接上话。

可想而知，那些无法说出自己的产品比竞品好在哪里的促销员，必然无法留住顾客。熟悉竞品要求促销员不仅要了解竞品缺点，还要了解其优点，甚至包括使用过程中的体验。唯有如此，才能通过客观的介绍，让顾客做出理性的选择。对于缺乏客观的诋毁竞品行为，是专业促销员绝对要避免的。

3. 为顾客打算

做顾客的专业辅导顾问，不仅要推销产品，更重要的是他们会真心实意地为顾客打算。他们会站在顾客的角度，充分了解顾客的需求，引导顾客做出最恰当的选择，从而完成销售。例如，有些饭店的服务员在顾客点餐时，总是不停地推荐各类菜品，结果顾客点了太多，却没吃完，造成了浪费。能够"为顾客打算"的服务员往往会在适当时候提醒顾客："您三位用餐，现在已经点了4个热菜、2个凉菜，足够了。再点的话，恐怕会吃不完。"然后再根据顾客的需求，建议他对菜品做哪些调整，比如，"您刚才点了一个小炒牛肉，一个土豆牛腩，是不是可以换掉一个？"相信顾客会因为这个"专业帮助点餐"的服务员而再次走进这家饭店。

要成为顾客的专业辅导顾问看起来比较简单，但真要做到却不是一件容易的事。它不仅要求促销员充分了解产品知识，拥有一定的销售技巧，更要求促销员完全站在顾客的角度来考虑问题，以"帮顾客解决问题"为宗旨，而不是把销售产品放在首位。

（资料来源：互联网，经作者整理改编）

连锁门店的顾问式销售（上）

连锁门店的顾问式销售（下）

三、收银服务

在短暂的收银结账服务中,收银集中体现了整个门店的服务形象和管理水平,也是门店服务的一个重要组成部分。收银服务不仅关系到各个门店营业收入的准确性,往往还是整个连锁企业门店的一项综合性工作。门店中最能体现营运标准的部门就是收银,收银是营运商品流程的最后一个环节,所有营运管理的价值都在收银时刻得以转化和体现。

事实上,越来越多的连锁企业,收银员的工作不只是为顾客提供结账服务。收银员收取顾客的货款后,也不代表整个门店的销售行为就此结束。因为收银员在整个收银作业过程中,除结算货款外,还包括他对顾客展现的礼仪态度,例如向顾客提供各种商品和服务的信息、解答顾客的提问等。收银服务是门店顾客服务质量最直接的体现,收银效率的高低将直接影响顾客的消费体验和服务水平。因此,收银服务需要良好的作业纪律、成熟规范的作业流程。

(一)收银作业纪律

现金的收受与处理是收银员相当重要的工作内容之一,因此收银员的行为与操守格外引人注意。为了保护收银员,避免不必要的猜疑与误会,也为了确保门店现金管理的安全性,作为与现金直接打交道的收银员,必须遵守企业严明的作业纪律。

(1)收银员在营业时身上不可带现金,以免引起不必要的误解和可能产生的公款私挪的现象。如果收银员当天携带大额现金,并且不方便放在个人寄物柜时,可请店长代为存放在店内保险箱。

(2)收银员在进行收银作业时,不可擅自离开收银台。收银台内现金、礼券、单据等重要物品较多,如果擅自离开,将使歹徒有机可乘,造成店内钱款损失,而且可能引起等候结算顾客的不满与抱怨。

(3)收银员应使用规范的服务用语。由于顾客需求的多样性和复杂性,在门店购物过程中,难免会出现需求得不到满足的情况。此时,顾客会产生抱怨,而这种抱怨常常在付账时落到收银员头上,因此,收银员应掌握正确的待客用语。只要收银员能够友善、热心地对待顾客,顾客也会以友善的态度回馈收银员。

案例分享　　　　　收银人员常用的正确待客用语

(1)当顾客走进收银台时:"您好! 欢迎光临!"

(2)必须短暂离开顾客,为顾客做其他服务,暂时离开收银台时:"对不起,请您稍等一下。"同时将离开的理由告知顾客,例如"我马上去货架查一下。"

(3)当顾客等候时:"真对不起,让您久等了。"

(4)顾客在叙述事情或接到顾客指令时,不能默不作声,必须有所表示:"是的! 好的! 我知道了! 我明白了……"

(5)当顾客结束购物时,必须感谢顾客的惠顾:"谢谢,欢迎再次光临""谢谢,再见!"。

(6)为顾客结账服务时,要做到三唱服务:"总共××元,收您××元,找您××元"。

(7)当顾客买不到商品时,应向顾客致歉,并给予建议:"对不起,现在刚好缺货,让您白跑一趟,您要不要先买别的牌子试一试?"或"您要不要留下您的电话和姓名,等新货到时立刻通知您?"

（8）遇到由于自己疏忽或的确没有解决办法时："真抱歉"或"对不起"。

（9）提供意见让顾客决定时："若是您喜欢，请您……"

（10）希望顾客接纳自己的意见时："实在很抱歉，请问您……"

（11）当提出几种意见询问顾客时："您的意思怎么样呢？"

（12）遇到顾客抱怨时，应仔细聆听顾客的意见并予以记录，如果问题严重，不要立即下结论，而应请主管出面向顾客解说，其用语为："是的，我明白您的意思，我会将您的建议汇报店长并尽快改善，或者您是否要直接告诉店长？"

（13）不知如何回答顾客询问，或者对答案没有把握时，绝不能说"不知道。"应回答"对不起，请您等一下，我请××来为您解答。"

（14）顾客要求包装所购买的礼品时，应微笑地告诉顾客："好的，请您先在收银台结账，再麻烦您到前面的服务台（同时打手势，手心朝上），会有专人为您包装的。"

（15）当顾客询问特价商品的讯息时，应先口述数种特价品，同时拿宣传单给顾客："这里有详细的内容，请您慢慢参考选购，祝您购物愉快。"

（16）本收银台收银空闲，而顾客又不知道要到何处结账时，应该说："欢迎光临，请您到这里来结账好吗（以手势指向收银台，并轻轻点头示意）？"

（17）顾客商品未计价时："您好，××商品没计价，请（麻烦）您去××地方计价……"

（18）有多位顾客等待结账，而最后一位表示只买一样东西，且有急事等办时，对第一位顾客应说："对不起，能不能先让这位只买一件商品的先生（小姐）先结账，他好像很着急。"当第一位顾客答应时，应再对他说声"对不起。"当第一位顾客不答应时，应对提出要求的顾客说："很抱歉，大家好像都很急。"

（资料来源：互联网，经作者整理改编）

（4）收银员不可为自己的亲朋好友结算收款，以免引起不必要的误会。此外，这样做可能产生收银员利用收银职务之便，以低于商品的原价收款，以企业利益谋图他人私利，或可能产生内外勾结的"偷盗"。

（5）收银员不可在收银台放置任何私人物品。因为收银台上随时都可能有顾客退货的商品，或临时决定不购买的商品，如果将私人物品放在收银台上，容易与这些商品混淆，引起他人的误会。

（6）收银员不可任意打开收银机抽屉查看数字和清点现金。随意打开抽屉既引人注目、不安全，也会使人怀疑收银员营私舞弊。

（7）暂不启用的收银通道必须用链条拦住，如果开放这些收银通道，不良顾客很可能不结账就将商品从这些通道带出。

（8）收银员在营业期间不可看手机与谈笑。看手机与谈笑不仅容易疏忽店内和周围情况，导致门店遭受损失，而且会给顾客留下不好印象。因而，收银员要随时注意收银台前人员的出入情况和视线所及的卖场内的情况，以防止和避免发生不利于企业的异常现象。如发现任何异常状况，应及时通知店长。

（9）收银员要熟悉门店的商品和特色服务，了解商品的位置和门店促销活动，尤其是当前的商品变价、商品特价、重要商品存放区域，以及有关的经营状况等，以便顾客询问时随时做出正确的解答。同时收银员也可适时地主动告知顾客店内的促销商品，这样既能让顾客有宾至如归、受到重视的感觉，还可以增加门店的经营业绩。

（二）收银作业流程要求

1. 收银前准备

（1）到指定地点领取备用金，并在登记本上签名，兑换充足的零钞，当面清点。

（2）清洁、整理收银作业区。包括收银台、包装台、收银机、收银柜及四周垃圾桶；收银台周围的小商品有无异常等。

（3）整理、补充必备物品。包括购物袋、验钞机、计算器、必要的各式记录本及表单、干净的抹布、笔、便条纸、剪刀、"暂停结账"牌等。

（4）收银员服装仪容检查。包括制服是否整洁符合规定，是否佩戴工作牌，发型、仪容是否清爽、整洁。

（5）熟记并确认当日特价品、变更售价商品、促销活动，以及重要商品的所在位置。

2. 打开收银机

（1）收银机开机程序：打开 UPS 电源、显示屏、主机，将显示屏及客户屏调整到最佳角度。

（2）输入密码，进入销售状态，打开钱箱，放入备用金（面值大的放上格，面值小的零钞放下格）。

（3）认真检查收银机、扫描器是否正常。如有异常，应立即向店长或店长助理汇报。

（4）将营业所需的计算器等用品摆放好，清洁收银台，清点办公用品是否齐全并注意合理摆放，检查购物袋存量是否充足。

（5）分类整理好报刊及公司有关促销宣传单并合理摆放，准备营业。

3. 收银时

（1）顾客来到收银台前，收银员应及时接待，不得以任何理由推托。商品输入收银机前，收银员应根据顾客购买量的大小，选择合适的购物袋，并迅速将袋口打开，放在收银台上；然后，将商品逐一输入收银机并装袋。收银员应熟悉各种商品条形码的位置。

（2）收银员在进行扫描时，站姿应端正，身体与收银台保持适当距离，不准靠在收银台上。

（3）商品入机时要求正确、规范扫描，收银员应在扫描器最敏感的部位按扫描器箭头方向将商品划过（商品与扫描器应保持适当距离，不能将商品在扫描器上摩擦，或在扫描器上不停晃动），当听到"嘟"的响声后，核对商品与计算机显示的品名、规格、条形码、数量是否一致。

（4）商品输入收银机后，收银员要认真核对商品品名、规格、条形码、数量、价格，当计算机显示的商品资料与实物不符时，收银员应根据实际情况进行处理。

① 如果属于理货员打错标价，差价由负责柜组责任人赔偿（但要防止客人有意转移价格或标价签），收银员应立即向店长或店长助理汇报。

② 商品品名、规格、条形码不正确或商品无条码时，收银员应委婉地向顾客解释并及时通知理货员更换。

（5）收银员应将顾客手中拿着的商品、放在收银台下面的商品及易碎的商品优先扫描入机，以避免漏扫或损坏商品。

（6）对于以自编码销售的商品，收银员应根据实际金额，先输入数量，再按设定键或用手工输入基本码的方法输入计算机。

（7）当商品条码无法扫描时，收银员应将商品暂放一边，待其他商品扫描完毕后，一起改用手工输入。不得用不同条形码的同价商品代替入机。

（8）商品全部输入计算机后，收银员要询问顾客是否还有其他商品，同时要留意顾客手上或身上是否还有商品未扫描入机。

（9）在未结算前发现输入错误时，收银员应在相关领导的监督下使用"更正""取消"键，并将打印的小票交给相关领导保留备查。

（10）对于能打开外包装的商品或封口被开启过的商品，收银员必须打开包装并将实物与计算机显示的品名、条形码、规格进行认真核对。

4. 装袋时

（1）装袋要注意将前后两位顾客的商品分开。装好袋的商品要集中放在一起交给顾客，易碎商品、大件商品请顾客拿好或到指定地点进行包装。

（2）装袋时要注意将冷热商品分开，生熟商品分开，食品和用品分开，重量重、体积大的商品放下面，重量轻、体积小的商品放上面，商品装好后，以不高过袋口为宜。

5. 结算时

（1）收银员收取信用卡时应审核以下内容：是否是本人使用；有无有效证件（身份证、护照、军官证）；左下角拼音与证件姓名是否一致；有效期及卡背面签名是否正确。

（2）银行签购单打出后，收银员必须核对金额和银行名称，确认无误后方可结算。

（3）如收银机上刷卡结算不成功，收银员应马上改用手工或其他方法进行结算。

（4）现金结算时，收钱找钱都应清点两遍。交易完成后，收银员应主动将零钱和打印好的小票双手递到顾客手中，并做到唱收唱付。

6. 交班时

（1）交班后，收银员应按公司规定的金额留存备用金。清点备用金时，首先从面额最小的开始点起，点完后要复核一遍。

（2）收银员应将备用金、营业款拿到指定地点，在登记本上签名后，交店长签收。店长应将备用金、营业款有序地放入保险柜内。

（3）收银员要自觉维护工作区的环境卫生，交班前要做好负责区的卫生。

（4）晚班收银员（适用于18小时营业店）须待顾客全部离场后方可将计算机退出工作状态，再按规定程序关机，锁好收银专用章及办公用品，交出钥匙，罩好机罩，挂满购物袋。

（5）收银员应做好收银台及收银台架前周边商品的陈列及卫生清洁工作。

（6）交接班注意事项如下。

① 交班人员服务完顾客后，要迅速将营业款放入钱袋，退出自己的系统。接班人员输入自己的密码，登录系统放入备用金，核对操作员号后，立即进入收银工作。

② 收银员交班时应对收银台所有办公用品进行一一清点、交接。

③ 交接不宜在客流量大的时候进行，一定要在一笔交易完成后进行交接，不能在交易中途交接。

营业结束后，收银员应将收银机里所有现金（除门店规定放置的零用金外）、购物券、单据收回金库放入门店指定的保险箱，收银机的抽屉必须开启，直至第二日营业开始。收银机抽屉打开不上锁的理由是防止万一有窃贼进入门店，窃贼窃取现金敲坏收银机抽屉，枉增公司的修理费用。

任务二 顾客投诉处理

学前思考：顾客投诉的原因有哪些？

所谓顾客投诉，是指顾客对企业产品质量或服务上的不满意，而提出的书面或口头上的异议、抗议、索赔和要求解决问题等行为。

顾客投诉是每一家连锁门店都会遇到的问题，它是顾客对企业管理和服务不满的表达方式，也是企业有价值的信息来源，它为企业创造了许多机会。因此，如何在处理顾客投诉时而赢得顾客的信任，把顾客的不满转化为顾客满意，锁定他们对企业和产品的忠诚，获得竞争优势，已成为连锁门店营运管理的重要内容之一。

一、正确看待顾客投诉

现代市场竞争的实质就是一场争夺顾客资源的竞争，但由于种种原因，企业提供的产品或服务会不可避免地低于顾客期望，从而造成顾客不满意，而引起顾客投诉。向企业投诉的顾客一方面要寻求公平的解决方案，另一方面说明他们并没有对企业绝望，希望再给企业一次机会，美国运通公司的一位前执行总裁认为："一位不满意的顾客是一次机遇。"

相关研究进一步发现，50％～70％的投诉顾客，如果投诉得到解决，他们还会再次光顾，如果投诉得到快速解决，这一比例将上升到92％。因此，顾客投诉为企业提供了恢复顾客满意度的最直接补救机会，鼓励不满顾客投诉并妥善处理，能够阻止顾客流失。

不满意的顾客不但会终止购买企业的产品或服务、转向企业的竞争对手，而且会向他人诉说自己的不满，给企业带来非常不利的口碑传播。研究发现，一个不满意的顾客会把他们的经历至少告诉9名顾客，其中13％的不满顾客会告诉另外的20个人。研究还表明，公开的攻击比不公开的攻击会使顾客获得更多的满足。一位顾客在互联网宣泄自己的不满时写道："只需要5分钟，我就向数以千计的顾客讲述了自己的遭遇，这就是对厂家最好的报复……"

但是，如果企业能够鼓励顾客在产生不满时，向企业投诉，为顾客提供直接宣泄的机会，使顾客不满和宣泄处于企业可控制之下，就能减少顾客寻找替代性满足和向他人诉说的机会。许多投诉案例表明，顾客投诉如果能够得到迅速、圆满的解决，顾客的满意度就会大幅度提高，顾客大都会比失误发生之前具有更高的忠诚度。不仅如此，这些满意而归的投诉者，有的会成为企业义务宣传者，即通过这些顾客良好的口碑鼓动其他顾客也购买企业产品。

一些研究表明，顾客在每4次购买中就会有1次不满意，而只有不到5％的不满意的顾客会投诉。所以，若将对公司不满的顾客比喻为一座冰山，则投诉的顾客仅是冰山一角，不满顾客这个冰山的体积和形状隐藏在表面上看起来平静的海面之下，只有当公司这艘大船撞上冰山后才会显露出来，如果在碰撞之后企业才想到补救，往往为时已晚。所以，企业要珍惜顾客的投诉，正是这些线索为企业发现自身问题提供了可能。

例如，从收到的投诉中发现产品的严重质量问题，从而收回产品的行为表面上看损害了企业的短期效益，但实际上是避免了产品可能给顾客带来的重大伤害，以及随之而来的企业与顾客的严重纠纷。事实上，很多企业正是从投诉中提前发现严重的问题，然后进行改善，从而避免了更大的危机。

二、顾客投诉类型

顾客投诉是门店经营不良的直接反应,同时又是改善门店销售服务十分重要的信息来源之一。通常,顾客的投诉意见主要包括商品、服务、安全与环境等方面。

对连锁零售企业门店而言,顾客抱怨与投诉的类型主要有以下几类。

(一)对商品的投诉

商品是满足顾客需要的主体,顾客对商品的投诉意见主要集中在以下几个方面。

(1)质量不良。商品质量问题往往是顾客投诉意见最集中的问题。商品质量问题主要是坏品、过保质期、品质差或不适用,许多商品的品质往往要打开包装使用时才能做出判别。特别是食品由于储存、陈列不当引起的商品的问题较多,打开包装或使用时如发现商品品质不好,通常顾客的反应较强烈,意见较大,引起的投诉也较多。

拓展知识　　　　《中华人民共和国产品质量法》第二十七条

产品或者其包装上的标识必须真实,并符合下列要求。

(1)有产品质量检验合格证明。

(2)有中文标明的产品名称、生产厂厂名和厂址。

(3)根据产品的特点和使用要求,需要标明产品规格、等级、所含主要成分的名称和含量的,用中文相应予以标明;需要事先让消费者知晓的,应当在外包装上标明,或者预先向消费者提供有关资料。

(4)限期使用的产品,应当在显著位置清晰地标明生产日期和安全使用期或者失效日期。

(5)使用不当,容易造成产品本身损坏或者可能危及人身、财产安全的产品,应当有警示标志或者中文警示说明。

(2)价格过高。门店销售的商品大部分为非独家经营的商品,在信息时代,顾客对各商家的价格易于做出比较,特别是日用品、食品、生鲜果蔬等顾客经常购买的商品,顾客对商品的价格十分熟悉,对同一商品在不同门店价格的高低和同一门店的同一商品的价格因季节性因素或促销因素而发生的价格变动十分敏感,顾客往往会因为商品价格过高而向门店提出意见。

(3)标示不符。商品包装标示不符往往成为顾客购物的障碍,进而成为顾客的投诉对象。顾客对商品包装标示的意见主要有商品的价格标签看不清楚、商品上有几个不同的价格标签、商品上的价格标示与促销广告上的价格不一致、商品包装上无厂名和制造日期、进口商品上无中文说明等。

(4)商品缺货。顾客对门店商品缺货的抱怨,主要是对热销商品和特价商品的缺货、商品品种的不全而不满。

(二)对服务的投诉

消费者购买商品的同时需要门店提供良好的服务,其对门店服务的不满直接影响门店商品的销售。对服务的抱怨主要有以下几个方面。

（1）营业员的服务方式欠妥。接待慢，搞错了接待顺序；缺乏语言技巧，不会打招呼，也不懂得回话；说话没有礼貌，过于随便；说话口气生硬，不会说客套话等；不管顾客的反应和需要，无重点地一味加以说明，引起顾客的厌烦和抱怨；商品的相关知识不足，无法满足顾客的询问；不愿意将柜台或货架上陈列的精美商品让顾客挑选。

（2）营业员的服务态度欠佳。只顾自己聊天，不理会顾客的招呼；紧跟在顾客身后，表现出过分的殷勤，不停地劝说顾客购买，让顾客觉得对方急于向自己推销，在心理上形成一定的压力；顾客不买时，马上板起面孔，甚至恶语相向；以衣帽取人，瞧不起顾客，言语中流露出蔑视的口气；表现出对顾客的不信任，盯梢或用言语中伤；当顾客挑选商品时不耐烦，甚至冷嘲热讽。

（3）营业员自身的不良行为。营业员对自身工作流露出厌倦、不满情绪，例如，抱怨工资、奖金低，工作纪律严等；营业员对顾客肆意的评价、议论，甚至贬低；营业员自身衣着不整、浓妆艳抹、举止粗俗、言谈粗鲁、打闹说笑、工作纪律差，给顾客造成不良的印象，直接影响顾客的购买兴趣；营业员之间发生争吵，互相不满，互相拆台。

（4）服务作业不当。例如：结算错误、多收钱款、少找钱；包装作业失当，导致商品损坏；入袋不完全，遗留顾客的商品；结算速度慢，造成顾客等候时间过久；顾客寄放物品遗失、存取发生错误；送货太迟或送错了地方；不遵守约定，顾客履约提货，货却未到等。

（5）对服务内容的抱怨。主要是对营业时间、商品退换、存包规定、售后服务及各种服务制度（规定）等方面问题的投诉，如不提供送货服务、无保修或店内无维修点等。

（三）对安全和环境的投诉

顾客在卖场购物时因安全管理不当，造成意外伤害而引起不满，如因地滑而摔跤，因停电而发生碰撞或损失。顾客感觉环境不舒适，如灯的亮度不够，空气不流通，温度过高或过低，门店内音响声太大；卖场走道内的包装箱和垃圾没有及时清理，影响卖场整洁和卫生；商品卸货时影响行人的交通等。

卖场设施不当也有可能导致顾客投诉，如货架高度不当，拿取不方便；无休息的凳椅；收银机少，缴款排队的时间较长；门店布局指示不清；无电梯、洗手间等。

三、顾客投诉处理的原则和技巧

（一）投诉处理原则

做生意不仅要创造顾客，更要留住顾客。无论处理什么样的抱怨，都必须通过研究顾客的思维模式以寻求解决问题的方法。投诉处理原则包括以下内容。

（1）正确的服务理念。需要经常不断地提高全体员工的素质和业务能力，树立全心全意为顾客服务的思想，确定"顾客永远是正确的"的观念。投诉处理人员面对愤怒的顾客一定要注意克制自己，避免感情用事，始终牢记自己代表的是门店或企业的整体形象。

（2）有章可循。要有专门的制度和人员来管理顾客投诉问题，使各种情况的处理有章可循，保持服务的统一、规范。另外要做好各种预防工作，对各种顾客投诉防患未然。

（3）及时处理。处理抱怨时不要拖延时间、推卸责任，各部门应通力合作，迅速做出反应,向顾客清楚地说明事件的缘由,并力争在最短时间内全面解决问题,给顾客一个圆满的答复。拖延或推卸责任,只会进一步激怒投诉者,使事情进一步复杂化。

(4)分清责任。不仅要分清造成顾客投诉的责任部门和责任人,而且需要明确相关部门、人员的具体责任与权限。

(5)留档分析。对每一起顾客投诉及其处理情况要做出详细的记录,包括投诉内容、处理过程、处理结果、顾客满意程度等。通过记录来吸取教训、总结经验,为以后更好地处理和预防顾客投诉提供参考。

(二)投诉处理技巧

处理顾客投诉的 CLEAR 方法(上)　　　处理顾客投诉的 CLEAR 方法(下)

门店运营中,处理顾客投诉是门后服务的一项重要内容。平息顾客的不满,使被激怒的顾客"转怒为喜",是企业获得顾客忠诚的最重要手段。有效处理顾客投诉,令顾客心情转为平静,甚至满意的方法之一就是运用 CLEAR 方法。其具体步骤为:C(control)——控制你的情绪、L(listen)——倾听顾客诉说、E(establish)——建立与顾客共鸣的局面、A(apologize)——对顾客的经历表示歉意、R(resolve)——提出应急和预见性的方案。

1. 控制你的情绪

(1)目的。当顾客发怒时,客服人员要处理的第一个问题就是控制自己的情绪。当顾客投诉时,顾客的语言或者行为会让员工感受到攻击、不耐烦,从而被惹怒或难过,往往心情不好,容易产生冲动、丧失理性。"以暴制暴"会使事态发展更加复杂,同时会使门店服务和信誉严重受损。控制自己的情绪可以在很大程度上避免发生这种情况。

(2)原则。可以不同意投诉的内容,但不可以不同意顾客的投诉方式。顾客投诉是因为他们有需求没有被满足,所以应该充分理解顾客的投诉和他们可能表现出的失望、愤怒、沮丧、痛苦或其他过激情绪等,不要与他们产生争执或是责怪任何人。

(3)有效技巧。下面是一些面对顾客投诉,帮助客服人员平复情绪的小技巧。

① 深呼吸,平复情绪。要注意呼气时千万不要大声叹气,避免给顾客以不耐烦的感觉。

② 思考问题的严重程度。

③ 摆正心态。要记住顾客不是对你个人有意见,即使看上去是如此。

(4)以退为进。如果有可能,可以给自己争取点时间,例如,"我需要调查一下,10 分钟内给您回电""我需要两三分钟时间,同我的主管商量一下怎么解决这个问题,您是稍等一会儿呢,还是希望我过会儿给您打回去?"当然接下来要确保在约定的时间内兑现承诺。

2. 倾听顾客诉说

员工的情绪平复下来后,需要顾客冷静下来才能解决好问题。因此先别急于解决问题,而应先抚平顾客的情绪,然后再来解决顾客的问题。

(1)目的。为了管理好顾客的情绪,首先要识别引发顾客情绪的原因,他们为什么投诉。其次静下心来积极、细心地聆听顾客愤怒的言辞,做一个好的听众,这样有助于达到以下效果。

① 把握顾客所投诉问题的实质和顾客的真实意图。

② 了解顾客想表达的感觉与情绪。

③ 给顾客一个宣泄抱怨的渠道,辅以语言上的缓冲。

④ 表现出与顾客合作的态度,减轻顾客的愤怒程度,也为自己后面提出解决方案做好准备。

(2)原则。无论顾客诉说的是事实,还是隐藏在事实之后的情绪,要遵循的原则应该是为了理解而倾听,并非是为了回答而倾听。

(3)有效技巧。在顾客很恼火时,有效、积极的倾听很有必要,应该做到以下几点。

① 全方位倾听。比较所听到、感到和想到的内容的一致性,用心体会、揣摩顾客的弦外之音。

② 不要打断。要让顾客把心里想说的都说出来,中途打断顾客的陈述,可能会引起顾客更大的反感。

③ 向顾客传递其被重视的信息。

④ 明确对方的话。重点内容要请对方进一步说明,但措辞要委婉。

3. 建立与顾客共鸣的局面

共鸣被定义为站在他人的立场,理解他们的参照系的能力。它与同情不同,同情意味着被卷入他人的情绪中,并丧失客观的立场。

(1)目的。对顾客的遭遇深表理解,这是化解怨气的有力武器。当顾客投诉时,最希望他的意见受到对方的尊重,他能被别人理解。

(2)原则。与顾客共鸣的原则是换位思考、真诚地理解顾客,而非同情。只有站在顾客的角度,想顾客之所想、急顾客之所急,才能与顾客形成共鸣。

(3)有效技巧。实现与顾客共鸣的技巧如下。

① 复述内容。用自己的话重述顾客难过的原因,描述并稍微夸大顾客的感受。

② 对感受做出回应。把从顾客那里感受到的情绪说出来。

③ 模拟顾客的境地,换位思考。想象一下,当供应商以相同或类似的方式对待他们的顾客(我们)时,我们会做出什么样的反应。

4. 对顾客的情形表示歉意

(1)目的。聆听了顾客的投诉,理解了他们投诉的原因和感受,对顾客表示歉意,从而使双方的情绪得到控制。

(2)原则。对顾客的情形表示歉意时应遵循以下原则。

① 不要推卸责任。当问题发生时,员工要勇于承认自己的错误。但管理人员不要当众责备公司员工,以免给顾客留下公司整体不好的印象。

② 即使顾客是错的,也要为顾客情绪上受的伤害表示歉意。

③ 道歉要有诚意。一定要发自内心地向顾客表达歉意,不能口是心非、皮笑肉不笑,否则就会让顾客觉得你是心不在焉地敷衍他,从而产生自己被玩弄的负面情绪。

④ 不要说"但是"。当道歉时说:"我很抱歉,但是……",这个"但是"否定了前面说过的话,使道歉的效果大打折扣。

(3)有效技巧。对顾客表达歉意的技巧如下。

① 为情形道歉。要为情形道歉,而不是去责备谁。即使在问题的归属上还不是很明

确,需要进一步认定责任承担者时,也要首先向顾客表达歉意,但要注意,不要让顾客误以为公司(门店)已经完全承认是自己的错误,我们只是为情形而道歉。例如可以这样说:"让您不方便,对不起。""给您添了麻烦,非常抱歉。"这样道歉既有助于平息顾客的愤怒情绪,又没有承担可导致顾客误解的具体责任。

② 肯定式道歉。当顾客出了差错时,不能责备。要记住当顾客做错时,他们也是正确的,他们也许不对,但他们仍是顾客。

5. 提出应急和预见性的方案

在积极地听、共鸣和向顾客道歉之后,双方的情绪得到了控制,处理重点将转移到解决问题上。

(1) 目的。提出应急和预见性方案的目的包括以下两个方面:①解决单次顾客投诉;②寻找改善服务的方案。

(2) 原则。对于顾客投诉,要迅速做出应对,要针对这个问题提出应急方案;同时提出杜绝类似事件发生或对类似事件进行处理的预见性方案。

(3) 有效技巧。提出应急和预见性方案的技巧如下。

① 迅速处理,向顾客承诺。首先向顾客说明各种可能的解决办法,或询问他们希望怎么办,充分听取顾客的意见,对具体方案进行协商;然后确认方案,总结将要采取的各种行动;再重复顾客关心的问题,确认顾客已经理解,并向顾客承诺不会再有类似事件发生。

② 深刻检讨,改善提高。在检查顾客投诉的过程中,负责投诉处理的员工要记录好投诉过程的每一个细节,并在处理记录表上记录顾客投诉的意见、处理过程与处理方法,这样顾客也会持慎重的态度。而每一次的顾客投诉记录,店铺都将存档,以便日后查询,并定期检讨产生投诉意见的原因,从而加以改正。

③ 落实。所有顾客的投诉意见及其产生的原因、处理结果、处理后顾客的满意程度以及门店今后改进的方法均应及时用各种固定的方式(如例会、动员会、早班会或企业内部刊物等)告知所有员工,使全体员工迅速了解造成顾客投诉的原因,并充分了解处理投诉事件时应避免的不良影响,防止类似事件再次发生。

④ 反馈投诉的价值。顾客对门店服务不满的投诉,无疑给门店提供了一次认识自身服务缺陷和改善服务质量的机会,所以可以写一封感谢信来感谢顾客所反映的问题,并就门店为防止以后类似事件的发生所做出的努力和改进的办法向顾客说明,真诚地欢迎顾客再次光临。

为表示慎重的态度,感谢信应以门店总经理或部门负责人的名义寄出,并加盖企业公章。当顾客是通过消费者保护机构提出投诉时,就更需要谨慎处理。其原因在于零售企业回函的内容,很可能成为这类机构处理中的一个案例,或作为新闻机构获取消息的来源。

总之,门店在处理各种顾客投诉时,要掌握两大原则:一是顾客至上,永远把顾客的利益放在第一位。二是迅速补救,并把顾客的每次抱怨看作门店发现不足、改善管理的机会。

任务三　能力训练

正确对待和处理顾客的投诉,化不利因素为有利因素,可以改进客户服务质量,并与顾客形成长期良好的合作关系。因此,如何处理顾客投诉意见是连锁企业门店经营管理中的重要内容,处理得好,矛盾得到化解,企业信誉和顾客利益得到维护;反之,往往会成为连锁企业门店经营的危机。

通过本模块的学习,学生掌握了顾客服务方面的知识。本模块旨在通过实训,加深学生对顾客服务礼仪规范的理解,使学生掌握顾客投诉处理的方式和处理过程。不仅培养学生的沟通和应变能力,还展示和锻炼了学生的表演与合作能力。

一、训练内容

每组 4~6 人,以组为单位,各组设计一个小品主题,可以表现门店服务的各个方面的内容。每位学生扮演小品中的一个角色,参与小品的表演,将顾客投诉等方面的情境和处理过程展现出来。

二、训练步骤

1. 选题
小组成员讨论并选择主题,围绕主题进行信息收集,确定小品主题。

2. 编辑剧本
根据前期收集资料,改编或者自创小品剧本,完成剧本脚本编辑。

3. 角色分工与彩排
各组进行角色分工,彩排重点是将顾客投诉现场情景和处理流程展现出来。

4. 表演与点评
略。

三、训练要求

1. 训练过程
通过小组自主探究、教师辅助指导的方式完成训练任务。

(1)教师布置任务。

(2)学生组建共同学习小组(建议 4~6 人),确定小组成员分工。

(3)小组讨论确定主题。

(4)收集资料,编辑剧本。

(5)角色分工。

(6)汇报表演与点评。

2. 训练课时
建议训练课时:课内 2 课时,课外 2 课时。

四、训练成果

小品剧本,表演视频。

防损及安全管理

学习目标

【知识目标】

1. 掌握损耗的计算方法。
2. 掌握损耗的四大来源。
3. 了解常见防损技术。
4. 掌握收货环节防损要点。
5. 掌握销售楼面防损要点。
6. 掌握收银环节防损要点。
7. 掌握生鲜环节防损要点。
8. 了解门店常规的安全管理项目。
9. 熟悉门店安全管理措施。

【技能目标】

1. 能够计算门店损耗。
2. 能够开展收货防损。
3. 能够开展销售楼面防损。
4. 能够开展收银防损。
5. 能够开展生鲜防损。
6. 能够处理门店常见安全问题。

【思政目标】

1. 坚守职业道德,严格遵守门店各项规章制度。
2. 培养防范意识,保障门店人财物安全。

门店防损及安全

知识技能点思维导图

请根据所学内容，把该思维导图补充完整。

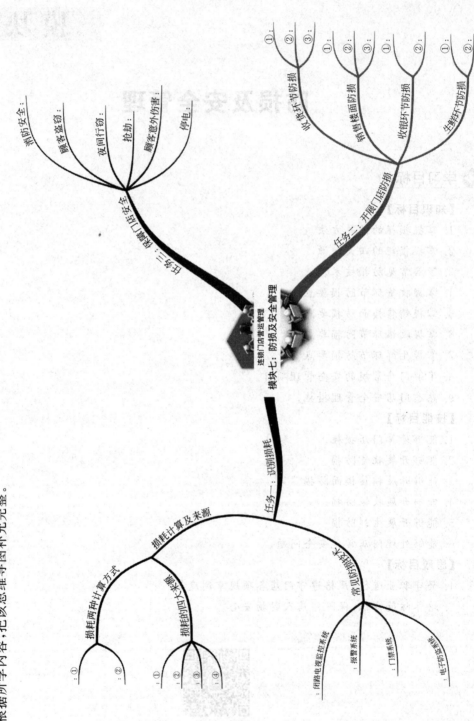

案例导入   物美集团的线上线下一体化的数字化防损

在中国连锁经营协会举办的"2020中国零售业风险管理年会"上,物美集团防损负责人分享了公司线上线下一体化的数字防损实施关键点及自助结账的防损实践。

物美的线上销售渠道主要是多点App。对物美集团而言,增加线上业务,推行线上线下一体化新模式,对于线下防损也是一种挑战。为了应对新挑战,物美防损部门积极探索数字化赋能,开展线上线下一体化的数字化防损。

线上的数字化赋能首先体现在哪儿?传统的防损管的是商品,而数字化赋能则能够实现商品管理一体化。例如,之前要想知道哪只单品产生负毛利,可能要通过输入商品编码查询。现在通过线上赋能,负毛利商品信息会自动推送到防损人员的手机工作台上,这样就能直接到店找到该单品和相应的责任人,以及这个单品在这家店产生负毛利的原因,从商品的进销存到最终销售结果的任何一个环节异常的监控,都能很便利地、自动地推送到相关防损人员的手机上。因此,对线下防损来讲,这是非常新鲜、好用的工具。

数字化赋能防损主要是把防损工作从线上、线下真正结合到一起。很多人会问:怎么把线上、线下的防损真正做到一体化?该负责人认为,这件事没有那么难!

举个例子,如果企业是单纯做线上的,想要向线下发展,从线上往线下做防损工作非常难。但是如果从线下向线上发展做防损管理,则相对就很容易。因为线下积累了很多传统防损的工作经验,这些工作经验被录入系统,通过数据的分析、分解、解构、重构,会自动计算出来一套能够直接推送测算的程序,这样会让线下的防损工作、线上的异常数据更明了地抓取出来,包括异常购物分析等。所以,数字化赋能线上线下一体化防损是目前防损的一个发展方向。

线上线下一体化防损(包括与大数据结合的应用)都能应用到哪些方面的预警?目前物美应用的场景,包括对虚假妥投、异常订单的刷单,支付限制的预警,打假人员的预警,漏结订单的预警,稍候退款、商品保质期的预警等,并且这些预警是任务到人的。如果这些预警发到某个防损人员,他没有按时回复完成,一定时间之后,这个预警会推送到他的上一级领导。所以线上线下一体化大数据防损能强化防损工作的闭环管理。

多点对线下防损赋能,最直接的价值就是自助收款台。很多人认为自助收款台会给门店带来大量的线下商损,因为顾客漏结很正常。这套设备的工作逻辑,包括预警过程,是按照传统的线下防损思维模式与线上结合来做的,所以智能防损系统能够完完全全地解决自助收款台顾客的漏扫行为。

该负责人表示,目前物美的防损应用数据不能叫大数据防损,现在只能叫小数据防损。大数据防损是一个概念,也是一个目标,而为什么叫小数据防损呢?因为有一些数据还是需要抓取、拼接,实现比对发现异常的。

真正的大数据防损是能够自动将各个异常数据结合到一起,从而能够精准锁定到店、锁定到人、锁定到事、锁定到商品等一系列的异常抓取场景。例如,能不能实现对异常采购合同或者采购费用的监控,如果能实现,对防损工作的帮助也是非常有效的。

如果真正对数据应用有一个很深的理解,防损工作开展起来就会非常容易。几年前,业内人士就提出数字化防损的概念,但是走到现在,数字化防损的路仍然非常坎坷,因为很多人不愿意与防损共享数据。但是企业愿意让防损通过数据更简单、更直观、更精准地发现一些问题。所以,大数据防损在一个企业能够运用到什么程度,关键看防损企业管理者对这件事是不是真正的重视,应用起来到底是不是得心应手,看的是数据的积累与自己对异常数据敏感度的识别。

(资料来源:中国连锁经营协会公众号,经作者整理改编)

思考:

(1) 你认为防损的主要目的是什么?

(2) 为更好地开展数字化防损,防损人员需要具备哪些素质?

任务一　识别损耗

> 学前思考:导致连锁门店产生损耗的主要原因有哪些?

零售业关于损耗有一句格言:S. T. O. P. (Shrinkage Takes Our Profit)——损耗带走了我们的利润。2017 年中国商业联合会商业防损专业委员会发布的《第六次全国商业安全调查报告》显示,2016 年中国零售(包括大型超市、百货商场、专卖店)商业损失额高达1 810 亿元,商业损失率为 0.71%。如果损耗控制不利,会直接影响零售企业盈利能力,并对盈利产生重要影响。例如,据《联商网》不完全统计,2016 年我国七大零售业态(百货购物中心、超市连锁、鞋服、家电连锁、药妆连锁、电商、休闲食品)的 121 家零售业上市公司共实现营收 16 828.77 亿元,净利润 986.71 亿元。对比发现,商业损失金额约为净利润的2 倍!

拓展知识　**2017—2018 年,中国零售业损耗率全球排名第七**

江森自控旗下的泰科零售 2018 年 5 月发布了《先讯美资全球零售业损耗指数》报告,该报告对全球 14 个国家、不同零售垂直市场、共计 1 120 名主要零售决策者的调研数据进行分析。参与调研的零售商所在的 14 个国家代表了全球主要经济体,占全球 GDP 的 73%,全球零售总额的 80%。

报告显示,2017—2018 年,全球零售损耗率高于以往,占年零售总额的 1.82%。零售业因损耗造成的年零售损失总额接近 1 000 亿美元大关。其中,美国的损耗率最高,达1.85%,欧洲紧随其后为 1.82%,亚太地区位列第三,损耗率为 1.75%。中国的损耗率尽管在全球 14 个受访国家中排名第七,却仍高达 1.96%*。

从细分市场情况来看,中国在药妆店和药房以及百货店领域的损耗率全球最高,分别为3.15%(全球平均 2.12%)和 2.57%(全球平均为 1.83%)。在超市大卖场、社区店的损耗率方面,中国分别为 1.74% 和 1.95%,略高于全球平均水平 1.73% 和 1.79%。而中国在便利店领域的损耗率则表现较好,为 1.01%,低于全球平均损耗率 1.86%。

*　编者注:因统计口径不同,不同机构核算的损耗率会有差异。

(资料来源:电商报,转引自亿邦动力网)

一、损耗计算及来源

美国零售业对损耗的定义是：不明原因的库存短缺金额。该定义把已知原因的库存损失剔除在外，把商品报损视为降价为零的经营行为，体现为毛利损失，这样做可以让门店管理者把更多精力集中于不明原因的损失，突出例外管理。国内大多数零售企业把不明原因的库存短缺和商品报损合称为损耗。该定义认为损耗是未对销售产生贡献的商品金额，强调了损耗对利润的影响。

（一）损耗的计算

根据存货的不同计价方法，损耗的计算可以分为零售价法和成本价法。

1. 零售价法

目前美国近半数零售企业采取零售价法，计算方法如下。

$$损耗金额＝盘点库存－账面库存$$

式中，盘点库存为年终盘点时所有商品的零售价乘以库存数量的总和。

$$账面库存＝期初库存＋收货金额－销售额－\sum 降价金额$$

$$降价金额＝（原售价－新售价）×商品实际库存数量$$

公式里每一项都以零售价计算。特别要注意账面库存中的降价金额部分，由于是以零售价计算，所以每个商品在盘点期间每一次零售价的变化都需要准确记录，要人工确认变价商品的现货数量；如果出错，将会影响账面库存，从而产生损耗。

2. 成本价法

成本价法是绝大部分国内零售企业采用的方法，计算方法如下。

$$损耗金额＝盘点库存－账目库存$$

式中，盘点库存为年终盘点时所有商品的成本价乘以盘点数量的总和。

$$账目库存＝期初库存＋收货成本－销售成本$$

公式里的每一项都以成本价计算，商品的库存数量和账面库存一一对应，每一次库存的调整都会改变账面库存。改变库存的途径通常有盘盈盘亏调整和报损调整两种方式。成本价法的关键是平时要周期性盘点，并调整库存。累计损耗加上年终盘点时的库存差异，即为全年的损耗。

3. 损耗率的计算

损耗率是零售企业的一个财务指标，计算公式如下。

$$损耗率＝\frac{损耗金额}{盘点区间的销售额}×100\%$$

损耗金额根据零售价法和成本价法的不同，分别采取零售价和成本价核算；而销售额都以零售价计算。

（二）损耗的来源

零售业损耗来源方面主要有外部盗窃、内部盗窃、厂商或供应商欺诈、行政错误、其他损失。根据中国商业联合会商业防损专业委员会发布的《第六次全国商业安全调查报告》，按照损失的大小排序为内部盗窃、外部盗窃、行政错误、厂商或供应商欺诈、其他损失。

1. 内部盗窃

《第六次全国商业安全调查报告》显示,内部盗窃和外部盗窃仍是零售业损耗的主要原因,就单笔损失看,内部盗窃与外部盗窃分别为 486 元/案和 298 元/案,内部盗窃带来的损失更大。美国零售业做过以下统计:零售企业里至少有 30% 的员工有偷窃的念头,即使加上严密的防范系统和流程控制,仍然有 10% 的员工想偷窃;企业里只有 10% 的员工是诚实的,而其他的 80% 受以上两种人的影响。所以建立一种正直诚信的企业文化和氛围是控制内部盗窃的关键。防损不仅是抓坏人,预防是关键,这才是防损的精髓所在。

2. 外部盗窃

外部盗窃主要分为职业团伙盗窃、惯盗、占小便宜者和欺诈四类,其中职业团伙盗窃的危害性最大。不仅在中国,全球而言有组织的零售犯罪也是行业公敌。职业团伙盗窃在作案前一般都有明确的组织和分工,偷窃目标往往是门店内价格高、易脱手销赃的商品,如奶粉、贵重洋酒、洗发水等。作案方式是集体配合作案,偷窃过程中各有分工,有的专门从货架拿取商品,转移到隐蔽的地方,有的负责将商品藏在身上带出超市,有的则在门店外等候,负责接应。他们或者假扮孕妇,或者利用小孩掩护,甚至利用特殊工具破坏防盗设备,且多数都有汽车等交通工具。为避免长时间在超市逗留给工作人员留下印象,他们往往做完各自的工序后便离开门店,再寻找下一个目标继续作案。如果零售企业可以有效地防范职业盗窃,对损耗控制将有很大的帮助。

3. 行政错误

行政错误是指由于流程问题导致员工不经意造成的错误,以及由于员工责任心不强、未按流程操作造成的失误。行政错误导致的损耗甚至更为严重,因为很多情况下,这些错误短时间内不能被管理层察觉,使损耗问题难以解决。常见的行政错误如下。

(1) 商品信息错误

① 商品立项错误。一个商品有两套信息,造成进货条码和销售条码不一致。

② 订单规格错误。供应商改变了包装,订单上的规格没有及时调整,造成收货员工点数的失误。

③ 商品条码问题。一品多码(多为组合装的商品),或是赠品的条码没有被覆盖,造成收银员扫描失误。

(2) 库存管理失误

① 配送中心和门店直送商品收货数量错误。

② 收货商品重复录入造成库存虚增。

③ 赠品促销。做"买一送一"之类的促销时,直接拿商品作为赠品。

④ 商品做店内自用品使用,没有登记或及时调整库存。

⑤ 商品对外调拨,没有登记或及时调整库存。

⑥ 商品报损,没有登记或及时调整库存。

⑦ 组合装商品拆包装销售,造成库存混乱。

⑧ 没有现货,进行超卖后,库存未及时调整。

⑨ 购销转代销,代销转购销,库存未能正确调整。

⑩ 负库存未能正确调整。

⑪ 店外维修商品忘记跟进。

⑫ 场外送货单据混乱,重复送货。

⑬ 有的系统存在两个库存,商品在两个库存间转移时发生错误。

(3)收银员扫描错误

① 商品串卖。

② 收银员粗心漏扫描。

③ 输错商品数量。

④ 将库存外的可扫描商品(如赠品)销售。

(4)年终盘点错误

① 盘点前没有充分准备,库存量没有合理控制,盘点时库存庞大。

② 没有一个详细周全的盘点计划和流程。

③ 门店区域没有合理划分编号,造成商品漏盘。

④ 盘点前没有及时处理单据,造成预盘结果误差很大。

⑤ 已经盘过的仓库没有封住,商品进出没有登记。

⑥ 赠品和商品没有区分,造成盘盈。

⑦ 盘点员工粗心大意,未将堆头下的商品开箱检查,将空箱计数。

⑧ 数据录入错误。

⑨ 对盘点区域缺少总控,造成某个区域漏单漏输。

(5)IT系统问题

① 系统切换或数据传输出现问题,造成库存数量虚增或消失。

② 商品信息传递错误:POS机不能识别商品。

4. 厂商或供应商欺诈

并不是所有的供应商都是门店的合作伙伴,有些供应商千方百计地想欺骗收货部员工,或者内外勾结,为供应商或个人获取利益。在实际企业运作过程中,常见的供应商欺诈包括以下方面。

(1)提供虚假的资料,如虚假的产品合格证书、虚假检测报告、虚假强制认证标准、虚假的专利证书或其他文件等。

(2)提供的商品侵犯第三人的知识产权。

(3)样品为正品,送货为次品,以次充好。

(4)送货时商品短缺或将已破损的商品、次品夹杂其中。

(5)包装净含量不够,缺斤少两。

(6)产品包装上进行虚假宣传。

(7)涂改生产日期以延长产品保质期。

(8)送货称重时重复过称或重复计数,虚增数量。

(9)与收货员工内外勾结,空送空收或送少计多。

(10)提供虚假发票。

(11)涂改订单数量或收货数量以骗取更多货款。

（12）招投标过程中使用串标等不合规手法中标。

🎀 **案例分享**　　　　　**供应商送货的 11 种欺骗手法**

欺诈手法之一：声东击西。

通常不诚实的供应商都有一个帮手，这个帮手会干扰收货员工的工作。他们甚至会直接参与偷盗，将已经收过的商品拿回来重复收货，将生鲜称重的商品重复过称。

欺诈手法之二：笑里藏刀。

供应商通常会表现得特别友好或讲很多笑话，他们利用这些手段与收货部员工拉近距离。这种所谓的友谊迷惑了收货部员工，使他们无法发现短装并及时察觉对方意图。

欺诈手法之三：调虎离山。

供应商让收货部员工办一些事，借此将员工支离收货现场。而他们就可趁机偷走商品或将替代品放入新商品中。

欺诈手法之四：糖衣炮弹。

有的供应商会给收货员小恩小惠，用来麻痹员工，因为样品可能会分散收货员工的注意力，应对该供应商的对策是公司制定严格的规章制度，要求员工拒收任何供应商的赠品。

欺诈手法之五：李代桃僵。

供应商自己挑选单件商品进行扫描。这可能导致以下可乘之机：第一，供应商可能提供成本较高的商品扫描，这样收货员工扫描了成本较高的商品，而与实际收到的商品不符。第二，扫描商品的规格与实际商品不同。

欺诈手法之六：滥竽充数。

供应商替收货员工点数，则商品可能短装或重复点数。供应商甚至会在点数时"犯错"，某些供应商是犯错的能手。大多数时候，错误对他们有利。如果错误没有被发现，就会给门店带来损耗。

欺诈手法之七：釜底抽薪。

供应商不打开货箱接受检查，不清点箱内商品而从箱外的包装上获得商品数量，箱子可能从底部被打开并被取走一些商品而造成短装。

欺诈手法之八：以次充好。

配送中心收货时发现某公司送来的 350 箱"××一级大豆油 4.5 升"商品进行验收时，发现其中有 87 箱在色泽上与其他大豆油存在异常。经仔细检查发现同一桶油贴有两层商品标签，瓶身正面标签与被覆盖的下层标签商品名称、条码均不相同，而且瓶身上原喷码的生产日期也有被打磨掉的痕迹，这是典型的供应商以过期商品冒充正常商品的欺诈行为。

欺诈手法之九：顺手牵羊。

供应商未经检查即移动空箱子或容器，这可能使供应商将商品放在箱内带走。对策是所有外出的垃圾、纸皮、空箱等，都必须经过防损员的检查。

欺诈手法十：偷梁换柱。

供应商单独送单据时，篡改单据。

欺诈手法十一：内外勾结。

不诚实的供应商会想方设法找到一个愿意帮助他偷盗的员工并以部分偷来的钱或商品

作为酬劳,一般会寻找具备以下特征的员工作为串通对象:愿意接受样品的员工、对本职工作或公司不满的员工、经济上有困难的员工等。

(资料来源:互联网,经作者整理改编)

二、常见防损技术

在我国零售业发展初期,安防主要以人防为主,安防技术(在零售业称为防损技术)几乎是空白。随着社会经济发展和零售业的成熟,安防技术的应用逐渐广泛;同时,技术进步带来新产品的不断推出和成本的不断下降,防损技术在零售企业经营中的保驾护航作用日益突显。

目前,零售企业在安全和防盗方面最常用的防损技术手段包括闭路电视监控系统、报警系统、门禁系统、电子防盗系统及防盗保护道具。

(一)闭路电视监控系统

闭路电视监控系统简称为 CCTV(closed circuit television)。闭路电视监控系统经历了传统的模拟系统、非实时数码录像系统及全实时数码录像系统三个阶段。传统的模拟系统主要以录像带为主要的记载媒质;非实时数码录像系统主要是通过计算机作为图像处理工具,以硬盘作为记载媒质,受压缩技术及硬盘空间的影响,所显示的监控画面及所记录的画面不能达到适时效果,且画面质量不高;全实时数码录像系统采用最新硬件压缩技术,通过视频采集卡完成对图像数据的压缩、整理、解压,尽可能小地占用 CPU 运算资源,从而使整个画面无论是显示还是回放均能达到实时效果,画面质量较好。此外,随着大容量硬盘的出现,录像存储时间也得到了相应的保证。

CCTV 由摄像前端装置,包括各类摄像机、定焦或变焦变倍镜头、实现摄像机上下左右运动及旋转的云台、保护摄像机及镜头的保护罩、接收并执行主机命令的解码器,以及 DVR 这几部分组成。DVR(digital video recorder)系统即数码录像监控系统,它利用最新的图像数字处理技术将模拟信号转为国际标准压缩数字信号,在计算机显示器上实时显示多路图像并分别存储于计算机内。

目前,CCTV 逐渐向全 IP 视频监控系统(IPVS)发展,全 IP 视频监控系统的优势是摄像机内置 Web 服务器,并直接提供以太网端口。这些摄像机直接生成 JPEG 或 MPEG4 数据文件,可供任何经授权客户机从网络中任何位置访问、监视、记录并打印。

CCTV 的监控点主要设置在以下位置:①门店的出入口;②自动扶梯口;③押款通道、交款处;④停车场的主要通道和出入口;⑤顾客服务台(带录音功能);⑥存包处;⑦收银台和金库区域;⑧高值、易盗商品区域;⑨门店内视觉死角区域;⑩门店内部的主要通道区域(可采用云台摄像机);⑪收货和仓库区域;⑫防损办公室(带录音功能);⑬员工通道。

(二)报警系统

1. 报警系统的组成

简单的报警系统由前端探测器、中间传输部分和报警主机三部分组成。门店报警系统由红外报警系统和门磁报警系统组成。主要设备包括前端的红外报警探测器、门磁探测器以及后端的红外报警监控主机。

2. 报警系统的原理

红外报警系统主机的工作原理是利用前端的传感器设备（如红外探测器、门磁探测器等）来完成对相关区域的设防工作，从而有效控制了相关区域的安全。其中，红外探测器的工作原理是：探测人身体所发出的固有红外波长，当有此波长物体进入设防区域，红外探测器向主机发出信号，主机报警。门磁探测器的工作原理是：当门关闭时，门磁状态处于常闭状态；当门打开后，门磁状态改变为常开状态，探测器向主机发出信号，主机报警。

3. 报警系统的设计

整个门店都应是封闭的，所有对外的门包括紧急出口门和其他的门都应安装门磁探测器，根据门的出入性特点将门店的防区设为即时防区和 24 小时防区。如紧急出口门属于 24 小时防区，需永远设防；收货门和出入口属于即时防区，可根据进出需要进行撤防和设防。紧急出口同时需安装特爆锁，推开会发出报警声音，同时门磁探测器报警，实现双保险。

红外探测器可安装在金库、员工通道、入口和出口等没有门磁探测器的位置，在夜间门店无人时设防。红外探测器不宜过多安装以防止误报。

（三）门禁系统

门禁是一种管理人员进出的数字化管理系统。常用的门禁系统有密码门禁系统、非接触 IC 卡（感应式 IC 卡）门禁系统、生物识别门禁系统等。密码门禁系统由于其本身的安全性弱和便捷性差已经面临淘汰；生物识别门禁系统安全性高，但成本也高，由于拒识率和存储容量等应用瓶颈问题尚未得到广泛的市场认同。现在最通用的还是非接触 IC 卡门禁系统，由于其较高的安全性、便捷性和性价比成为门禁系统的主流。

门禁系统由门禁控制器、读卡器、出门按钮、通讯集线器、感应卡和管理软件组成。零售企业在门店内很少使用门禁系统，而多数应用于总部写字楼的进出管理。

（四）电子防盗系统、新型保护道具和源标签技术

电子防盗系统称为 EAS(electronic article surveillance)。EAS 为现代超市的发展立下了汗马功劳，现已成为大型超市必不可少的设施之一。据美国零售业的统计，安装了 EAS 门店的损耗率要比没有安装的门店的低 25%。如果一家门店年销售额 2 亿元，就可以提高 50 万元的利润，这还不包括减少人工可以节省的成本。

1. 电子防盗系统的种类及原理

电子防盗系统主要分为无线电射频系统、声磁系统和电磁波系统三种。

（1）无线电射频系统。无线电射频系统（radiofrequency EAS, RF EAS）是较早应用的电子防盗系统之一。它采用无线电射频作为系统发射接收检测信号，其防盗标签为环形线圈式，有软、硬两种标签，可以保护门店内大多数的物品。该系统的最大优点是成本较低，缺点是易受到金属物体屏蔽，如防盗标签靠近或粘贴在金属锡箔纸上会使标签失效，造成系统漏报。无线电射频系统主要有总出口式和通道式两种安装方式，用于保护百货商店、服装店和超市等。RF EAS 由检测天线，解码器、解码板、开锁器、软板签、硬标签及各种防盗保护器组成。

(2)声磁系统。声磁系统(acoustic magnetic EAS,AM EAS)应用了音叉只有在振荡频率相同情况下才引起共振这种物理原理,固定在商品上的声磁系统标签进入系统的检测区域时,会产生共振,但只有在接收器接收到连续 4 次的共振信号(每 1/25s 一次)后,系统才会发出报警。AM EAS 检测率很高,超过 95%;误报率低,抗环境干扰能力较强,受金属屏蔽的影响较小;检测宽度大;软标签体积较小,便于隐蔽,但设备及耗材成本相对较高。AM EAS 的组成部分和 RF EAS 类似。

(3)电磁波系统。电磁波系统(electromagnetic system,EM EAS)采用电磁波作为检测信号。电磁波系统的检测率较低。系统容易受磁性或金属物质的影响而产生误报或不报。其优点是标签最小,标签价格也相对便宜,能重复消磁,适用于图书等特定产品的保护。电磁波系统有立式和通道式两种,出口宽度一般为 0.8m。应用环境多在图书馆、书店、药店等。

2. 新型保护道具

随着商品的日趋丰富,仅靠传统的软标签和硬标签已无法满足保护的需要,EAS 供应商不断研发出各种新型保护道具,如数码产品保护系统、新型奶粉和洋酒保护器等。

3. 源标签技术

所谓源标签技术(source tagging)是零售企业与产品制造商合作,由制造商在商品的生产、包装过程中加上电子防盗标签,改变以往防盗标签在店内上架时粘贴的做法。这样做的好处是防盗标签不但可以放得更加隐蔽,不易被发现和破坏,从而降低货品损失;同时节省零售企业贴标签的人工成本,加快商品上架和周转时间;而且那些原来不适合开架销售的商品因使用了源标签而开架销售,提高了顾客的购物体验,从而促进销售额的大幅增加,使零售企业与生产制造商双赢。当前由于国内零售企业的销售规模还不能达到一定的要求,无法要求供应商在生产线上为所有的商品加贴源标签,这一定程度上限制了源标签的发展。但在未来,随着零售企业销售规模的不断扩大,源标签的前景会更加广阔。

4. EAS 的使用

再好的设备如不能正确地使用也是浪费,要想让 EAS 发挥最佳效能,应注意以下几点。

(1)所有门店要有一个统一的 EAS 商品清单,上面注明哪些商品需要加装硬标签或软标签,是在门店加还是在配送中心加,加装的方法,加装的比例有多少,清单由门店防损部保管。

(2)防损部要有专人定期按照清单检查加装标签的情况和效果,并统计检查结果。

(3)清单上的商品根据需要定期调整。

(4)除了清单上的标签,平时由门店防损随机加装一些"神出鬼没"标签。

(5)定期给收银员做消磁培训。

(6)平时认真做好 EAS 报警记录,便于分析统计。

(7)定期盘点硬标签数量。

(8)妥善保管好硬标签拔取器。

(9)谨慎处理 EAS 报警事件,应该把出现报警的每一位顾客都看成是受委屈的顾客,而不是小偷。制定严格的处理流程。

任务二　开展门店防损

学前思考：观察一家连锁门店，看看该店的防损措施有哪些？

门店应意识到商品损耗不仅会导致商品自身价值的损失，还会损失运输成本、仓储成本、人工成本等；而且，损耗影响的不是销售，而是利润，导致公司利润的直接减少。加强防损，提高防损能力，对门店营运而言非常重要。门店在开展防损工作时，应贯彻全员防损、全过程防损的理念，并把防损工作重心放在"防"上，防患未然，侧重事前控制。一般情况下，门店防损重点在于收货、卖场销售、收银、生鲜经营等环节。

一、收货环节防损

收货是门店控制损耗的第一道防线，必须严阵以待，应投入较多的资源实施有效监控，因为大量的案例证明收货部是损耗发生的最高危地点之一。收货防损的重点在于防止供应商欺诈、防止员工的不当行为、防止文件损耗。

（一）防止供应商欺诈

1. 供应商的欺诈行为

（1）提供虚假的检验报告或其他虚假的法律文书。

（2）以次充好，商品不符合质量要求或将部分缺陷商品混入正常商品中。

（3）数量短缺，整箱的商品中出现零星的短缺商品或用一个箱子占据两个箱子的位置以误导收货员出现多计数量，或直接摆放空箱，等收货员清点后乘机将空箱扔掉。

（4）重复计数，将点过数的商品又重新搬回未计数区域。

（5）将已计数的商品直接搬回送货车。

（6）虚增重量，在称重商品中加入其他东西以增加重量，或在过秤时采用脚踩磅秤等方式增加商品重量。

（7）涂改订单或收货单据，利用管理或流程上的漏洞虚改订单或收货单据以达到多送货的目的。

（8）涂改商品生产日期以延长商品保质期。

（9）在退货商品中或垃圾中夹带其他商品。

（10）利用送货或接受退货的机会进入仓库或销售楼面将小商品带出门店。

（11）给收货人员提供样品、小礼品来讨好收货人员放宽收货标准。

（12）与收货人员相勾结，采用少送多计的办法将多余的商品私分等。

2. 减少供应商欺诈的措施

供应商对不当行为往往用各种各样的理由解释，在很多情况下往往难以区分这种不当行为是工作失误或是故意而为，但不论原因如何，对零售商造成的损耗却是事实存在的。以下措施有利于减少供应商欺诈的机会。

（1）门店制定严格的收货流程，确定每个环节的责任人，便于出现问题后进行追溯。

（2）张贴送货人员守则，规定允许做什么，不允许做什么。

（3）实行收货预约和登记制度，让送货员提供相关的身份证明文件进行登记，以增加送货员的责任感，同时也是一种震慑。

（4）实行人货分离制度，送货员卸完货后应与商品隔离以避免打扰收货员收货，通过使用铁栅栏或红线的方法可以达到这一目的，即送货员卸完商品后退出铁栅栏或红线之外不再接触商品。

（5）严格划定已收货区域和未收货区域，防止已收商品和未收商品相混淆。

（6）规定供应商送货人员进入仓库或楼面的活动路线，不能前往不相关的区域。

（7）收货人员相互制约机制，即点数记数、复核及系统录入工作应由不同的人员担任。

（8）安装电子防盗报警系统和闭路监控系统，对供应商的不当行为按严重程度进行处理直至取消与该供应商的合作。

（9）视供应商为合作伙伴，提供可供休息、取暖、乘凉的区域以及饮水等服务，以增加供应商的亲切感，减少意外发生的机会。

（二）防止员工的不当行为

1. 收货时员工的不当行为

（1）收取供应商好处，为供应商在收货时间安排、装卸等方面提供便利。

（2）故意刁难供应商并借此索要贿赂。

（3）放宽收货标准，收进不合要求的商品，例如将二级水果当一级来收。

（4）偷窃商品或与供应商勾结偷窃商品。

（5）侵占赠品。

（6）故意多计数或为称重商品多计重量。

（7）空收货并向供应商提供收货凭证，点数和计数错误。

（8）录入系统时出现错误。

（9）未按规定的比例抽查商品数量。

（10）未按规定核对相关质检报告等法律文书的真实性和有效性。

（11）未严格核对保质期，收进已过保质期或临近保质期的商品。

（12）未对条码进行试扫描，收进无法扫描的商品。

（13）搬运时造成商品破损。

（14）办理退货时未核对数量并未检查退货商品中是否夹带其他商品。

2. 减少员工发生不当行为的措施

除非企业收集到充分的证据，否则同样很难区分收货员不当行为是工作失误还是主观故意。但无论如何，有一些原因是不可忽视的，例如员工的收入过低而为生活所迫，工作环境恶劣导致员工情绪低落，管理人员的管理方式不为员工接受，供应商的诱惑等。以下措施可以减少员工发生不当行为的概率。

（1）制定严格的收货流程，确定每个环节的责任人，便于出现问题后进行追溯。

（2）严格划分已收货区域和未收货区域，区分已收商品和未收商品。

（3）收货人员相互制约机制，即点数记数、复核及系统录入工作应由不同的人担任。

（4）收货人员不定期轮班制，避免班次固定或长时间接收同一个供应商的送货。

（5）规定收货员工的工作区域范围，不允许离开收货区域或进入供应商的送货车内。

（6）相对销售区域来讲，收货区域的环境往往不够舒适，零售商应为员工提供相应的降温、保暖等福利措施以提升员工的归属感和敬业度。

（7）管理人员应及时与员工沟通，聆听员工的想法，帮助解决员工的困难，以增强员工的亲切感。

（三）防止文件损耗

收货岗位操作繁杂，必须防止因流程操作失误而产生以下的文件损耗。

（1）商品没有录入系统库存就进行销售造成负库存。

（2）收货时没有试扫描条码导致收银部无法扫描或串卖。

（3）收货时没有对一品多码的商品进行遮盖导致前台扫描错误。

（4）没有对赠品进行正确捆绑或将商品捆成赠品。

（5）没有将可售赠品的库存录入系统导致库存不准。

（6）为躲避库存考核在月底不将收货录入系统，造成虚假库存。

（7）同一张订单重复录入造成重复付款。

（8）退货时未经采购授权或未核实供应商账上货款不足就将商品退出。

（9）录入错误，将商品录入其他品类或部门。

（10）整拆零的商品整箱和单只的库存没有自动匹配，造成库存混乱。

（11）对事后发现的收货计数错误进行错误的调整。

（12）生鲜收货没有使用采购的最新订单，造成付款错误。

二、销售楼面防损

销售楼面无疑是零售商最为关注的地方，这里是展示商品、提供服务、产生销售的场所，同时由于销售楼面场地开放、人员密集，也是损耗控制最复杂的环节。销售楼面的防损重点包括防止顾客的不当行为、防止员工的不当行为、防止促销员的不当行为。

（一）防止顾客的不当行为

顾客的不当行为主要包括盗窃、损坏商品和欺诈。统计显示，洗发水、奶粉、保健美容品、口香糖、巧克力等是失窃率最高的商品。

1. 顾客偷窃商品的手法

（1）直接将商品装在身上或携带的袋子内。

（2）将便宜的条形码贴在贵重的商品上用低价购买。

（3）在已打过秤的商品中再加入同类商品。

（4）直接在楼面拆开商品吃或喝。

（5）将贵重商品换入便宜商品的包装中购买。

（6）在大件商品中夹带小件商品。

（7）直接拆掉商品标签穿戴在身上。

（8）调包，用假货换真货。

（9）恶意索赔，借商品出现瑕疵而提出高额索赔。

（10）将商品放在购物车底部制造收银员漏扫描。

（11）将商品交给小孩子带出门店。

（12）将多件商品装入一件商品包装中。

值得关注的是，越来越多的专业盗窃团伙已渐渐成为盗窃的主要力量，他们有组织有纪律，分工严格，目标明确，行动迅速，手法专业而隐蔽，为零售企业的利润带来了极大的损害。

2. 有效防止顾客盗窃的方法

（1）提升员工顾客服务意识，保持楼面整洁。有偷窃行为的顾客大多属于顺手牵羊，有占小便宜的心理。良好的管理不但可以提升为顾客服务的水平，也可以对顾客的不当行为产生影响。当顾客身处干净整洁的购物环境，享受着面带微笑的体贴服务，看着陈列整齐的商品时，相信有相当一部分顾客会放弃偷窃的念头。相反，员工冷漠，商品凌乱，一定会使部分顾客产生"怎么没人管呢？拿点试试"的心理。

（2）提升员工的防损意识。楼面销售员工人数多、熟悉门店环境、了解商品情况、直接与顾客打交道，所以是最能依靠的防损力量。让员工参与损耗控制的最有效的方法就是落实责任，谁负责的商品，谁应该承担防止损耗的责任，开展全员防损。通过让员工承担部分损耗来强化防损，它直接把员工的利益和损耗相挂钩，可以加强员工的防损意识；部分企业实行员工持股，这是让员工具有主人翁责任感的更有效方法之一。同时，对在控制损耗方面有特别贡献的员工，进行适当的奖励可以激励更多的员工参与损耗控制。楼面销售员工也应掌握一些防止顾客盗窃的方法，例如发现顾客盗窃时，询问顾客"需要购物篮吗？""需要我带您去收银台吗？"，这是一个不错的方法，既给顾客脸面，也防止产生损耗；或者发现顾客偷窃时，尽快通知管理人员或防损部门的人员前来处理。

（3）组建专业正直的防损便衣团队。大型门店的防损部应组建一支专业的便衣团队用来打击顾客的偷窃行为。便衣防损团队成员必须经过严格的背景调查和专业训练，成员的正直品性是非常重要的。个别零售企业的防损队伍尤其是便衣防损人员监守自盗，会给门店带来更大的损失。

（4）运用警示标牌和商品广播进行宣传。在易失窃的地点张贴"不允许拆包装""偷窃行为将受到法律制裁""本门店装有闭路电视监控系统""本门店使用××技术防盗系统""偷窃行为将会通知家人和单位""本辖区警方电话为××××××"等以起到震慑作用。也可以在播放音乐和广告的间隙插入播放提醒安全、防盗或当地警方允许播放的信息以警示别有用心的顾客。当然，警示标牌的张贴位置和数量、广播用语和次数都需要慎重考虑，以免引起顾客反感，从而影响顾客购物体验。

（5）合理陈列商品或改善易盗商品的包装。将贵重商品锁入柜台或安排专人服务是防止贵重商品丢失的方法之一；同时避免将易丢失商品陈列在偏僻的位置或监控镜头不能覆盖的位置。而拆包装是顾客盗窃的主要手法之一，顾客更换条码或更换商品包装往往需要打开商品的包装。门店需要统计易被拆包装的商品，然后要求供应商改善包装，如将用不干胶封口的笔改为塑封；将毛巾棉被上粘贴的纸质标签改为直接缝到商品上。即使顾客拆开包装，也会留下痕迹而引起收银员的注意。

（6）利用技术防损。例如，利用电子防盗系统，使用碟片或剃须刀保护盒保护剃须刀的安全，盒子难以破坏并且带有报警装置，强行拆开将会报警；在贵重商品内部加入源标签，防止防盗标签被拆除；大件商品使用蜘蛛网式的防盗装置，强行打开该装置或未经拆除离开门店时都会报警。同时,在门店的入口安装闭路电视监控设备并将顾客进入门店的图像显示在显示器上,可以起到震慑作用。在一些主要通道或贵重商品区域设置监控设备并让顾客感受到监控设备的存在同样可以起到监控作用。

顾客不当行为的另外一种表现是损坏商品。其主要有三点原因:①大部分损坏商品行为是因为顾客想了解商品的内部情况而拆毁商品,这种情况缘于门店或生产商没有直观地向顾客展示商品的主要价值或商品包装上缺少清晰的商品说明。针对这种情况,门店需要及时与供应商沟通要求改善包装,或者为了让顾客了解更多的信息直接摆放样品。②顾客无意中将易碎的商品掉在地上导致破损或因购物车、购物篮撞到商品上导致破损。针对这种情况,门店需要关注商品摆放是否安全,商品的包装是否需要改进,是否提供清晰明了的安全标识牌以提醒顾客防止碰撞。③极个别的顾客因为对门店的服务或某些方面不满而蓄意破坏。有的顾客利用刀片将服装、鞋子等划破,将冷冻商品故意长时间放在常温下,故意搞乱商品的陈列等。很显然,这部分顾客应该受到谴责。但对零售商来讲,需要反思事件的起因是什么,是否需要在顾客服务方面再下功夫,是否需要员工更友善地对待顾客?

(二) 防止员工的不当行为

楼面员工了解商品情况和门店环境,熟悉门店的运作流程,对门店运作的薄弱环节有一定的了解,所以员工的不当行为不但会给零售企业带来巨大的损失,而且难以被发现。

1. 员工不当行为的表现

(1) 顾客服务意识不强,对顾客态度冷漠。这会导致顾客对门店亲切感的缺失,不但不能培养高忠诚度的回头客,而且会给防损工作带来潜在的不利影响。

(2) 个人或合伙偷窃商品。员工清楚地知道商品中是否粘贴防盗标签,知道门店监控系统的位置,知道哪里是人流稀少的死角,了解防损人员或管理人员巡场的时间、地点,所以,员工偷窃商品更加容易且难以被发现。

(3) 内外勾结盗窃商品。员工与亲朋好友里应外合盗窃商品,员工利用工作便利,选择所需的商品,取掉防盗标签,指引接应的人从管理薄弱的地方离开门店。

(4) 索要或接受供应商的所谓管理费、陈列费、选位费、促销费等。

(5) 接受供应商的宴请或礼品,为其工作提供便利。

(6) 偷吃偷喝。上班太早来不及吃早餐,班次安排不合理错过吃饭时间,管理混乱等都可以导致员工偷吃偷喝行为的发生。

(7) 私藏降价商品。员工利用工作之便,了解降价商品的信息后,私自隐藏部分商品,择机购买或通知亲朋好友前来购买。

(8) 故意将商品标低价然后购买。需要购买某一商品时,利用职权将该商品降价,购买之后再恢复原价,或者在称重时故意标低价或者以少换多。

(9) 更换商品包装或价格标签,以低价购买高价商品。

(10) 偷窃赠品或向促销员索要赠品。

(11) 趁送货之机将商品据为己有或收取顾客的货款后消失。

(12) 要求供应商为亲朋好友提供工作机会。

(13) 入股供应商,利用工作之便为其提供帮助以取得分红。

(14) 从促销员身上抽取部分工资或促销收入。

（15）利用团购机会操纵价格，赚取差价。

（16）回收团购款时携款潜逃。

（17）利用销售购物卡券机会，侵占返点或套现。

2. 在管理方面减少员工不当行为的发生

员工产生不当行为的原因多种多样，但管理方面的原因是主要的。相对来讲，入职零售行业的门槛并不高，一些零售商存在"不愁招人""新员工工资更低"的心理，所以对待员工缺乏善意，仅把员工当成工作的机器，这样的企业当然不会有凝聚力，员工在这样的企业中也不会有归宿感和高敬业度。所以要想减少员工不当行为的发生，需要在管理方面多下功夫。

（1）建立适合本企业的企业文化。对于零售业来讲，服务的理念应该是企业文化的核心，服务不仅仅是对外部顾客的服务，还包括对内部顾客——员工的服务。管理人员只有为员工提供优质服务，员工才可能向顾客提供优质服务。所以说善待员工，就是善待顾客。

（2）以利润为导向，将损耗与员工的业绩相挂钩，提升员工的责任感。零售企业除制定总体的损耗目标之外，还应将损耗的目标分解到各个部门，将责任落实到个人。并通过适当的奖惩办法鼓励员工努力降低损耗，表现突出的提出表扬，出现问题的进行处罚。

（3）建立制约和监督机制。例如实行轮流盘点制，不应由一个人连续数周或数月进行盘点；商品变价时需经多级管理人员审批；进入贵重商品仓库时，需要签名或至少两人以上同时进出；对贵重商品数量，由管理人员或防损人员不定期进行突击抽查；对重要商品的销售、出货等，需要管理人员或防损人员的监督等。

（4）完善运作标准和流程。零售业是讲究细节的行业，要满足各类顾客的需求并管理好成千上万种商品绝非易事，没有完善的标准和流程将会导致顾客服务水平的下降和损耗的增加。完善标准和流程是一个事半功倍的工作，用制度去管人比用人来管人要高效得多。成功的经验和制度可以复制，但人却不能复制。随着企业规模的不断扩大，要想保持每个门店运作标准的一致性，就必须用完善的标准和流程来要求。

（5）开展培训和教育。企业应建立培训和教育制度，这不仅是防损的需要，更是企业长远发展的需要，对员工的培训投入是最有价值的投入。在培训方面，防损的培训和教育是重要的一环，主要内容应包括诚信教育、损耗知识和安全教育等。

（三）防止促销员的不当行为

促销员已经成为门店不可缺少的一部分。对供应商来讲，安排促销员在门店进行商品促销可以为顾客提供更周到、更专业的服务，从而提升商品销量；对于零售企业来讲，促销员的使用可以减少本企业的员工数量，这在成本上也非常合算。因此，门店中促销人员数量不断增加，某些门店促销员的数量甚至超过了员工的数量。

虽然使用促销员的好处显而易见，但促销员带来的负面影响也不容小觑。促销员由于不是零售企业的员工，零售企业的规章制度无法对其产生约束力，在管理上存在难度，同时，促销员虽然在门店上班，但只是为上班而上班，没有归属感，甚至还可能受到门店员工的歧视或欺负。另外，促销员的流动性也非常高，自然而然，这样的环境下促销员不可避免地会出现一些不当行为。然而对于顾客来讲，不论是员工还是促销员代表的都是零售企业，促销员的行为就代表了零售企业的行为,所以对促销员的行为做出适当的约束是很有必要的。

1. 促销员的不当行为

(1) 偷窃商品或赠品。

(2) 偷吃或偷喝。

(3) 促销自己的商品,诋毁其他同类商品。

(4) 为促销商品进行虚假宣传或给予顾客不实的承诺。

(5) 将应单独销售的商品,用"促销胶带"捆绑在一起进行销售。

(6) 在促销活动中擅自使用门店的其他商品,如插座、油、电池等。

(7) 将有大宗商品需求的顾客带到门店外直接与厂商进行交易。

(8) 提供虚假的盘点记录或其他虚假报表。

(9) 借送货之机将商品据为己有,或收取顾客的钱款后逃逸。

(10) 宴请或提供赠品等财物给员工或管理人员,以寻求更好的促销位置或销售便利。

2. 制止促销人员不当行为

制止促销人员不当行为,可以从以下几方面加强管理。

(1) 制定促销员的行为规范并与供应商以合同的形式固定下来。将促销员纳入门店的管理范围是有必要的,因为对于顾客来讲,促销员也是门店的员工。制定促销员的行为规范应参考员工的行为规范,尽可能在同种环境下有同样的要求,避免让促销员有不公平的感觉。规范的内容应包括:基本的工作职责要求,语言行为要求,着装仪表要求,工作纪律要求,沟通汇报要求等。除此之外,重点应对促销员的行为提出约束,详细列明哪些行为是允许的,哪些是不被允许的,越详细越具有可操作性。同时列明相应的奖罚标准,避免在处理环节出现分歧或纠纷。

(2) 提供必要的培训。并非所有的促销员都有相关的工作经验,对促销员提供必要的培训可以减少以后的工作中出现不当行为的概率。培训需要在促销员正式开始工作前完成,并且经过考核后方可上岗。

(3) 建立考核和激励制度。通常来讲,零售企业对自己的员工都会通过定期评估来衡量其是否达到工作要求,并做出相应的处罚或奖励。对促销员来讲,也需要建立一种考核制度来约束其行为,对于表现出色的员工,可以在促销员会议上提出表扬,或者写表扬信到其所在公司给予肯定,定期评选模范促销员,如果有条件,可以进行物质奖励以号召更多的促销员仿效。当然,对于违规员工按合同进行相应的处理也非常有必要,可起到震慑作用。

(4) 视促销员如企业员工,平等对待。据调查,相当部分的促销员认为不能得到门店员工或管理层的公平对待,被安排了又脏又累的工作,如果不服从会遭到百般刁难,这也是导致促销员出现不当行为的重要原因。所以,视促销员为企业的一员也是建设企业文化的一种具体体现。管理人员参加促销员会议,或者邀请促销员参加门店的员工会议,为促销员提供必要的休息、就餐场所,公平排班,同等分工,甚至将优秀的促销员招聘为本企业的正式员工,这些措施都会对促销员产生激励作用。

三、收银环节防损

前台区域是门店防止商品丢失的最后一道关口,它主要包括三个区域:收银区、金库和服务台。这里是现金和商品最集中的地方,对员工的诱惑极大。同时前台区域离门店外围较近,易发生现金被盗、被抢,所以前台区域导致的损耗是除收货区域外的另一个高危区域,其中重点在收银环节。

收银环节的防损重点包括防止员工的不当行为和防止顾客的不当行为。

(一)防止员工的不当行为

1. 收银员的不当行为

(1)从收银机或钱袋中偷取现金。

(2)内外勾结,故意为亲朋好友或同事漏扫描商品。

(3)为亲朋好友违规打折。

(4)将商品扫描完毕后又将某一件或多件商品从收银系统中删除,造成收银机长款,然后借机盗取现金。

(5)故意断开收银机电源,致使网络中断,造成收银机长款,然后借机盗取现金。

(6)收银过程中未检查购物车底部是否放有商品。

(7)扫描商品时未打开大件商品检查中间是否夹带其他商品。

(8)扫描商品时未查看收银机显示屏上显示的商品名称是否与实际购买的商品相符。

(9)没有逐一扫描或错误使用数量键。

(10)收银时未关注顾客手上、身上、头上是否还有其他未买单的商品。

(11)未检查顾客刷卡单上的签名与信用卡的签名是否相符。

(12)未认真检查所收现金的真伪。

(13)使用别人的收银密码上岗收银。

(14)将顾客不要的零钱或剩余少量余额的购物卡据为己有。

(15)用没有金额的购物卡偷换顾客仍有金额的购物卡。

(16)未认真检查一品多码商品。

(17)现金盘点时将长款的现金据为己有。

(18)刷自己的信用卡从收银机中套取等额现金。

(19)手工输入生鲜称重码或金额码,篡改最后几位表示重量或金额的数字,标低价格。

(20)没有对防盗标签进行正确消磁或解除硬标签。

(21)将顾客的相关信息泄露给其他人以谋取好处等。

2. 服务台员工的不当行为

(1)同一笔交易里的商品短时间内被多次退款。

(2)没有原始购物小票的退款。

(3)没有商品,只有购物小票的空退款。

(4)拿销售区的商品来退款。

(5)没有经过合理授权的退款。

(6)退款的原因不具体,如"顾客不喜欢""顾客不想要了"等。

(7)没有顾客签名的退款。

(8)3M 原则[merchandise(商品)、money(现金)、man(顾客)]不符合的退款。

(9)调换条码,低买高退。

（10）退款的金额超过原始购物小票上的金额等。

3. 防范措施

收银员每天都要接触大量的现金，看着一些顾客大把花钱购物，个别收银员难免心里失去平衡，利用自己工作便利和管理上的疏漏寻找机会，一旦机会成熟，就会将现金或商品据为己有。下面的措施可以减少收银区域带来的损耗。

（1）做好收银员工的背景调查。通常来讲，零售商都会对收银部门的员工进行背景调查，以确保员工此前没有劣迹。但并非所有的背景调查得到的信息都是真实的，因为收银员工简历上所罗列的联络人往往是自己熟悉的，所以对收银部员工进行背景调查时，除员工本人提供的联络人之外，还应通过多个渠道了解更多的信息。

（2）制定完善的收银流程。收银工作在精确性上有很高的要求，不允许出现现金上的差异。所以，只有制定严密的流程才有可能实现这一目标。除完整的收银操作流程外，其他方法也可以减少收银员出现不当行为，包括合理的排班，保证每位收银员的上岗班次和工作时间相对公平；不要安排收银员长期上同一个班次并固定在某一台收银机上岗；管理人员或防损人员不定时对收银机进行盘点，核对实际的现金与计算机系统中记录的是否相符；员工购物时必须在指定的收银机买单；收银结束后必须在监督下缴款；规定收银机出现长款或短款如何处理；建立持续有效的制度，对经常有短款或经常有非正常操作的收银员进行跟进等。

（3）建立收银例外报告系统，并同技防设施有机结合。企业必须建立"收银作废"和"服务台退款"的例外报告，每天逐笔核查收银员作废交易和服务台退款情况；有条件的企业可以将 POS 机和 CCTV 系统结合，也可以在 CCTV 中同步显示收银员扫描的商品名称。

（4）提供足够的工作技能培训和道德教育。收银是简单的重复性工作，但要求收银员有足够的耐心和细心，否则一旦出现失误，造成的损失将很难挽回，所以对员工提供足够的培训是非常重要的，尤其是对一些例外情况的处理。例如，对假币的识别以及要求顾客重新更换钞票的技巧；如何发现假的信用卡并妥善处理；发现卡单签名与信用卡背后的签名不符时如何处理；如何识别顾客所购商品中夹带有其他未付款的商品并体面地要求其买单；如何应对企图利用找零钱的机会进行诈骗行为；如何识别经过收银台的顾客是否带有未付款的商品；扫描之后但顾客又不需要的商品如何进行作废处理等。

同时，对收银员工进行职业道德教育是必不可少的工作，管理人员应该很明确地告诉员工，收银员所有的操作都会通过收银系统记录下来，通过系统分析和报告审核，任何的作弊行为都是可以被发现的。另外，通过分享一些不诚实行为的案例，对员工也会起到很好的警示作用。

（5）合理设计收银区域。收银区的设置非常重要，这对减少员工的不当行为也是一种有效的办法。例如，收银台之间的距离不宜过宽或过窄，收银台也不要过于分散，除在前区设置总的收银区域外，尽可能减少在其他区域设置收银台，否则不利于现金的提取和监督。另外，收银区域的照明应明亮，光线应柔和，避免收银员因长时间工作造成眼睛疲劳。不应有过多的柱子或死角。收银机的高矮、操作台面大小、钱箱和刷卡及购物袋的摆放应考虑人体工程学需要，使员工工作时感到舒适，易于操作，避免疲劳。在每一个收银通道都需安装可变焦的监控镜头。

（6）给予收银员工足够的关心。收银员的工作简单重复，要在嘈杂的环境中保持收银的准确性,不是一件容易的事。同时,核查顾客所有商品是否都已买单,并且提供让顾客满意的服务,这对收银员来讲的确是一个考验。当前,相当多的零售企业都要求由收银员承担收银短款,这更增加了收银员的心理压力。所以,关心收银员是很重要的。例如合理排班,不要让收银员长时间上岗收银,可以将收银工作与其他工作相搭配以缓解收银员的工作压力;与顾客发生纠纷时,管理人员需要及时接替收银员向顾客做好解释工作,避免因影响收银员的心情而使其产生差错;收银员身体不适时,管理人员应及时给予必要的关照;表扬和奖励表现出色的员工;定期开展活动以营造舒适的工作氛围。

(二) 防止顾客的不当行为

对于一些意图盗窃的顾客来讲,经过了收银台,就意味着"闯关"成功,可以将门店的商品据为己有;而且收银区的大量现金,对少数别有用心的人也是一种诱惑。所以,收银环节的防损不可忽视。

1. 顾客在收银区域的不当行为表现

(1) 顾客故意将商品放在收银员不容易看到的购物车底部。

(2) 将作为商品的服装穿在身上或将帽子戴在头上,常常"忘记"买单。

(3) 趁收银员不注意,直接将商品带出收银台。

(4) 将未买单的商品交给孩子带出收银台。

(5) 在大件商品中夹带小件商品。

(6) 使用假币。

(7) 盗用他人的信用卡。

(8) 频繁地以需要"整钱换零"或"零钱换整"迷惑收银员借机偷钱或骗钱。

(9) 故意制造混乱或纠纷,让收银员感到压力或忙乱,趁机偷钱或骗钱。

(10) 要求门店送货上门,在得到商品后以种种借口不支付货款或者金蝉脱壳等。

2. 如何识别顾客的不当行为

通常来讲,识别顾客的不当行为并不难,除要求收银员有细心和耐心之外,沉着冷静也是必要的心理素质。任何人在进行不当行为时都会有异常表现,那些不诚实的顾客也是一样的,当然,对于那些"老练"的顾客,他的异常行为会更加隐蔽。下面的措施有利于识别或阻止顾客的不当行为。

(1) 管理人员或防损人员持续在收银区域巡视,营造一种管理严密的气氛,使别有用心的顾客感到震慑。

(2) 收银员需要与每一位经过收银台的顾客保持目光接触,让顾客感到"有人在关注我"。

(3) 关注购物车底部,顾客身上、手中,孩子身上、手中是否有未买单的商品。

(4) 大件商品需要打开检查,防止夹带。

(5) 价格标签有异常的商品需要再三核对。

(6) 扫描商品的同时,应查看收银机显示的商品名称是否与实际购买的商品一致。

(7) 扫描完所有的商品后询问顾客,"请问还有需要买单的商品吗?"。

(8) 对从收银台经过,没有走"无购物通道"又没有购物的顾客,收银员应提醒,"您好,请在这里买单"。

（9）仔细核对顾客在刷卡单上的签字是否与信用卡后的签字一致。

（10）对刷卡后系统显示的"黑卡"，应注视着顾客的眼睛并要求顾客更换其他银行卡，特别需要关注无法刷卡后抽身离去而不再更换银行卡或用现金买单的顾客。

（11）对于不断地更换银行卡或不断地更换现金的顾客，应保持冷静，谨记收银的每个步骤，不要显得忙乱，任何非正常情况下都不要轻易打开钱箱。

（12）制定严格的赊账流程，除非有严格的审核，否则不允许商品离开门店。

（13）对于无法正常沟通的顾客，不要过多纠缠，应请管理人员或防损人员处理。

（14）管理人员或防损人员应关注多次经过收银区域、多次出入门店的顾客是否有异常行为，必要时询问顾客"是否需要帮助"。

四、生鲜环节防损

生鲜商品不像普通商品那样易于管理，它具有保质期短、易于腐烂；品质差异大，难于把握；季节性强，品种转换快；随行就市，价格波动频繁；丢弃率高，损耗难于掌握等特点。可以说，生鲜管理是卖场管理中最难的一个环节。生鲜商品的防损重点在于关注食品安全、运营环节损耗管理两个方面。

1. 关注食品安全

食品安全的重要性无须多言。零售企业想要保证食品安全，不仅需要投入，还需要在管理上下功夫。有的零售企业对商品安全的控制范围延伸到了农田，这种从源头上控制的做法让企业对自己的食品安全更加有信心。例如零售企业自行购置土地，自己种植饲养，建立自有的产品供应基地；或者采用定向收购的方式，要求农户按照自己的要求进行种植，并按照事先约定的标准进行收购和销售，开展农超对接。这样，不但可以有效控制食品安全，避免风险，还可以降低采购成本，实现利润最大化。

门店开展食品安全管理，主要是从食品安全管理体系的建立着手开展各项工作。食品安全管理体系包括以下内容。

（1）采购环节的供应商食品安全控制。在采购环节进行供应商评定和筛选是零售企业食品安全管理最基本的控制措施。严格供应商管理能够从源头上控制食品安全的风险，降低门店的管理难度。采购环节的主要措施是进行供货前证照的审核以及供应商商品安全的现场审核，现场审核可以由零售企业自己的审核团队实施，也可以委托第三方审核机构实施。

（2）收货过程中的控制。收货过程中的食品安全和质量检验是零售企业控制食品安全的重要一环。在收货环节中，应主要对食品安全和品质进行以下六个方面的检查：食品的感官检查、食品包装的卫生和正确标识检查、冷冻冷藏食品的温度检查、果蔬的农药残留检测及肉类的兽药残留检测、证票的收查、食品保质期的检查等。

（3）食品储存的控制。食品原料、半成品，以及预包装食品在销售给顾客前，都会在仓库或货架上储存一定时间。为保障食品储存过程中的安全和品质，需要从储存环境、库存管理、温度控制三个方面进行控制。

（4）食品现场制作及销售中的控制。零售企业在食品现场制作中，应从人员卫生、防止交叉感染、清洗消毒、加工制作工艺设定等方面制定操作规范并要求员工执行。在销售过程中，主要是要控制食品的温度、货架期、食品标签、散装食品的展示等方面。

（5）问题商品的撤架和召回。零售企业应根据政府公布的商品检验信息、顾客投诉情况、店内自查问题反馈以及供应商的自主声明等，及时撤架出现问题的商品。如产品需要召回，应向顾客发布召回信息。门店应将撤架的商品存放在规定位置，并按要求销毁食品或退回供应商。

（6）虫害控制。为了营造良好的购物环境，保证食品安全，零售企业应该与具备良好资质和能力的灭害服务商合作对门店进行有效的虫害控制；并从基础卫生和防护做起，利用物理、生物、化学以及管理的办法综合控制虫害，减少化学用药。

（7）员工培训和教育。食品安全需要从每一个人做起，有效的培训和教育能够帮助员工掌握食品安全知识，形成良好的日常操作习惯。

2. 运营环节损耗管理

生鲜管理在各个环节都有可能产生损耗，包括采购运输环节、收货环节、生产加工环节、存储陈列环节以及销售环节。具体来讲，造成生鲜损耗的原因包括以下内容。

（1）采购运输环节的损耗。采购运输环节导致的损耗主要有以下几种：温度控制不当而导致商品腐败或售卖期缩短；运输环节搬运不当而造成的商品破损；进货价格高、品质差导致滞销和报损；订货过多导致报损等。

（2）收货环节的损耗。收货环节造成的损耗包括：收货品质标准不明确导致判断误差和计数误差；供应商欺诈；收货部员工和供应商内外勾结偷窃等。

（3）生产加工环节的损耗。生产加工环节产生的损耗原因包括：加工设备问题或故障；员工工作疏忽或缺乏技能；产品卫生质量问题；店内调用商品没有记录；生产计划不合理；没有做好产品的二次开发；员工偷吃或偷窃；联营供应商偷窃原料或成品等。

（4）存储陈列环节的损耗。存储陈列环节导致出现损耗的原因包括：水分蒸发引起的重量减轻；原料保存不当；冷链设备故障；有效期管理不当；破损商品索赔管理不当；陈列操作不当增加报损；盘点错误或作假；赠品管理不当；试吃管理不当等。

（5）销售环节的损耗。销售环节产生损耗的原因在于：标价错误；变价不及时；条码错误串卖；顾客和员工偷窃；收银员漏扫描；散货没有及时整理等。

由此可见，生鲜环节损耗产生的来源广泛，门店应制订全面的生鲜运营解决方案，在生鲜产品经营中保持供、存、产、销之间的动态平衡，建立一套严格的管理和生产操作标准。具体做法是：首先应建立完整的收货、存储、加工、陈列、销售的操作流程和标准，并加强对员工的培训，建立专业的生鲜管理团队。其次，门店必须定期对生鲜部门进行盘点，通过毛利率指标的考核评估生鲜部门的运营水平，所以一定要确保生鲜盘点的准确。最后，门店要建立完善的损耗原因分析数据资料记录，每次重大损耗和事故的发生时间、环境、当事人、品种、数量、金额、原因等信息都应详细记录在案，定期对原始记录进行统计分析，将损耗控制要点及时提示给有关工作人员，指导、跟踪专项损耗控制工作的进行。

案例分享　零售企业强化生鲜管理的四点建议

第一，专业的源头直采机制是生鲜经营的起点和关键。只有建立源头直采机制才能减少采购中间环节，让直接采购、订单农业、自有基地三者灵活运用，优化生鲜供应链，确保商品价格的竞争力，加速商品流转。

第二，组建专业的生鲜管理团队，采用全品类自营模式。联营模式看似节省成本，没有损耗,但永远无法提高自身的生鲜经营水平和培养管理人才,无法跟随企业扩张而复制,生鲜自营才是大势所趋。即使联营,也要控制其原料采购、价格制定和库存管理。

第三,注重冷链设施建设和食品安全管理。企业必须投资兴建完善的冷链设备并进行严格的食品安全管理,这样才能保证生鲜产品的质量,延长保质期,降低损耗。

第四,完善生鲜后台建设。如国内生鲜经营的标杆企业永辉超市建立了自己的蔬菜基地、大型专业的豆制品生产加工厂、熟食生产加工、活鱼配送基地、冷冻品中转配送中心、水果储存配送中心、蔬菜种植基地、香蕉培育中心等。正是这样完善的后台保证了门店充足的货源和差异化经营,使永辉生鲜模式在业内遥遥领先。

(资料来源:互联网,经作者整理改编)

任务三　保障门店安全

> 学前思考:利用互联网收集一些连锁门店发生安全事故的实例,分析导致门店安全事故的原因主要有哪几大类?

连锁门店每天服务成千上万的顾客,会面临各种意想不到的事故和突发事件。如果没有有效的门店风险防范、安全管理措施,就会导致发生意外时束手无策或被动应对,给顾客、员工造成伤害,给公司带来损失。因此,门店必须制定安全事故处理规范和措施,进行例行的安全检查,增强突发事件处理的应变能力,以防范安全事故的发生。

一、安全管理的项目

零售企业的安全管理项目繁多,除有关公共的范围外,也要进行门店的内部安全管理,包括人员及财物部分,主要有以下几方面内容。

(一)公共安全管理

1. 消防安全管理

消防安全管理的范围包括:火灾预防及抢救;各项安全设备的定期检查和管理;消防水源的定期检查和管理;消防安全的教育及宣传。

2. 卖场陈设安全管理

不安全的卖场陈设容易使顾客在购物区域活动时发生意外事故,因此需要特别注意下列事项。

(1)货品陈列安全。货品陈列过高或摆放不整齐时,容易因人为碰撞而使商品倒塌或掉落,造成顾客或员工的意外伤害。

(2)卖场装潢安全。门店为了吸引消费者,往往在装潢上做相当大的投资。但是美观之余,还必须注意其安全。例如,有的门店卖场喜欢利用玻璃做装饰,但因玻璃制品易碎,除容易引起伤害之外,还不容易清理干净。

(3)货架装设安全。货架摆设的位置不当、不稳固或是有突角,都可能使顾客在购物时发生意外事故。

（4）地面安全。地面湿滑或有水迹出现时，若未能立即处理，也会造成顾客在行进过程中因滑倒而受伤。

3．购物车安全管理

超市购物车（篮）使用频繁，常会损坏，如断裂、少轮子等，或有伤人的毛刺存在，对顾客安全造成威胁，所以要进行常规检查。购物车零散地存放于卖场，会成为不安全因素，被顾客推离停车场的范围时容易丢失，需要加强管理。有些连锁门店采用带投币锁的购物车，以加强购物车安全管理，该方式可以有效降低门店购物车的收集和管理成本，但会降低顾客购物体验，门店应通过优化购物车回收点、提供便捷换币服务等方式，尽可能减少不便。

4．电梯安全管理

无论是客梯还是货梯，要进行常规性的检修，保证电梯的正常运行；不要使用客梯大批量运送货物，避免造成顾客的不便和意外事故的发生；禁止儿童在电梯上玩耍；必要之处要有警示牌明示，提醒顾客注意。

5．员工作业管理

员工作业方式不当可能会给顾客或员工自身带来伤害。例如，补货作业不当、大型推车使用不当、卸货作业不当，都可能造成商品掉落，从而砸伤或压伤顾客或员工。

（二）开（关）店的安全管理

大部分门店在非作业时间并未安排人员留守。但是为了防止窃贼夜间闯入窃取财物，通常会与保安公司合作或安装保安系统。因此有必要规范开、关店的作业流程，确保门店夜间安全。

（1）开店必须由特定人员（如店长、副店长或其他管理人员）在规定的时间开（关）保安设施，并由本人在记录簿上记录并签名，还必须附有至少两位人员附属签名作为证明。

（2）开店后，值班主管应检查正门入口、后门、金库门及所有门窗有无异状，要确保一切正常，没有被破坏的迹象。

（3）关店前后应做好以下事项：①清点现金，检查收银机、金库、店长室并且上锁；②除必要的电源外，应关掉其他电源，所有插头也应拔掉；③检查店内每一角落，包括仓库、作业场、机房、员工休息室、厕所等，防止有人藏匿于店内；④员工安全检查，例如，检查员工撤离公司时的手提袋及物品；⑤开关门时应提高警惕，注意周围有无可疑情况。

（三）报警管理

（1）在电话机旁张贴报警电话、当地派出所电话、保安部及主管电话。

（2）卖场发生任何安全事件（如偷窃、抢劫、火灾、顾客财务损失以及其他意外事件）时，店长均应及时了解事件发生的过程及原因，并及时向上级主管部门报告。保安人员要担负起保安职责，并依法处理事件。

（四）钥匙管理

（1）所有钥匙均应进行编号管理，像金库等重要钥匙，应规定分由两人各持一把，共同到场才能开启。

（2）店门、店长室、金库要有备用钥匙，分别由正、副经理或指定的专人保管。

（3）店长、副店长离职更换时，要及时更换金库保险密码。

（五）金库管理

（1）金库的保险箱密码由正、副经理掌管。

（2）除必要人员外，其他不相关人员禁止入内。

（3）金库门应随手上锁。

（4）门店开关门时，店长重点检查金库，发现异常情况时，立即向上级主管报告。

（六）业务侵占的防范管理

（1）定期抽查员工的储物柜以及员工带出卖场的物品，以防范员工的侵占行为。

（2）定期抽检收银人员、商品检验人员、负责处理现金的相关人员的作业情况，防止工作人员利用工作之便侵占公司财物或为亲友谋取不正当利益。

（七）偷窃管理

偷窃问题是卖场安全管理相当重要的一部分，防范的对象主要有顾客、内部员工、盗贼。

（八）抢劫管理

由于卖场收银集中，现金流量相当大，特别是超市的收银台邻近出入口，难免会引起歹徒的注意，成为歹徒抢劫的对象。

（九）诈骗管理

由于零售店的现金多、商品多，加上员工普遍年轻，易成为歹徒诈骗的对象。常见的诈骗手段有要求兑换金钱、送货、以物抵物，或声称存放在寄存处/柜里的贵重物品遗失等，要有应急处理方案。

（十）停电应变处理管理

电力是零售企业营业的必备条件，一旦停电，不仅低温保存的商品会变质、整个卖场无法营业，而且会引发顾客或员工窃取卖场财物。因此卖场必须有针对停电的应变措施，以减少损失。

二、门店安全措施

（一）消防安全

1. 事前措施

门店应组建应变处理小组，确定成员名单并送交给上级主管备查；定期保养及检查各种消防设施，如果灭火设施发生故障或已过期，应随时向上级主管部门反映以便立即处理。此外，由总指挥（店长）定期集合全体员工讲解灭火设备的功能、使用方法以及逃生的基本知识；并经常检查所有疏散通道及安全门，要求不可阻塞、不可遮住逃生标识、不可在营业时间将安全门上锁。最重要的是强化员工树立以下消防安全观念。

（1）"星星之火可以燎原"，不要忽视任何小火苗。

（2）绝对禁止乱丢烟蒂。

（3）养成下班前随手关掉煤气、抽风机和各种电气设备的习惯。

（4）注意电源插座及电线插头是否松动或损坏，如有情况应随时报告店长和主管处理。

（5）定期举行防火演习，并要求专柜人员一同参加。

（6）防火演习尽可能在营业时间内进行，以增加临场经验。

2. 事中措施

（1）重大火灾的处理程序：第一步，立即报告店长（视状况转报上级相关主管）；立即拨打119报警；广播通知店内所有员工，立即根据应变处理小组的要求编制执行任务；立即疏散店内顾客迅速离开现场。第二步，听从总指挥（店长）或消防人员的指挥；保持镇定，按照平时的消防演习经验执行本职工作；迅速将现金及贵重财物放进保险柜并上锁；除电灯外，关掉所有的电气设备；在不危及自身安全的情况下，协助用灭火设备灭火；将受伤的顾客或员工立即送往医院。

（2）一般火警处理程序：发现小火警，立即向店长报告；利用就近的消防设备迅速灭火。

（3）注意事项：①安全第一，不要因为收集现金或救火而危及自身安全。②有浓烟出现时应匍匐在地面上爬行，迅速离开现场（因为离地面20cm仍有氧气，不会妨碍呼吸）。③尽量避开电气设备，不要用手或身体触摸。④不要使用电梯，尽量由逃生门或楼梯疏散。

3. 事后措施

（1）重大火灾处理程序。离开卖场后到附近指定地点集合，店长应在到达指定地点后迅速清点人数。未经消防人员许可，不可再度进入火灾现场。

（2）一般火警处理程序。如果店长不在现场，而火已扑灭，仍需向店长报告经过；店长了解情况后应向上级相关部门报告。清点财物损失并编列清单；分析火灾原因、应变处理过程中的不足，作为日后改善的依据和培训内容。

（二）营业期间内顾客盗窃

1. 处理偷窃行为的重点原则

处理盗窃行为，应严格遵照公司流程和规定，不得做出超越规定的行为，重点原则如下。

（1）对未满18岁的未成年人应通知法定代理人来处理。

（2）与未成年人签立和解书时须有法定代理人共同签立。

（3）不能限制偷窃者的自由，也不能扣留其证件、物品。

（4）只能要求其赔偿偷窃商品的门市价值。

（5）对于改（悔）过书、和解书上的姓名、电话、地址等，可以核对证件或电话查证。

（6）应在办公室等公开场所处理和解事件。

（7）偷窃已成事实时，应请公司内部高阶主管或专责部门（如保安人员）处理；若事态严重，可报警处理。

2. 处理偷窃事件技巧

（1）发现可疑人物时，立即盯梢并注意其行踪，以确定可疑人物离开收银柜台后商品仍在其身上;如果不确定,绝不可将其拦下。

(2) 在认定偷窃行为之前,给予顾客表示"购买"的机会。具体的办法是对隐藏商品的顾客说"你要××商品吗?""让我替你包装商品"等,提醒顾客"购买"。

(3) 如果提醒之后,顾客仍无购买的意思,则要以平静的声音说:"对不起,有些事情想请教您,请给我一点时间。"再将其带入办公室,并做适当的处理。

(4) 在处理偷窃事件时,不要把顾客当作"窃贼",讲话要冷静自然,尽可能往顾客"弄错的"角度去引导其"购买",不要以"调查"的态度对待顾客。

(5) 如果误会了顾客,应向顾客郑重地表示道歉,并详细说明错误发生的经过,希望能获得顾客的谅解,必要时应亲自到顾客家中致歉。

3. 偷窃事后处理程序

(1) 由店长(主管)负责在指定地点对可疑人员进行盘问,同时必须有两位以上的职员在现场作证,其中至少有一位员工与可疑人员同性别。

(2) 要求可疑人员主动将未付款的商品交出来,不要对其搜身。

(3) 联络派出所,要求对方前来协助。

(4) 在警察尚未到达前,要求可疑人员填写声明书、提供个人资料,并签名表示一切陈述属实。

(5) 警察到达后,将可疑人和物交给警察,由警察进一步进行调查。

(6) 如警察认为此事证据不足,不可与之争辩,警察有权决定证据是否确凿。

(7) 特殊情况必须向上级相关主管报告。

(8) 所有可疑人员的声明书均存档备案,定期整理。

(三) 夜间行窃

为减少夜间发生行窃的风险,门店有关部门应按照关店安全管理规定,做好各项必要措施。

当发生夜间行窃时,首先要通知保安部门,保安部门接到异常情况的报告,应立即组织保安人员到达现场。员工到达现场时,应会同保安人员一起进入现场,并记住"保安人员在前,该岗位员工在后"。如果在现场碰到歹徒,切勿与歹徒扭打,应确保自身安企,并且记住歹徒的容貌及特征。

如证实遭到偷窃,立即向警方报案,并迅速报告上级相关主管部门,要求前来处理。注意不要破坏现场,等警方和上级主管到达后,经许可方可清点财产。事后将案件发生的全部过程形成报告,呈上级相关主管部门存查。

(四) 抢劫

门店发生抢劫时,应注意:①不要任意惊叫和进行无谓的反抗,以确保自身安全为主要原则。②沉着冷静,记住歹徒的容貌、穿着、身高和年龄等特征。③尽量拖延时间、假装合作,但尽可能使现金损失降至最低限度。④如无生命危险,可谎称不知道金库的密码。⑤其他人员寻找时机拨打110电话报警。

抢劫发生后,待歹徒离去后立即向警方报案,并向上级相关主管部门报告,同时立即记录歹徒体貌特征。注意不要破坏现场,等警方和上级主管到达后,经许可方可清点财产。事后将案件发生的全部过程形成报告,呈上级相关主管部门存查。

（五）顾客的意外伤害

（1）顾客购物时,如发生晕倒现象或遭受伤害,应派人将其扶到员工休息室,或用基本药物救治,并指派人员在一旁协助观察。

（2）顾客购物时,发生紧急状况,如心脏病突发和遭到严重伤害时,应迅速拨打120电话,请救护车支援,避免自行搬动受伤者。

（3）送顾客就医时,应安排店内员工陪同。

（4）对顾客表示关心,了解顾客的康复情况。

（六）停电

电力是门店正常经营和顾客顺利购物的基本保障,因此门店要准备应急灯、手电筒等临时照明设施以防备临时停电,有条件的可购置发电装置。同时,争取做到提前与电力部门沟通,了解停电计划,做出安排和做好准备。

停电时,店长应立即打电话向电力公司询问停电原因、停电时间;若停电时间很长,需要小型发电机支援时,立即通知工程部门和上级主管部门。店长立即将金库、店长室锁好;收银人员迅速将收银机抽屉关好。然后,店长(主管)迅速将人员分配至收银台附近及卖场里,防止顾客乘机偷拿商品;同时安排员工疏散顾客,用委婉的语调安抚顾客,并请顾客谅解因停电所带来的不便。店长还应指派副店长或其他管理人员在后门把关,防止员工乘机盗窃超市财物。

恢复供电后,应检查卖场内外是否有异常情况;清查店内的财物和商品;对店内的生鲜食品和冷藏(冻)食品的质量进行检查,避免顾客买到因停电而品质受到影响的不良商品。待一切恢复正常之后再开始营业。

（七）发现疑似爆炸物

门店发现疑似爆炸物时,应立即拨打110报警电话。不可碰触疑似爆炸物,并划出警戒区域,不准任何人接近。立即停止营业,疏散店内顾客和员工。切记以安全为最大原则,不可冲动行事,以免造成伤害。静待警方处理,直到危险解除后再恢复营业。

任务四 能 力 训 练

防损和安全管理在现代零售企业中的作用就是评估和分析门店面临的营运风险,并采取相应的措施来维护门店的正常运作,减少和防范损失。防损部就是连锁门店"风险控制部门"。零售企业日常营运涉及人、货、场等方面的众多因素,这些因素每时每刻都处于变动之中,给防损和安全管理带来极大挑战。

一. 训练内容

组建共同学习小组,实地走访一家大型连锁门店,分析该门店在损耗控制和安全管理方面的优点和不足之处。

二、训练步骤

1. 大型门店实地调研

共同学习小组选择一家大型连锁门店,通过实地观察、人员访谈等方式,了解该门店的损耗控制和安全管理情况。

2. 整理资料

整理实地调研资料,汇总归纳出该门店损耗控制、安全管理的主要措施。

3. 分析讨论

围绕所收集的资料,结合本模块内容,讨论分析该门店损耗控制和安全管理的优点和不足。

4. 形成分析报告

共同学习小组利用百度脑图或其他思维导图绘制工具,绘制该门店损耗控制与安全管理优缺点思维导图,并撰写分析报告。

三、训练要求

1. 训练过程

通过小组自主探究、教师辅助指导的方式完成训练任务。

(1) 教师布置任务。

(2) 学生组建共同学习小组(建议 3～5 人),确定小组成员分工。

(3) 选择一家大型连锁门店进行调研。

(4) 依据调研资料和本模块内容进行讨论。

(5) 绘制思维导图。

(6) 撰写分析报告。

2. 训练课时

建议训练课时：课内 2 课时,课外 2 课时。

四、训练成果

门店损耗控制与安全管理分析报告 1 份。

胖东来的门店防损(上)

胖东来的门店防损(下)

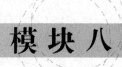

人 员 管 理

学习目标

【知识目标】

1. 掌握连锁门店人力资源特点。

2. 掌握员工管理的主要内容。

3. 掌握常见人员编制方法。

4. 了解店长主要职责。

5. 熟悉店长每日、每周工作流程。

6. 掌握巡店范围和注意事项。

7. 熟悉例会类型。

【技能目标】

1. 能够核算门店人员编制。

2. 能够开展营业前、营业高峰期和闭店后巡店。

3. 能够组织晨会和交接班会。

【思政目标】

1. 培养在规范管理的同时注重人文关怀的意识。

2. 培养集体意识和团队协作精神。

人员管理

知识技能点思维导图

请根据所学内容，把该思维导图补充完整。

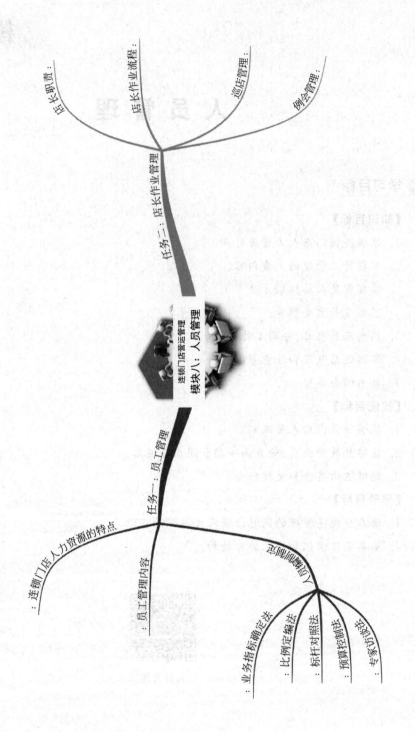

- 连锁门店人力资源的特点

任务一：员工管理
- 员工管理内容
- 人员管理方法
  - 业务指标确定法
  - 比例定编法
  - 标杆对照法
  - 预算控制法
  - 专家访谈法

模块八：人员管理
连锁门店营运管理

任务二：店长作业管理
- 店长职责：
- 店长作业流程：
- 巡店管理：
- 例会管理：

案例导入　　　　　怎样让员工像老板一样操心

胖东来,创造了很多业内"奇迹"。马云的评价是:"引发了中国零售商的新思考,是中国企业的一面旗子。"雷军则称为"中国零售业神般存在",其服务水准超过日本企业。一个地处三线城市的零售企业,是如何做到的?

最重要的就是胖东来培养了一大批像老板一样操心的员工!胖东来是如何做到这一点的呢?

1. 让员工树立跟企业一样的价值观

胖东来的价值观是:保证让每一位顾客满意,丰富的商品,合理的价格,优美的环境,完善的服务。所有员工入职后都会接受胖东来关于企业价值观各个方面的专业培训,培训结束后会有专业师傅带领员工熟悉企业价值观在实际工作中的应用,以确保每个员工上岗后,都不会违背企业价值观做工作。

2. 把净利润的95%分给员工

胖东来的规定是把公司净利润的95%分配给员工,相信很多企业都做不到这一点。就因为这样的工资发放模式,胖东来员工的工资是周边企业同级别员工的1.5～2倍,现在很多企业都出现了用工荒,而胖东来每次招聘却是人满为患。同样是因为这种模式,让员工的工资跟企业的利益挂钩,激发了员工的工作积极性,发挥了每个员工在岗位上的最大效能,企业利润也在逐年上升。这样就达到了"让员工快乐,同样公司也快乐"的目的。

3. 给员工足够的尊重

胖东来的所有管理者在进入管理岗位前都会受到管理培训,培训的主要内容就是如何给予基层员工足够的尊重?如何让员工开心?如何在尊重员工的前提下处理问题?现在所有胖东来的管理者,在见到基层员工时都会以家人相称,让员工感受到家的温暖,即使员工犯错也不会去责骂、批评,只会像家人一样给予意见及改正方向。

4. 让员工享受生活

虽然工资高了、干活也开心了,但是如果长时间不停地工作,谁都会感到疲惫,所以胖东来每星期关门一天,每个员工每个月还有四天休假,每年还有一个月带薪休假。让员工有足够的时间去享受生活,有时间去处理生活中的琐事,不会在工作中被琐事困扰。在上班的时候自然会精力充沛、专心致志、效率倍增。

5. 员工福利不能少

逢年过节员工福利不能少,福利的多少会影响员工对企业的认同感和依赖感。特别是基层员工,同样的收入水平,福利的多少直接关系到他对企业的看法。因为所有人都会潜意识地跟身边的人进行对比,当发现自己获得的福利多时,就会感到骄傲和自豪,认为自己加入这个公司是正确的选择;同样对比后发现自己的福利少时,就会感到自卑,觉得自己应该加入对方的公司。胖东来不但每次节假日都会给员工发放大量的福利,就连平常开会、举办活动时都会为员工准备福利,这样的企业谁会不为它认真工作呢?

利润都是员工创造的,让员工高兴,企业才有明天。

思考:

(1) 为什么胖东来会采取这样的员工管理方式?

(2) 胖东来员工管理的益处和弊端分别有哪些?

任务一　员　工　管　理

学前思考:用观察、访谈等方式,了解一家大型连锁门店人员的结构特点。

一、连锁门店人力资源特点

(1) 专业技能要求较低。服务性行业用工需求量大,基层岗位技术含量低,很多员工的工作经验少或者没有工作经验,经短期培训后就可以上岗。对于许多新员工而言,在连锁门店工作可能是他们第一份"真正的"工作。客观而言,连锁门店岗位对教育、经验、技能要求较低,这也是能够吸引大量人员就业的重要因素。

(2) 工作时间长,休息时间不固定。通常情况下,连锁门店的营业时间是从 9:00 到 22:00,每天营业长达 13 个小时,部分门店甚至更长,每天 24 小时营业,只能实行两班或三班轮班制。同时,周末和法定假日大多数门店都要正常营业,导致员工休息时间无法固定。

(3) 人员结构差异性大。连锁门店的员工有各种各样的背景,如籍贯、年龄、工作经验、性别、教育程度等,如何凝聚员工精神,规范员工行为,有效激励员工就会面临更大的挑战。这意味着门店必须重视员工培训和日常管理,帮助和指导他们更好地与顾客和其他员工相处。

(4) 兼职员工比例高。由于对人员需求量大、工作时间长、薪资福利缺乏竞争力等原因,连锁门店常面临用工不足的问题;同时由于门店各时间段工作量不均匀,导致出现某段时间急需大量人员的情况,所以不得不雇用兼职员工。斗米研究院 2018 年的零售从业人员调研数据显示,我国零售业总体兼职从业者占比超 60%。兼职员工在降低连锁门店用人成本的同时,也会增加员工管理的难度。

二、员工管理内容

从人事关系来看,连锁门店中的人员可以分为两大类:一类是正式员工,他们与门店建立长期劳动关系;另一类是非正式员工,包括兼职员工和供应商(或厂家)派驻到门店的促销员。在门店营运过程中,对上述两大类人员管理并不存在明显的差异。门店人员管理主要包括以下内容。

1. 需求规划

连锁企业总部人力资源部门会根据门店的规模设定门店人员编制,同时也会统一负责人员的招聘和前期培训。但是,门店必须结合自身的具体情况及发展态势,预先对下一阶段人员的数量与质量需求做出规划,并与总部人力资源部门保持良好沟通,确保门店拥有足够的人员数量与质量,以保证门店正常营运和后续发展。

2. 培训与指导

人员培训是连锁门店人员管理的重要内容,门店的培训绝不能仅依靠总部进行的岗前培训,应该根据每位员工的具体情况和工作要求,制订出有针对性的、系统化的培训计划,不断提升员工的素质与能力。需要特别指出的是,作为门店管理者,不能狭隘地理解培训,在员工的日常工作中,上级或资深员工对其进行的现场指导,也是一种非常有效的培训,尤其是对于那些从普通员工提升到基层管理岗位的主管,甚至需要明确指定辅导人,帮助其快速适应新的角色。

3. 日常管理

日常管理主要是指对员工的班次安排、劳动纪律、服务质量、仪表仪态、劳动安全等方面的管理。对于连锁门店而言,人员日常管理的重点就在于对总部制定的制度规范、工作流程的执行与落实。

4. 绩效考评

绩效考评既关系到员工的工资收入,也关系到员工的优胜劣汰,还直接影响员工对工作的满足度、对门店的信任度,因此绩效考评是门店管理者重点关注的内容之一。科学合理、公平公正的目标设置与任务分解,是实行人员考评的先决条件,同时,公平、公正、公开也是决定整个绩效考评工作好坏的关键。

5. 心理关怀

竞争的日趋激烈,使员工承受的压力也明显增加,尤其是作为服务行业的一线员工。门店员工必须视顾客为上帝,在承受正常的工作压力之外,遭受来自顾客的误解、委屈、冤枉也在所难免,这势必导致员工的心理出现各种危机。连锁门店管理者必须时刻关注员工的心理状况,及时给予关怀和疏导,使员工保持健康积极的心态,怀着轻松愉快的心情去开展工作。

案例分享　　　　　　　　　　**海底捞的员工管理**

海底捞品牌创建于1994年,现已成为国际餐饮连锁企业,以优质的服务闻名业界。优质服务的背后是出众的员工管理,海底捞如何开展员工管理?来听听海底捞创始人张勇先生的介绍(以下内容节选自2017年21世纪商业评论对张勇先生的专访)。

餐饮业属于劳动密集型行业,来就餐的顾客是人,管理的员工是人,所以一定要贯彻以人为本。我始终认为,只有当员工对企业产生认同感和归属感,才会真正快乐地工作,用心去做事,然后再透过他们去传递海底捞的价值理念。大家可以和亲戚朋友一起工作,自然就很开心,这种快乐的情绪对身边的人都是很有感染力的。

海底捞为员工租住的房子全部是正式住宅小区的两居室或三居室,且都会配备空调;考虑到路程太远会影响员工休息,规定从小区步行到工作地点不能超过20min;还有专人负责保洁、为员工拆洗床单;公寓还配备了上网计算机;如果员工是夫妻,则考虑给单独房间……仅员工的住宿费用,一个门店一年就要花掉50万元。

为了激励员工的工作积极性,公司每个月都会给大堂经理、店长以上干部及优秀员工的父母寄几百元钱,这些农村的老人大多没有养老保险,这笔钱就相当于给他们发保险了,他们因此也会一再叮嘱自己的孩子在海底捞好好干。

此外,我们出资千万元在四川简阳建了一所寄宿学校,让员工的孩子免费上学。我们还设立了专项基金,每年会拨 100 万元用于治疗员工和直系亲属的重大疾病。虽然这样的福利和员工激励制度让海底捞的利润率缩水很多,但我觉得这些钱花得值。

加入海底捞的员工,流动率在头三个月以内会比较高,因为生意太好了,确实太累了,三个月到一年之间有所降低,等过了一年就比较稳定了,能做到店经理就非常稳定了。海底捞员工的薪酬水平在行业内属于中端偏上,但有很完善的晋升机制,层层提拔,这才是最吸引他们的。

绝大多数管理人员包括店长、经理都是从内部提拔上来的。我们会告诉刚进来的员工,你只要好好干,我们一定会提拔你,这是我们的承诺。

在我看来,每个人都有理想,虽然他们中的大多数人来自农村且学历不高,但他们一样渴望得到一份有前途的工作,希望和城市居民一样舒适体面地生活,他们也愿意为追逐梦想而努力,用双手改变命运。我要让他们相信:通过海底捞这个平台,是能够帮助他们去实现这个梦想的。只要个人肯努力,学历、背景这些都不是问题,他们身边榜样的今天,就是他们的未来。

我们对每个店长的考核,只有两项指标:一是顾客的满意度;二是员工的工作积极性。而对于服务员,不可能承诺让所有顾客都满意,只要做到让大多数顾客满意,就足够了。我们会邀请一些神秘嘉宾去店里用餐,以此对服务员进行考核。

我看到有的餐厅训练服务员微笑要露出八颗牙齿,嘴里夹着根筷子训练,我说那哪是笑啊,简直比哭还难受,那些僵硬的笑容,并不是发自内心的。海底捞从来不做这类规定,激情＋满足感＝快乐,这两条都满足了,员工自然就会快乐,并会把这种情绪带到工作中。

(资料来源:21 世纪商业评论,经作者整理改编)

三、人员编制制定

随着门店规模不同、店址位置不同、营运技术和管理水平等因素的不同,门店人员编制数量也有很大不同。连锁门店应根据营运和发展需要,合理开展人员编制安排,在控制人工成本的同时提升门店经营效益,实现人效的最大化。

连锁门店人员编制的方法非常多,常见的有业务指标确定法、比例定编法、标杆对照法、预算控制法、专家访谈法等。

1．业务指标确定法

业务指标确定法是指依据门店营运指标来确定门店人员编制的方法,适合于与门店销售有直接关联的岗位,业务量的变化会直接导致岗位及人数需求的变化,如收银员、理货员、防损人员等一线营运岗位。门店可以参考的业务指标有营业额、服务顾客数、营业面积等。

(1)以目标营业额为指标时,计算公式为

$$编制人数 = \frac{目标营业额}{人均目标营业额}$$

(2)以目标服务顾客数为指标时,计算公式为

$$编制人数 = \frac{目标来客数}{人均服务顾客数}$$

(3)以营业面积为指标时,计算公式为

$$编制人数 = \frac{门店营业面积}{人均服务面积}$$

2．比例定编法

比例定编法是指按照员工总数或某一类人员总数的比例来确定岗位人数的方法。在各行业中，由于专业化分工和协作的要求，某一类人员与另一类人员之间总是存在一定的比例关系，并且随着后者的变化而变化。该方法比较适合各种辅助和支持性岗位定编，如企划、人事、财务等职能岗位。计算公式为

$$M = TR$$

式中，M 为某类人员总数；T 为服务对象人员总数；R 为定员比例。

3．标杆对照法

标杆对照法是指门店在没有内部参照标准的情况下，根据同行或竞争对手的编制情况确定本门店的人员编制的方法，适用于门店管理人员、职能人员和业务人员编制的规划。标杆对照法的基本假设是行业中的竞争对手是可比的，除了用于员工编制确定，标杆对照法还是检验门店综合竞争力的有效工具。

门店在使用标杆对照法时，需考虑不同门店的组织架构、营运模式、工作流程、服务内容等因素的差异，可根据实际情况对人员配置比例进行适当调整。

4．预算控制法

预算控制法是西方企业流行的定编方法，通过人工成本预算控制在岗人数，而不是对某一部门内的某一岗位的具体人数做硬性规定。连锁企业制定年度人力成本预算，将总预算分解到各门店，门店负责人在获得批准的预算范围内，自行决定各岗位的具体人数。由于企业的资源总是有限的，并且与产出密切相关，因此，预算控制对各门店人数的扩展有着严格的约束。预算控制法相对于其他定编方法来说，更能激发门店负责人的主观能动性和员工的潜能，提高工作效率。计算公式为

$$编制人数 = \frac{目标营业额 \times 目标人事费用率}{人均薪酬水平}$$

通过该公式计算出门店人员编制上限，只要总人数不超过该限制，就由门店负责人根据实际需要确定。但对于一些特殊门店而言，如新开门店，即使营业额未达到标准，为保证正常营运，也必须拥有最基本的人员编制。

5．专家访谈法

专家访谈法是指通过对管理层或者企业内外部专家的访谈，来确定人员编制的一种方法。通过访谈，可以获得以下内部信息：员工工作量、流程的饱满性，员工编制调整建议；预测员工一定期限之后的流向，如提升、轮岗、离职等，统计各部门一定期限之后的员工数目。还可以获得以下外部信息：同行业各种岗位类型人员结构信息，包括管理层次和管理幅度等信息；技术进步、工作方法、组织变革等对人员数量的影响及其程度。专家访谈法步骤如表 8-1 所示。

很难用一套科学的公式精确计算人员编制。以上各种岗位定编方法，适用于企业不同的岗位和不同的条件状况。方法固然重要，但是有效性是检验定编工作的核心指标。企业在确定岗位定编时，可以综合运用多种方法，相互比较、印证，以确保岗位定编合理、合法、高效。

表 8-1 专家访谈法步骤

步 骤	具体操作说明	注意事项
预测准备工作	① 由人力资源部确定预测项目; ② 在人力资源部成立预测工作的临时机构; ③ 成立专家小组,专家小组应由 6~12 人组成,包括人力资源方面的专家和熟悉具体工作职能的部门领导和员工	① 要给专家提供已收集的历史资料及有关的统计分析结果,充分利用专家的知识和经验;
进行专家预测	① 预测临时机构把有关背景材料交给各位专家; ② 要求各专家在各自的领域内,根据人力资源部提供的背景资料,结合自己对公司的发展预测,对目标职能内将要增加或减少的岗位和人数进行预测	② 要采用匿名方式,使每一位专家都能独立自主地做出自己的预测,避免受其他专家的影响;
进行收集反馈	① 收集各预测专家的预测结果; ② 预测机构对各专家意见进行统计分析,综合第一次预测结果; ③ 把综合结果反馈给各专家,要求其做出第二轮预测; ④ 将以上过程重复数次	③ 对专家不要求预测精确,允许他们粗略估计,并要求提供预计数字的肯定程度; ④ 收集反馈过程要重复几次,直到专家的意见比较趋同时,才做出最后的预测结果
得出预测结果	当各专家意见接近一致,结果即成为可以接受的预测	

 拓展知识 **关键因素权重计算法——行之有效的营业人员编制计算方法**

连锁门店营业人员的工作具有多重性,通常情况下兼具销售、服务、防损等角色。因此,在制定人员编制过程中,应找出决定编制的关键因素,按照各因素对人员配置的影响程度设置不同的权重进行计算。下面依据上述三个方面计算编制人数。

(1)销售维度。对于销售工作,通常采取销售目标分解法,根据门店总目标销售额和人均目标销售额计算,该方法较为简单、可行。

(2)服务维度。对于服务工作而言,主要根据服务对象来决定人员数量。因此,需要考虑门店的客流,根据每个人正常情况下接待的顾客数量来计算。

(3)防损维度。从防损角度来看,主要根据个人所能看管的门店面积来决定人员数量。当然,某些不存在防损职能的零售行业不需要考虑这一因素。

依据关键因素权重计算法,门店的营业人员编制公式为

$$营业人员编制 = \frac{目标销售额}{人均目标销售额} \times 权重1 + \frac{营业面积}{人均服务面积} \times 权重2 + \frac{日均客流量}{人均服务顾客数} \times 权重3$$

式中,营业面积体现了人员平均覆盖范围,这牵涉营业员所照看的区域,承担的防损及维护任务量大小等;销售额则体现价值创造的大小及难易程度;客流量体现了员工服务顾客的时间及工作量。

门店所处的位置不同,销售额会有所差别,如果都按照统一标准计算,人员编制就会出现较大偏差,应根据实际情况制定不同标准。例如,某连锁企业各指标权重如表 8-2 所示。

对于新开店,由于没有相应的数据,可根据展店部门提供的"预期客流""预期销售"及"营业面积"测算编制。然后根据新开门店所处区域进行微调,对于公司品牌影响力较弱的

表 8-2　某连锁企业各指标权重

序号	维　度	权重/%	标　准		备　注
			小　店	大　店	
1	营业面积	15	25m²/人		以有效营业面积为准
2	销售额	15	1 000 元/人	1 200 元/人	
3	客流量	70	50 人次/天		

非成熟区域,新店另增加 20%～50% 的储备人员。开业 30 天后,人力资源部门与门店负责人根据当期实际数据测算编制,并制订储备人员分流计划;开业后第 60 天后人力资源部门根据定编规则进行定编。

(资料来源:互联网,经作者整理改编)

任务二　店长作业管理

学前思考:用头脑风暴方式,讨论连锁门店店长的主要工作内容有哪些。

一、店长职责

作为连锁门店的最高负责人和门店营运管理的核心,店长担负着总部各项经营指标的达成和门店各项工作的统筹安排的职责。连锁门店的店长承担着多重角色,如门店的代表人、门店营运活动的指挥官、总部政策的执行者等,是一个威信高、业务精、能力强的"多面手",也是门店"人""货""场"三方面各项资源的整合者。

店长作业的质量将直接影响门店的营运效率。通常情况下,店长作业依据的是总部制定的营业手册,以保证既能与总部保持良好的配合,保证门店营运的规范性,又能够根据门店具体情况调整营运策略,协同与激励全体员工做好门店作业活动,不断提升门店的经营业绩。

由于连锁经营的业态不同,以及门店业务的内容与范围差异很大,导致店长的职责很难有一个统一的标准。一般而言,连锁门店的店长都应承担以下职责。

1. 目标管理

(1)接受,对总部下达的目标任务 100% 接受并理解。

(2)分解,对各项任务指标分解细化,落实到每人每日,并确保员工 100% 接收。

(3)措施,为各项任务指标的完成制订切实可行的计划和策略,促进各项指标完成。

(4)检查,随时跟踪任务指标的完成情况,找出并消除影响任务指标完成的因素。

(5)总结,阶段性分析、考核任务指标的完成情况,总结经验和不足,持续加以改进。

2. 日常管理

(1)人员的管理,做好店员、客户的管理工作,促进工作效率和质量的提高。

(2)设备的管理,做好商品、促销品、设备、设施等管理工作,控制损耗。

(3)财物的管理,做好现金、货款、发票、费用等管理工作,确保资产安全。

(4)事务的管理,跟进各项工作的进程和流程,确保营业正常与高效。

(5)信息的管理,做好各种信息及销售数据的收集、整理、分析和上报工作,为科学决策提供依据,认真撰写《店长日志》。

3. 商品管理

(1) 根据市场及竞争对手的情况,及时提出商品结构调整建议。

(2) 根据销售、库存情况,及时进行商品订货、收货和质量控制。

(3) 分析销售情况及库存结构,定期组织盘点,确保合理库存。

(4) 督促滞销商品、残次商品、临时商品的及时处理。

(5) 组织和管理促销活动。

(6) 执行总部的商品价格政策。

(7) 做好商品防损工作。

4. 环境管理

(1) 清洁卫生,严格门前三包及门头、橱窗、店面、货架、商品的清洁,为顾客营造干净、整洁、舒适的购物环境。

(2) 运营安全,严格防火、抢劫、防盗的日常管理和设备的日常维修、保养。

(3) 空间管理,对门店布局陈列、仓库空间和天、地、墙、外立面等进行有效管理,充分利用空间资源。

(4) 突发事件的处理,做好应对媒体突然采访、政府有关部门突击检查,以及其他突发事件的预案,并及时处理现场突发事件,保证门店的经营秩序正常有序。

5. 内外协调

(1) 负责与企业内部相关部门进行沟通与协调。

(2) 处理好与当地政府有关职能部门的关系。

(3) 处理好与周边单位的关系,营造和谐的商业氛围。

二、店长作业流程

店长全面负责门店营运中的各项工作,事项繁多。为提高工作效率,能够在有限时间内把握门店营运重点,门店应制定合理的店长作业流程。根据时间和工作内容的不同,店长作业流程可以分为年工作流程、月工作流程和日工作流程。行业不同,连锁门店店长工作流程也有差异。下面以连锁超市门店为例,对店长的工作流程加以阐释。具体如表8-3～表8-6所示。

表 8-3　连锁店长年度工作流程

时间	工 作 内 容
年初	总结上年度本店的工作完成情况
	了解门店上年度各项指标的完成情况及本年度主要考核指标
	制订全年度本店的工作计划,对本店的全年工作计划进行布置安排
年中	检核工作计划执行进度
	检核本店各部门绩效评估
年末	组织与建设本团队,做好员工的选拔、配备、培训、绩效考核工作
	总结本年度工作情况
	做好下年度部门工作计划,确定工作目标

表 8-4　连锁店长月度工作流程

时间	工 作 内 容
上旬	门店销售业绩分析及检查,商品销售分析,月排行榜分析
中旬	检查季节性商品的促销活动和陈列计划的执行情况
下旬	检查临近保质期商品的处理、排面有无临近保质期商品、过期商品是否下架
月末	检查设备的维护、使用情况,本月销售完成情况及工作总结

表 8-5　连锁店长周工作流程

时间	工 作 内 容
周一	每周例会组织各部门处长(经理)听取部门的汇报,提出目前本店存在的问题,本周工作的重点,布置工作任务,提升本店业绩
周二	确定市调对象,结合本店的商品结构和销售情况,确定市调的分类商品
周三	促销商品检查,针对一些异常做汇总,及时与总部采购沟通,做到合理安排
周四	针对双休日,检查各处室人员安排是否合理,会员商品及促销商品货源是否合理,全力做好双休日的销售工作
周五	检查各部门是否根据门店营运需要安排员工排班表,检查员工出勤状况
周六	现场检查各部门的工作状况,现场关注销售高峰的货源销售和人员服务状态
周日	通过数据,分析各部门上周营业额、各类商品的销售情况,制订下周工作计划,更好地完成任务,做到业绩最大化

表 8-6　连锁店长日工作流程

时　间	工 作 项 目	工 作 重 点
8:00—9:00	(1) 晨会	作业主要事项布置
	(2) 员工出勤状况确认	出勤、休假、病事假、人员分配、仪容仪表及工作挂牌检查
	(3) 卖场、后场状况确认	① 商品陈列、补货、促销及清洁卫生状况检查; ② 后场仓库检查(包括收货验收); ③ 收银员找零钱、备用品,以及收银台和服务台的检查
	(4) 昨日营业状况确认	① 营业额; ② 来客数; ③ 每客购物平均额; ④ 每客购物平均品项数; ⑤ 售出品种的商品平均单价; ⑥ 未完成销售预算的商品部门
9:00—10:00	(1) 开门营业状况检查	① 各部门人员、商品、促销等就绪; ② 店门开启,地面清洁,灯光照明等准备就绪
	(2) 各部门作业计划重点确认	① 促销计划; ② 商品计划; ③ 出勤计划; ④ 其他
10:00—11:00	(1) 营业问题点追踪	① 营业未达预算的原因分析与改善; ② 计算机报表时段别商品销售状况分析,并指示有关商品部门限期改善
	(2) 营业场所态势追踪	① 缺品、欠品确认追踪; ② 重点商品、季节商品展示与陈列确认; ③ 时段别营业额确认

续表

时　间	工 作 项 目	工 作 重 点
11:00—12:30	(1) 后场库存状况确认	仓库、冷库库存品种、数量及管理状况的了解及指示
	(2) 营业高峰态势掌握	① 各部门商品表现及促销活动效果； ② 后场人员调度支援收银； ③ 服务台加强促销活动广播
12:30—13:30	午餐	交代指定人员代管负责营业场所管理工作
13:30—15:30	(1) 竞争店调查	同时段竞争店与本店营业状态的比较
	(2) 部门会议	① 各部门协调事项； ② 如何达到今日营业目标
	(3) 教育训练	① 新进人员的在职训练； ② 定期在职训练； ③ 配合节假日的训练(如礼品包装)
	(4) 文书作业及各种计划,报告撰写与准备	① 人员请假、训练、顾客意见等； ② 上月周计划、营业会议、竞争对策等
15:30—16:30	(1) 时段别、部门别营业额确认	各部门人员、商品、促销等确认
	(2) 全场态势巡视、检查与指示	营业场所、后场人员、商品清洁卫生、促销环境准备及改善指示
16:30—18:30	营业问题点追踪	① 后勤人员调度,职员营业场所工作； ② 收银台开机数,找零钱均确保正常状况； ③ 商品齐全； ④ 服务台配合促销广播； ⑤ 人员交接班迅速且不影响对顾客的服务
18:30	指示代理负责人	交代晚间营业注意事项及关店事宜

三、巡店管理

巡店是连锁店长日常工作的重要环节,通过巡店,可以及时了解和掌握门店最新动态,及时处理营运中出现的问题,从而确保门店每天都能处在高效率、高品质、高服务水准的状态之中。

1. 巡店类型

巡店可以分为一人巡店和多人巡店。一人巡店时间短、比较灵活,但由于相关负责人(如大类组长)不在现场,处理问题时间长。多人巡店时,相关负责人都在现场,可以及时处理发现的问题,特别是涉及多部门的问题,处理效率更高;但巡店时间长,路线通常是固定的。

巡店区域可以分为店内巡视区域和店外巡视区域。店内巡视区域主要包括卖场、仓库(收货区)、收银区(金库)、出入口、操作间、员工休息区、洗手间等。店外巡视区域包括广场、停车场、收货场、门店周边等。部分特定区域的巡店内容如表 8-7 所示。

根据巡店时间不同,可以分为营业开始前巡店、营业高峰期巡店以及营业结束(闭店)后巡店,如表 8-8～表 8-10 所示。

表 8-7 特定区域的巡店

类别	内 容
金库	① 金库的门锁是否安全,有无异样; ② 金库的报警系统是否正常运作; ③ 每日现金是否安全存入银行
收货区	① 车辆是否有交通堵塞,卸货等待时间有多长,是否需要临时增补人员; ② 是否优先处理生鲜和 DM 商品收货; ③ 收货区域是否通畅,百货与食品是否分开堆放
促销区	① 堆头、端架陈列是否丰满; ② POP 价牌有无脱落,信息是否正确; ③ 有无员工做现场促销; ④ 商品的陈列是否美观、有吸引力; ⑤ 堆头、端架的破损商品是否及时处理; ⑥ 散落的零星商品有无及时归位
客服区	① 客服员工的态度是否规范等; ② 投诉处理情况如何

表 8-8 营业开始前的巡店

类别	内 容
人员	① 各区域员工是否正常出勤; ② 员工的着装、仪容仪表是否符合规定; ③ 员工的早班工作是否都已安排好
商品	① 生鲜商品是否补货完毕; ② DM 商品补货陈列是否完毕; ③ 堆头、端架的 POP 牌是否悬挂整齐、信息是否正确; ④ 非商品性物品是否收回; ⑤ 货架陈列是否已做到整齐、丰满、前置
清洁	① 商品及货架是否清洁完毕; ② 入口是否清洁; ③ 地板、玻璃、收银台是否清洁; ④ 通道是否清洁、畅顺; ⑤ 洗手间是否干净
其他	① 购物车篮是否就位; ② 购物袋是否就位; ③ 开店前 5min 收银区是否准备完毕; ④ 广播是否完毕

表 8-9 营业高峰期的巡店

类别	内 容
商品	① 商品是否有缺货; ② 商品的品质是否良好; ③ 堆头、端架的陈列是否丰满,需不需要紧急补货; ④ 卖场通道是否畅通无阻; ⑤ POP 标价牌是否正确(内容、位置、商品信息)
人员	① 卖场是否随时都有员工作业; ② 促销人员是否按门店规定程序作业; ③ 员工有无违规违纪

续表

类别	内 容
其他	① 店内的促销消息有无广播； ② 顾客在收银机前排队是否太长； ③ 购物车、篮是否及时放归原位

表 8-10　闭店后的巡店

类　别	内 容
卖场	① 是否有顾客滞留、店门是否关闭； ② 卖场音乐是否关闭； ③ 不必要的照明是否关掉，冷气、空调是否关闭，冷冻设备是否拉帘、上盖； ④ 购物车、篮是否全部收回归位； ⑤ 卖场内是否有空栈板、垃圾等是否处理完
收银	① 收银机是否清理； ② 现金是否全部缴回； ③ 当日营业现金是否完全锁入金库； ④ 金库保险柜及门是否锁好
操作间	① 水、电、煤气是否安全关闭； ② 生鲜的专用设备是否关闭； ③ 操作间、设备、用具是否完全清洁完毕； ④ 冷库的温度是否正常

2. 巡店的注意事项

（1）巡店要以不影响顾客购物为原则。

（2）巡店时以"客户第一"为原则，遇到客户询问要立即予以答复、解释，严禁随意指画。

（3）巡店时要以身作则，教育员工树立强烈的责任心。

（4）巡店时对发现的问题要做书面记录，及时处理解决问题。

 案例分享　　　　　　　**某超市门店的巡店表**

连锁企业营运部颁发的巡店用表明确规范了门店各级管理人员每日的巡店时间和日常工作流程。各门店店长需依照此流程执行并监督值班经理、部门经理和主管确实遵循每日工作流程的内容，正确使用表格。妥善地运用这一工具，可以有效提高各级管理人员的工作效率，增强规范化作业水平，更好地维持门店日常营运的高水准。使门店各级管理人员能在纷杂的事务中保持管理的条理性和有效性。表 8-11 是某超市店长的巡查表，供参考。

表 8-11　某超市店长巡查表

检查人			年　月　日	
时间	工作内容		检查结果	后期跟进
营业前	查看昨日营业报表，了解昨日本店销售有无达到预算			
	检查收货部收货秩序是否正常，收银区是否做好开台准备，商品区陈列是否丰满、整齐，生鲜商品是否陈列丰满、整齐			
	检查电梯、空调、照明等设备是否正常运转			
	了解各部门货源、库存情况是否正常			

续表

时间	工 作 内 容	检查结果	后期跟进
营业中	查看门店大类综合业绩日报表,查询门店库存情况,安排对库存问题的处理措施		
	查看门店库存更正每日汇总表,对有疑问的部分询问分管副总或经理,做出指导		
	查看门店负库存/待处理商品日报表,要求库审、财务经理调查并反馈		
	查看门店商品日报表、商品缺断货日报表		
	查看团购折让日报表,了解门店折让情况		
	检查DM商品陈列,店内促销活动的气氛		
	巡视卖场各部门,检查员工、促销员工作状况,服务态度		
	检查商品陈列情况,卖场促销气氛		
	检查小库、周转仓商品是否分类、安全堆放,退货区是否按要求整理		
	抽查各部门卫生状况		
	检查标价签、各类标识是否对应、正确使用		
	检查店外气氛布置、卫生状况、促销活动等		
	检查生鲜区商品陈列是否丰满,促销活动是否吸引客流		
	检查销售高峰期收银台开台数量是否足够,顾客排队现象是否严重		
	检查经理、主管是否合理安排员工午饭时间		
	检查经理、主管是否按规定时间用餐		
	了解门店近期削价、出清、报损工作		
	检查收货部收货区秩序是否正常,商品是否堆放安全,坏货区是否按要求整理,及时处理		
	查看收银台业绩表,与前台经理、收银主管沟通按时间段合理开台		
	巡视卖场,检查商品陈列,员工服务,与员工进行沟通,与顾客进行沟通		
	查看各类生鲜报表,与副总或生鲜各经理商讨生鲜促销计划、布局陈列、商品货源等问题		
	现场指挥高峰期时的现场促销		
营业后	检查包括生鲜在内的各部门商品整理、卫生清洁、设备检查工作		
	指挥门店清场工作,检查各部清场工作是否完成		

四、例会管理

会议是进行有效沟通的重要渠道和平台,也是协调资源明确目标的重要方式。对连锁门店而言,会议在提升门店营运效率、改善经营效益、增强团队凝聚力等方面起着重要作用,因此,店长应定期组织或主持各类会议,以督促门店各项业务开展,并为各部门、员工提供业务指导。

会议管理的原则与目标是"没有效益的会议绝对不开"。门店正常营业时间忙于商品销售,所以非紧急商议的会议,不会在繁忙的营业时间开,一般选在特定的时间开会,如晨会、午间会、周会等;需要注意的是,会议成败的关键并不在于开会的那几十分钟,而在于会前准备及会后落实,正所谓"会而有议,议而有决,决而有行,行而有果"。

连锁门店常见的例会主要有晨会、交接班会、区域/柜组会议、区域管理人员会议、月度会议、巡店会议等,如表8-12所示。

其中,晨会又称作班前会、早会。门店每天开门前的第一件事就是开晨会,近年来随着经营方式不断完善,晨会内容和形式都有很大的提升和改动,对一个企业来说,晨会已成为企业文化的组成部分,是值得继续运用和改进的。一日之计在于晨。晨会质量的优劣,可以影响店员一天的情绪。因此,千万不要在晨会上训导员工,否则他们一天的工作积极性都不会高,情绪也会很差,从而影响工作效率。

表 8-12　连锁门店例会类型

序号	会议名称	会议时间	主持人	参加人员	会 议 内 容	备 注
1	晨会	每天营业前 5～10min	当班店长/主管、值班经理	当班全体员工	① 对前一天的销售情况做出总结; ② 传达公司最新资讯; ③ 对门店当日工作做出要求和布置; ④ 公司最新的促销活动及服务的相关事项	晨会内容要求在管理层交接班本中进行记录
2	交接班会议	每天晚班上班前 5～10min	当班店长/主管、值班经理	当班全体员工	① 晨会内容传达; ② 针对早班工作情况对晚班工作做出要求和布置	
3	区域/柜组会议	门店晨会或交接班会结束后,时间在 5min 以内	区域主管/柜组长、区域代班	当班区域/柜组全体员工	针对本区域工作做出布置或要求	仅在俱乐部店、时尚店实行
4	区域管理人员会议	根据门店情况选取每周二、四 14:00,时间控制在一个小时以内	店长	门店全体管理人员	① 本周门店工作总结; ② 下周工作计划; ③ 本周门店存在问题及建议解决办法; ④ 区域有待解决的问题	每周一次/会员店可邀请部分优秀会员参加
5	月度会议	每月月末	店长	门店全体人员	① 本月工作总结; ② 下月工作重点; ③ 对本月表现优秀的区域或个人提出口头表扬	要求做会议记录
6	巡店例会	每天不定时	值班经理	当班管理层	① 员工仪容仪表; ② 商品陈列、卖场卫生; ③ 仓库管理; ④ 指导顾客服务、促销活动的执行	填写巡场日志

交接班会议是两班倒门店人员集中的时间,一般是在交接班时进行,时间不宜过长,简明扼要,有重点地完成。

周会就是在每周的某天早间或者午间,召集全店人员集中传达公司近期的工作重心,动员大家有计划地完成。

此类综合性会议,可从以下几个方面着手:①和员工一起朗诵公司的企业文化,鼓舞士气;②表扬员工进步的地方,激励员工奋发努力;③重申公司的奖励制度,激发团队的内部竞争;④借助一些典故或者案例,提醒员工不要犯一些常规性的错误,也可以借此介绍一些提高绩效的方法,帮助员工不断进步;⑤请优秀员工讲述成功经验,典型引路;⑥总结性的发言。总之,开会要以激励为主,少说批评的话,多赞扬。一般情况下,开会时间不宜太长,简短精辟,开会前应做好相应的准备工作。

任务三　能力训练

在新冠肺炎疫情影响下,一些行业受到较大冲击,例如影院、酒店、景区、餐厅、KTV,以及一些受疫情影响停工、停产的中小企业等,造成员工闲置;而一些行业却苦于"用工荒",

因人手短缺导致业务无法正常开展,如在线生鲜电商、制造业、共享单车、物流等。"共享员工"成了疫情期间的热议话题。

一、训练内容

组建共同学习小组,通过文献研究、调查分析等方式,分析零售企业开展员工共享的现状和实施过程中的利弊,并撰写分析报告,字数不少于 2 000 字。

二、训练步骤

1. 确定分析框架

共同学习小组围绕报告主题,讨论并确定分析框架,明确人员分工。

2. 文献研究

通过互联网、杂志、报纸等渠道进行二手资料收集。必看资料如下。

(1)疫情期间的"共享员工",是权宜之举还是未来趋势?(新华网,20200303,http://www. gd. xinhuanet. com/newscenter/2020-03/03/c_1125653948. htm)

(2)共享员工,是权宜之计还是变革的开始?(中国青年报,2020 年 03 月 03 日 05 版)

3. 调查分析

设计问卷,针对同学进行相关调查,并对调查数据进行分析,要求调查问卷不少于 50 份。

4. 整理资料

共同学习小组对收集的资料、数据进行分析,利用百度脑图或其他思维导图绘制工具制定分析报告框架。

5. 完成报告

共同学习小组撰写零售业"共享员工"分析报告。

三、训练要求

1. 训练过程

通过小组自主探究、教师辅助指导的方式完成训练任务。

(1)教师布置任务。

(2)学生组建共同学习小组(建议 3~5 人),确定小组成员分工。

(3)确定分析框架。

(4)开展文献研究。

(5)进行调查分析。

(6)用思维导图绘制分析报告框架。

(7)共同完成报告内容。

2. 训练课时

建议训练课时:课内 2 课时,课外 2 课时。

四、训练成果

零售业"共享员工"分析报告 1 份。

模 块 九

门店绩效分析

学习目标

【知识目标】

1. 了解门店经营绩效的定义。

2. 掌握门店经营绩效的收益和效率性指标。

3. 理解门店经营绩效的安全和发展性指标。

4. 掌握门店利润构成。

5. 熟悉影响客流量和客单价的因素。

6. 理解顾客满意度影响因素。

7. 掌握顾客满意度调查流程。

【技能目标】

1. 能够核算门店收益指标并开展收益分析。

2. 能够核算门店效率指标并开展效率分析。

3. 能够提升客流量与客单价。

4. 能够开展顾客满意度调查。

【思政目标】

1. 培养门店经营的全局观和整体意识。

2. 培养门店数字化营运意识。

如何评估门店绩效

知识技能点思维导图

请根据所学内容,把该思维导图补充完整。

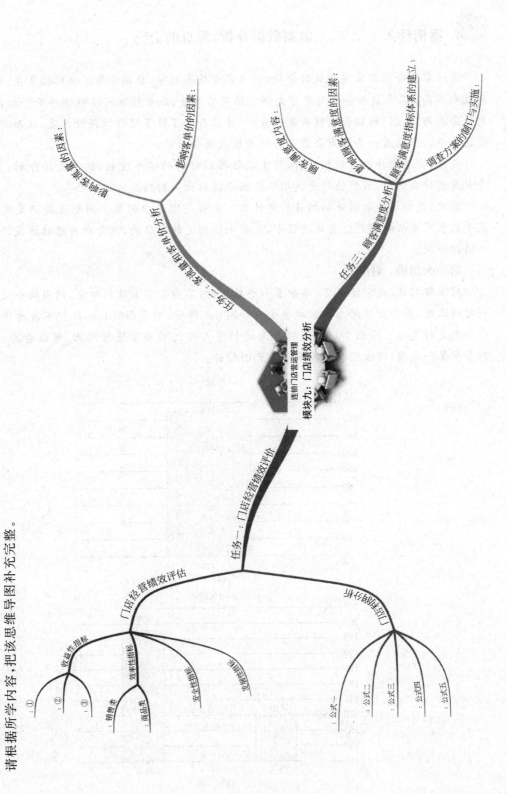

连锁门店营运管理

模块九:门店绩效分析

任务二:客单价和客单价分析

其构成

客单价

影响客单价的因素:

任务三:顾客满意度分析

满意度的内涵:

影响顾客满意度的因素:

顾客满意度指标体系的建立:

调查方案的制订与实施:

任务一:门店经营绩效评价

门店经营绩效评估

收益性指标
① :
② :
③ :

效率性指标
销售类:
商品类:

安全性指标

发展性指标

门店经营绩效评价

公式一:
公式二:
公式三:
公式四:
公式五:

 **案例导入**　　　　　　**电商数据分析，你真的会吗**

传统零售企业非常重视数据分析，但一来受技术所限，数据收集汇总比较复杂、烦琐，导致效率不高；二来数据分析处理方式侧重结果的衡量，缺乏精准的过程性评价。相比而言，电商企业却"天然"地擅长数据收集和分析，并且开发了很多过程性评价方法，从而大大提升营运效率。下面看一看电商企业是如何开展数据分析的。

首先，要清楚什么是数据分析，其实从数据到信息的这个过程，就是数据分析。数据本身并没有什么价值，有价值的是我们从数据中提取出来的信息。

其次，要搞清楚数据分析的目的是什么？是解决现实中的某个问题还是满足现实中的某个需求？在从数据到信息的过程中，是有一些固定的思路的，或者称为思维方式。下面一一进行介绍。

第一大思维：对照

对照即对比，通常情况下，单独看一个数据时，不会留下太深的印象，但当两个数据放在一起对比时，就会出现动态的增减感受。如图 9-1 所示，单看图 9-1(a)数据不能看出今天经营状况是好是坏。而图 9-1(b)是将今天的销量与昨天的销量进行对比，可以看出，今天的销量少了一大截，得出经营情况不如昨天的结论。

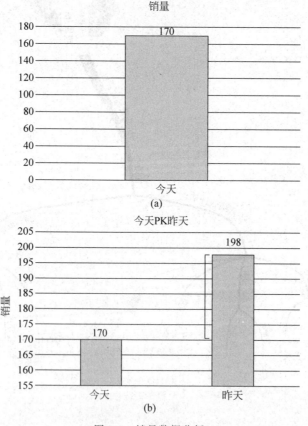

图 9-1　销量数据分析

对照是最基本也是最重要的思路。在现实中的应用非常广泛,如选款测款、监控店铺数据等,这些过程就是在做对照。分析人员拿到数据后,如果数据是独立的,无法进行对比,就无法判断好坏,等于无法从数据中读取有用的信息。

第二大思维:拆分

从字面上来理解,拆分就是拆开和分析。在电商平台上随处可见"拆分"一词,很多作者都会用这样的口吻:经过拆分后,我们就清晰了……但是,相信很多人并没有弄清楚拆分是怎么用的。

回到第一个思维"对照"上来,当某个维度能够对照的时候,选择对照。当对照后发现问题需要找出原因的时候,或者根本就不能对照的时候,"拆分"就闪亮登场了。

我们看一个场景:运营小美经过对比店铺的数据,发现今天的销售额只有昨天的 50%,这个时候,如果继续对比销售额,就没有意义了。这时需要对销售额这个维度做分解,拆分指标。例如,销售额=成交用户数×客单价,所以可以把销售额拆分为"成交用户数"和"客单价"两个指标,可以从这两个方面进行原因分析。同样,成交用户数=访客数×转化率,分析"成交用户数"就可以转化为分析"访客数"和"转化率"两个指标。拆分过程见图 9-2。

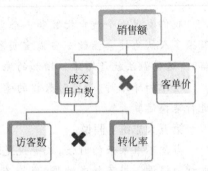

图 9-2　店铺销售额拆分

拆分后的结果,相对于拆分前会清晰许多,便于找到具体原因并确定解决办法。可见,拆分是分析人员必备的思维之一。

第三大思维:降维

你是否有过面对一大堆多维度的数据却束手无策的经历?当数据维度太多的时候,不可能每个维度都拿来分析,但可以利用一些有关联的指标,从中筛选出有代表性的维度,表 9-1 所示的是某店铺访客数据,面对这些数据,如何进行有效分析呢?

表 9-1　某店铺访客数据

日　期	浏览量 /次	访客数 /个	访问 深度	销售额 /元	销售量 /件	订单数 /个	成交用 户数/个	客单价 /元	转化率 /%
20200401	3 461	1 174	2.6	9 678	116	97	82	118	7
20200402	4 772	1 796	2.3	13 754	158	114	96	143	5
20200403	3 209	1 103	2.1	9 340	93	81	74	126	7
20200404	5 322	1 958	2.2	15 672	174	137	103	152	5
20200405	4 581	1 573	2.6	12 780	135	128	99	129	6
20200406	6 779	2 301	3	18 920	206	155	136	139	6

这么多的维度,其实不必每个都进行分析。前面介绍过,转化率=成交用户数÷访客数,当存在一种维度,它可以通过其他两个维度计算转化出来的时候,我们就可以"降维"。成交用户数、访客数和转化率,只要三选二即可。另外,成交用户数×客单价=销售额,这三个也可以降为三选二。

第四大思维:增维

增维和降维是相对的,有降必有增。如果当前的维度不能很好地解释问题,就需要对数据做一个运算,增加一个指标。表 9-2 展示了某店铺商品搜索点击数据,如果要从表 9-2 的数据中分析商品关键词的效果,可能会无从入手,这时就需要引入新的维度。

表 9-2　某店铺商品搜索点击数据

序号	关键词	搜索人气/次	搜索指数	占比/%	点击次数/次	商城点击占比/%	点击率/%	当前宝贝数/个
1	商品一	242 165	1 119 253	58.81	512 673	30.76	45.08	2 448 482
2	商品二	33 285	144 688	7.29	80 240	48.88	54.79	2 448 358
3	商品三	7 460	29 714	1.45	15 076	21.38	50.04	1 035 225
4	商品四	6 480	22 543	1.09	11 143	22.34	48.72	60 258
5	商品五	5 463	3 443	1.14	11 328	19.87	47.61	108 816

　　我们发现一个搜索指数和一个当前宝贝数,这两个指标一个代表需求,一个代表竞争,有很多人认为搜索指数÷当前宝贝数=倍数,用倍数来代表一个词的竞争度(仅是一种思路)。这种做法就是增维。增加的维度还有一种叫法——辅助列。

　　增维和降维时,必须对数据的意义有充分的了解,为了方便后续分析,有目的地对数据进行转换运算。

第五大思维:假说

　　当拿不准未来的时候,或者说是迷茫的时候,可以应用假说,假说是统计学的专业名词,也称为假设。当不知道结果,或者有几种选择的时候,那么就召唤假说——先假设有了结果,然后运用逆向思维,从结果到原因,要有怎么样的因,才能产生这种结果。这有点寻根的味道。这样就可以知道,现在满足了多少因,还需要多少因。如果是多选的情况下,就可以通过这种方法来找到最佳路径(决策)。

　　思考:

　　(1) 这些思维方式适合线下门店吗? 说明理由。

　　(2) 结合所熟悉的连锁门店情况,分析如何利用上述思维方式进行绩效分析。

任务一　门店经营绩效评价

　　学前思考:如何评价一家连锁门店营运情况? 可以从哪几个大的方面设计评价指标?

一、门店经营绩效评估

　　门店经营绩效是指门店为了实现企业的整体目标及门店的工作目标而必须达到的经营成果。门店经营绩效评估就是将一定时期内门店的经营绩效与上期、同行、预定标准进行比较。门店经营绩效指标可以分为收益性、效率性、安全性和发展性四个方面指标。

门店销售漏斗公式

(一)收益性指标

　　收益性指标主要反映经营的获利能力。该指标主要包括营业额达成率、毛利率和营业费用率等。收益性指标的数据主要来自利润表。

1. 营业额达成率

营业额达成率是指门店实际营业额与目标营业额的比率。其计算公式为

$$营业额达成率 = \frac{实际营业额}{目标营业额} \times 100\%$$

营业额达成率越高,表示经营绩效越高;比率越低,表示经营绩效越低。一般来说,营业额达成率为 100%~110% 比较理想。高于 110%,说明目标定得低了;小于 100%,则说明计划没完成。

2. 毛利率

毛利率是指门店毛利额与营业额的比率。它反映的是门店的基本获利能力。其计算公式为

$$毛利率 = \frac{毛利额}{营业额} \times 100\%$$

式中,毛利额 = 售价 - 进价

当经营多种商品时,经营指标为综合毛利率,其计算公式为

$$综合毛利率 = \sum(各类商品的毛利率 \times 该类商品的销售比重)$$

毛利率越高,表示获利空间越大;毛利率越低,表示获利空间越小。国外超市的毛利率为 16%~18%,便利店可达到 30% 以上。根据中国连锁经营协会年度调查,2019 年中国超市百强平均毛利率为 18%。国内也有做得比较好的超市,如永辉超市,其毛利率为 22% 左右。

3. 营业费用率

营业费用率是指门店营业费用与营业额的比率。它反映的是每 1 元营业额所包含的营业费用支出。其计算公式为

$$营业费用率 = \frac{营业费用}{营业额} \times 100\%$$

门店营业费用主要包括人事费用、租金、广告费用、折旧等。该项指标越低,说明营业过程中的费用支出越小,门店的管理水平、获利水平越高。

中国连锁经营协会的资料显示,工资、房租、水电费是连锁零售企业门店主要的费用开支。便利店的房租最高,占其总费用的 30% 左右,占其销售额的 4% 左右;水电费占费用总额的 20% 左右,占其销售额的 1.2% 左右。

(二)效率性指标

效率性指标主要反映门店的经营水平。该指标可分为销售类效率性指标和商品类效率性指标。

1. 销售类效率性指标

销售类效率性指标主要包括人数与人效、坪数与坪效、品效、时间量与时效、交叉比率、盈亏平衡点等。

(1) 人数与人效。人数是指门店的员工数量(不包括厂家的驻场促销员),人效(又称为劳效)是指门店销售额与员工人数的比值。它反映的是门店的劳动效率。其计算公式为

$$人均劳效 = \frac{销售额}{员工人数}$$

由公式可以看出,门店的人数越少,销售额越高,则人均劳效越高,劳动效率也越高。

（2）坪数与坪效。坪数是指门店面积,坪效表示门店的销售额与门店面积的比率。它反映的是门店对营业场地利用的有效程度。其计算公式为

$$坪效 = \frac{销售额}{门店坪数}$$

每一类商品所占的面积、销售单价、周转率不同,其每坪的销售额也不相同。一般来说,烟酒、畜产品、水产品的周转率较高,单价高,所占的面积小,因此每坪销售额也高;而一般食品的每坪销售额则较低。

（3）品效。品效是指每个单品带来的销售额。其计算公式为

$$品效 = \frac{销售额}{品项数目}$$

品效越高,表示商品开发及淘汰管理越好;品效越低,表示商品开发及淘汰管理越差。

（4）时间量与时效。时间量是指门店总营业时间,时效是指门店销售额与总营业时间的比值。它反映的是门店营业时间长短与销售额之间的关系。其计算公式为

$$时效 = \frac{销售额}{总营业时间}$$

时效高,表示单位时间销售额大,销售效率高;时效低,表示单位时间销售额小。

（5）交叉比率。交叉比率反映门店在一定时间内的获利水平。其计算公式为

$$交叉比率 = 毛利率 \times 存货周转率$$

交叉比率的经济意义是每投入1元的流动资金,在一定时期内可以创造多少元的毛利。商品除要有合理的毛利率外,还要有较高的周转。如果毛利率高而周转率低,则获利水平有限。因此,该项指标越高,获利能力越强。

（6）盈亏平衡点。盈亏平衡点也称保本点、损益平衡点,是指连锁门店处于某一特定销量水平,此时总销售额与总成本完全相等。盈亏平衡点越低,表示连锁门店获利时点越快;盈亏平衡点越高,则表示获利时点越慢。盈亏平衡点计算公式为

$$按实物单位计算:盈亏平衡点 = \frac{固定成本}{单位产品销售收入 - 单位产品变动成本}$$

$$按金额计算:盈亏平衡点 = \frac{固定成本}{1 - \dfrac{变动成本}{销售收入}}$$

 拓展知识　　　　　　　**盈亏平衡点的应用**

连锁门店通过计算盈亏平衡点,可以评估门店营运状况,如门店销售额远高于盈亏平衡点,营运就处于安全状态,反之则处于危险或亏损状态;也有助于改善门店成本结构,如通过降低固定成本、控制可变成本比例来降低盈亏平衡点销量,促使门店尽快实现盈利;还可以帮助门店掌握利润与销售之间的关系,如要达成目标利润,需要多少销售额、产品降价对利润的影响等。

盈亏平衡点分析虽然对门店开展规范、合理的营运管理有很大助益,但在实际操作中却面临诸多难题,其中最大困难在于固定成本、变动成本数据的收集和归纳,其原因是在会计账目中并未直接记录这些数据。在日本西泽和夫的《精益制造040:工厂长的生产现场改

《革》中,提出一个有效的工具——盈亏平衡计算表。该表把制造企业的各项成本费用划分为固定成本和变动成本,从而为盈亏平衡点的计算铺平了道路。借鉴该表,连锁门店也可以对各类成本费用进行划分,如表 9-3 所示。

表 9-3　盈亏平衡计算表　　　　　　　　　　　　　　年　月　日

项　目	固 定 成 本	变 动 成 本	备　注
进货成本		16 800 000	
销售扣点		72 000	
按销售额扣税		1 200 000	
……		……	
租赁费	200 000		
水电费	50 000		
职工薪酬	3 600 000		
装修折旧	46 000		
……			
合计	①3 896 000	②18 072 000	0.247
销售额	③24 000 000		0.753
盈亏平衡点(金额)	15 773 279.35		①÷(1−②÷③)

2. 商品类效率性指标

商品类效率性指标主要包括动销率与售罄率、客品数与品单价、存货周转率与存货周转天数、毛利库存回报率等。

(1) 动销率与售罄率

① 动销率。动销率也称动销比,是指门店销售的商品品种数与门店经营商品品种总数的比值,是一定时间内考察门店经营商品结构贡献效率的一个重要指标。其计算公式为

$$动销率 = \frac{动销商品品种数}{门店经营商品总品种数} \times 100\%$$

动销率反映了进货品种的有效性。动销率越高,有效的进货品种数越多;反之,则相反。

② 售罄率。售罄率是指一定时间段某种商品的销售数量与总进货数量的比值。其计算公式为

$$售罄率 = \frac{某时段的销售数量}{期初库存总量 + 期中进货数量} \times 100\%$$

售罄率一般可分为周售罄率、月售罄率和季末售罄率。分析售罄率可以及时了解商品的销售状况,检验商品的库存消化速度。对于采取期货订货方式的连锁企业,如鞋服行业比较适用;对于随时补货的快消品则一般不用这个指标。售罄率是考核企业经营某种商品是否回收成本和费用的重要指标。同时也是商品何时进行打折、清仓的重要参考尺度。一般情况下,售罄率 65%～70% 是一个打折促销的参考点。

(2) 客品数与品单价

① 客品数。客品数是指一段时间内顾客购买商品的平均数量,一个顾客购买商品数量的平均值与上期相比就是"消费水平增长比率"。从客品数可以看出一家门店商品的广度和顾客的购物习惯,是否有一站式购物的便利性。可以通过注重关联性采购和陈列引发连带

性购买,增加客品数。其计算公式为

$$客品数 = \frac{销售总数量}{销售小票数量}$$

② 品单价。品单价是指在一定时期内,门店所销售商品的单位平均价格。其计算公式为

$$品单价 = \frac{单位时间内商品的销售总金额}{单位时间内商品销售总数量}$$

分析门店的品单价,就要分析重点品类的品单价,品单价的分析有助于深度掌握品类结构和商品陈列的调整方向。品类的品单价是指用一个商品类别的销售额除以一个商品类别的销售数量,表明在这个品类,顾客平均买一个商品大概花多少钱。分析品单价能够测试出这个品类对顾客的吸引力情况。品单价越高,意味着该品类对顾客的吸引力越强。

(3) 存货周转率与存货周转天数

存货周转率用于衡量门店商品的周转速度,评估商品的流动性及库存资金占用量是否合理,促使门店在保证营运连续性的同时,提高资金的使用效率。一般以月、季度、半年、年为时间周期,其计算公式为

$$存货周转率 = \frac{期间销售数量}{期间平均库存} \times 100\%$$

式中,$$平均库存 = \frac{期初库存 + 期末库存}{2}$$

期末库存 = 期初库存 + 本期购进 - 本期销售 - 本期退货 - 本期丢损

$$存货周转天数 = \frac{营业期间天数}{存货周转率}$$

存货周转率与存货周转天数为反比例关系。存货周转率越高,存货周转天数越短,经营效率越高或存货管理越好;反之表示经营效率越低或存货管理越差。

(4) 毛利库存回报率

毛利库存回报率(gross margin return on investment,GMROI)是一项企业经营者评价商品经营效益的核心指标,它表达了企业平均库存成本的获利能力。

$$毛利库存回报率 = \frac{毛利额}{平均库存成本} = 毛利率 \times 商品周转率$$

掌握毛利库存回报率对门店库存金额(即库存的资金占用)的合理预估和对门店日常经营活动综合考评与指导有着非常重要的意义。毛利库存回报率可以指导零售企业用最少的库存成本获得更多的利润,可以指导门店总经理对资金占用树立清楚的数据概念,还为衡量企业之间、不同品类之间的销售业绩特征提供了一个综合指标,同时也是考核与衡量采购人员工作业绩的有效指标。

例如:某连锁企业的 B 类门店平均毛利率为 13.8%,库存周转率为 8.7 次。某门店的毛利率为 15.2%,年度销售计划确定为 8 300 万元,试计算资金占用额度。

$$资金占用额度 = \frac{15.2\% \times 8\,300}{13.8\% \times 8.7} = 1\,051(万元)$$

(三) 安全性指标

经营的安全性指标主要通过财务指标来反映。评估指标主要包括流动比率、速动比率、

负债比率和人员流动率等。安全性指标的数据主要来自资产负债表。

1. 流动比率

流动比率是指流动资产与流动负债的比率,其主要用来衡量门店的短期偿债能力。计算公式为

$$流动比率=\frac{流动资产}{流动负债}\times100\%$$

流动比率参考值为 $100\%\sim200\%$。流动比率越高,表明短期偿债能力越强,反之则越低。流动比率太高,说明产生闲置资金,影响资金使用效率。

2. 速动比率

流动比率是指速动资产与流动负债的比率,其主要用来评估门店短期偿债能力的强弱。速动比率是对流动比率的补充,且比流动比率反映更加直观。其计算公式为

$$速动比率=\frac{速动资产}{流动负债}\times100\%=\frac{流动资金-存货-预付费用}{流动负债}\times100\%$$

速动比率的高低能直观反映企业的短期偿债能力强弱。如果流动比率较高,但流动资产的流动性却很低,表明企业的短期偿债能力仍不高。速动比率一般应保持在 100% 以上,速动比率与流动比率的比值在 $1:1.5$ 最合适。

3. 负债比率

负债比率是指负债总额与资产总额的比值,即每 1 元资产中所担负的债务数额。其计算公式为

$$负债比率=\frac{总负债}{总资产}\times100\%$$

(1) 负债总额:负债总额是指门店承担的各项负债的总和,包括流动负债和长期负债。

(2) 资产总额:指门店拥有的各项资产的总和,包括流动资产和长期资产。

负债比率越高,表示负债越高,风险越高;反之则负债越低,风险越低。根据财务政策,负债比率通常维持在 50% 左右较为合适。

4. 人员流动率

人员流动率是指在一定时期内,门店员工的流动数量占固定员工数的比率。其计算公式为

$$人员流动率=\frac{期间人员离职人数}{平均在职人数}\times100\%$$

人员流动率越高,表示人事越不稳定;反之则表示人事越稳定。调查显示,$10\%\sim20\%$ 的人员流动率对企业长远发展有利。

(四)发展性指标

发展性指标主要反映门店成长速度,其主要包含营业额增长率和营业利润增长率等。

1. 营业额增长率

营业额增长率是指门店的本期营业收入同上期营业收入相比的变化情况,反映的是门店的营业发展水平。其计算公式为

$$营业额增长率 = \frac{本期营业收入}{上期营业收入} \times 100\%$$

营业额增长率越高,表明成长性越好;反之则成长性越差。一般来说,营业额增长率要高于经济增长率,比较理想的是高于经济增长率的两倍。

2. 营业利润增长率

营业利润增长率是指门店本期营业利润与上期营业利润相比的变化情况。其主要反映门店获利能力的变化。其计算公式为

$$营业利润增长率 = \left(\frac{本期营业利润}{上期营业利润} - 1\right) \times 100\%$$

营业利润增长率越高,表明门店利润增长性越好;反之则越差。营业利润增长率至少要大于 0,最好要高于营业额增长率。

二、门店利润分析

一般来说,门店利润有以下五种不同的计算公式。

利润＝客单价×客单数×平均毛利率－经营费用

利润＝坪效×坪数×平均毛利率－经营费用

利润＝人效×人数×平均毛利率－经营费用

利润＝时效×时间量×平均毛利率－经营费用

利润＝单品平均销售额×单品数×平均毛利率－经营费用

上述公式中,第一个是运用最普遍的,其他几个公式一般都不被重视。然而在实际的门店运营中合理全面地控制门店的盈利点,对于利润能力的提高极为重要。

(一)利润＝客单价×客单数×平均毛利率－经营费用

对于利润,该公式中有 4 个控制点:客单价、客单数、平均毛利率、经营费用。

1. 客单价

客单价这个控制点可以简化地理解为如何让顾客一次性购买更高金额的商品。计算公式还可以表示为客单价＝顾客购买商品数×平均商品价格。从这个公式中可以发现,提高客单价的要点包括舒适的购物道具、门店环境、服务和关联销售、高价值商品的专业化营销。同时,团购和批发也是提高客单价的途径。

2. 客单数

客单数是指有效的客流数,即来门店后买单的客流数。可以从以下两个方面来考虑。

(1)如何吸引更多的顾客前来门店:要多策划一些吸引人的促销活动,搞有特色的卖场经营,并为顾客提供良好的服务和购物环境等。

(2)如何使更多来到门店的客人成为有效的客流:要有良好的动线设计、商品布局、商品陈列,合理的商品价格和突出门店特色等。

3. 平均毛利率

从平均毛利率公式可以看出,提高毛利率应从提高总毛利额和降低总销售额考虑,但降低销售额与经营的目标是相违背的。可以把公式变化成另一种形式:毛利额＝销售额×平

均毛利率＝单品平均销售额×单品数×平均毛利率。根据这个公式可知,提高毛利额必须从销售额和平均毛利率两方面考虑。如何提高毛利率呢? 这就需要管理人员能够了解商品A、B、C 等级的分类,能够平衡高毛利商品和畅销商品的关系,能够用畅销商品带动高毛利商品的销售,在同等畅销的情况下主推高毛利的商品,在不影响畅销商品销售的情况下主推高毛利商品等。

另外,从公式销售额＝单品平均销售额×单品数中也能看到：有效的单品数和单品平均销售额也是需要重点关注的指标。

4. 经营费用

经营费用包括可控的经营费用和不可控的经营费用。可控的经营费用包括人工成本、存货损耗、水电暖、耗用品、修理费、营销费用、运输费、通信费、环境费及其他可控费用等。对于可控费用,要坚持通过合理的控制(包括运用新的技术和设备)用最低的投入产出最大的效益。不可控的经营费用包括租金支出、折旧及摊销等。对于不可控费用,在未形成和定义之前,要根据实际的经营情况合理配置；在已形成和定义之后,如果有空闲的资源可积极地转嫁出去,如再出租和出售等。对于门店盈利而言,经营费用是一个防守的控制点,因为经营费用的控制虽然能够降低投入,但其控制力是有限的。

（二）利润＝坪效×坪数×平均毛利率－经营费用

对于利润,该公式有 4 个控制点：坪效、坪数、平均毛利率、经营费用。

1. 坪效

坪效是每平方米面积上产生的销售额。在现实的工作中,经常定义坪效＝销售额÷坪数,把坪效定义为被动的量,这是不对的。如果把公式变换成销售额＝坪效×坪数,对于我们的工作更有意义,这样坪效就变成了一个积极的量。

特定面积上经营的商品项目和具体的商品(包括本区域的气氛布置、商品布局、动线等)是影响坪效的主要因素。对于门店来说,每一寸位置都是需要付租金的,并且租金相同,如何及时发现并整改产出过低或不合理的区域,是提高门店盈利能力的一个重要控制点。

2. 坪数

一般来说,坪数是事先已经给定的量,是不能更改的,但在已给定的面积内,有些地方是能够产生利润的,而有些地方是不能产生利润的,也就是对于利润来说,有些面积是有效的,有些面积是无效的。对于管理人员来说,如何减少无效坪数,将无效坪数转变为有效坪数,也是提高门店盈利能力的另一个控制点。

（三）利润＝人效×人数×平均毛利率－经营费用

对于利润,该公式有 4 个控制点：人效、人数、平均毛利率、经营费用。

1. 人效

人效常常被定义为人效＝销售额÷人数,是一个被动的量,这是不对的。如果把公式转化成销售额＝人效×人数,从而使人效成为一个积极的量,对于管理者的工作更有意义。对于零售业来说,每日的工作量大体是相同的,也是有规律的,在符合劳动政策的情况下,用更少的人员完成所有的工作是提高人效的方法,当然要达到更少的人员是与员工素质(包括心态、品质、技能等)、管理人员的管理技能(合理地分配工作、员工排班、员工激励等)息息相关的。

2. 人数

人数是根据岗位的需求设置的,一般也是一个定量,但如果这个定量不合理,是可以更改的。影响人数的因素有人效、流程、岗位设定等,在合乎法律规定的情况下,任何人员的变化可以带来利润增加的方式,对于公司的运作来说都是合理的。

隐性人数是一个值得关注的问题,在卖场中由生产商或经销商提供的促销员,他们不涉及公式中人数和经营费用的变化,却可以极大地提高人效,对于隐性人数的控制应该引起所有管理人员的关注。

(四)利润＝时效×时间量×平均毛利率－经营费用

对于利润,该公式有 4 个控制点:时效、时间量、平均毛利率、经营费用。

1. 时效

通常人们所了解的时效是一个平均的量:时效＝销售额÷时间量。这种对时效的理解淡化了不同时间段时效高、低的区别,容易被管理人员忽视。管理人员大体都能知道一天的客流高峰期和低峰期,却只认为这是规律,没有想去改变这种情况。如果门店能在时效的低峰期采取适当的方式,如针对该时段的促销活动和商业推广等,将会使低峰期的时效得到一定程度的提高。如现在被广泛运用的"淡季促销"。

2. 时间量

从公式来看,随着时间量的增加,销售额是有增加的。但是时间量的增加也会带来经营费用的增加,另外还存在的问题是能够增加的时间量都是时效较低的时间段,所以,是否增加时间量,必须考虑其所带来的毛利增加能否抵消经营费用的增加。

与此相同的问题是,对于时效较低的时间段(初始营业和即将停业的时间段)能否减去不营业,也要看该时间段的利润情况。目前业内就存在上午不营业的门店。

(五)利润＝单品平均销售额×单品数×平均毛利率－经营费用

对于利润,该公式有 4 个控制点:单品平均销售额、单品数、平均毛利率、经营费用。

1. 单品平均销售额

单品平均销售额与商品的陈列有很大关系,它对于商品的销售至关重要,同一商品陈列在不同的位置,其销售额可能有天壤之别,但是由于地域性和消费者消费能力的不同,商品和商品之间的确存在某些差别,可分出 A、B、C 等级。作为管理人员,毫无疑问应该了解这些差别,并合理陈列。但更重要的是能够发现被埋没了销售潜能的商品,并采取适当的措施发挥其潜能,让 C 类商品合理地享有基本的权利,让 A、B 类商品带动 C 类商品的销售。总的来说,就是让所有的商品发挥其应有的销售能力。

2. 单品数

单品数也是一个有效的量,因为产生不了销售的单品对于卖场经营的影响反而是负面的情况,另外,有效的单品数越多,整个门店产生的利润越大,所以及时引进有效新品也可以在一定程度上提高卖场的利润。

任务二 客流量和客单价分析

学前思考：在连锁门店营运过程性评估中，为什么重点关注客流量和客单价？

在连锁门店的经营管理工作中，有两个非常重要的指标用于判断门店经营的好坏，即客单价（平均交易金额）和客单数（客流量的评价指标，即交易笔数）。两者乘积就是每天的销售额。管理者应该把分析客单价和有效客流量作为每天工作的一个重要内容。

导致门店销售变化的原因很多，有自身的原因，如促销变化、员工服务、商品缺货率、商品调整、陈列等；也有外部的原因，如同业竞争、天气季节变化、节假日影响、外部环境影响等。如果笼统地从这些方面来进行分析总结，看似理由很充分，但实际上并没有找到问题的根源，也就无从采取针对性措施。大多数情况下，通过对客流量和客单价的分析，门店管理者就可以有重点地找到问题产生的根源，对症下药，有针对性地采取措施去改善门店绩效。

一、影响客流量的因素

1. 门店直观吸引力

门店的直观吸引力包括装修、招牌、灯光以及整洁度、清洁度等。如果门面非常破旧，灯光昏暗，卖场杂乱无章，和周边的小店装修没有两样，对于顾客来讲，就会觉得在哪里买东西都可以，又何必绕远到这家店来呢？况且，形象上的赏心悦目本身就具备强烈的视觉冲击力，能够直接引导顾客。

案例分享　　7-Eleven 基本的四原则

7-Eleven 的经营哲学中有基本的四原则：亲切的服务（friendly）、清洁干净（cleanliness）、品质管理（风味、新鲜度等）、商品齐全。

其中，第二项原则是"清洁干净"，建立让顾客感觉舒适的购物环境。可以说这与亲切的服务同等重要。清洁干净的基本内容就是从店内到店外，甚至连厕所都全部打扫干净，保持干净整齐。更为宽泛地来说，就是营造令人舒适愉快的购物环境。

试想自己家中迎接贵客的场景，应该就能了解"清洁干净"的本质了。如果家里没有收拾整齐，也没有打扫干净，女主人蓬头垢面，穿着随意，怎么能迎接贵客呢？

"清洁干净会影响到营业额吗？"看重硬件的经营者很可能会产生这样的疑问，但是它确实与营业额直接相关。在了解这一点之后，具有商人精神的流通业或服务业的经营者及店长都会对清洁工作十分重视。

经验老到的店长被派到业绩欠佳的门店时，做的第一件事就是彻底的打扫。有些经营者在走进店门之前就会远远地观察那家店，因为清洁干净的程度从远处就能看得到。

甚至有人这样说："店里的尘垢就是那家店的店长和店员们心里的尘垢。"从这个意义上说，彻底清洁维护是营造门店组织文化的第一步也不为过。甚至可以说，清洁水平比较低的门店在亲切服务、商品品质和商品结构方面，也不可能有更高水平的表现。当门店整体的清洁程度得到提升之后,自然就会开始注意到商品的排列。当然,缺货和滞销的情况还是存在。不过大家都开始注意到商品的情况,对订货的态度也会截然不同。

此外,当门店清洁水平得到提升之后,女性管理者和员工就会开始注意自己的服装仪容,想要好好打扮一番。如果不化职业妆、蓬头垢面、服装不整,想要面带笑容地亲切迎接顾客多少会有些退却。但是,当女性打扮整齐之后,接待顾客的态度就会变得更为积极。

将清洁作为问题提上议程,基本的四原则中的其他内容也会跟着有大幅提升。于是,旭川地区的门店业绩也就大为好转。

这听起来虽然有些言过其实,但却是千真万确的。尽管看起来只是细枝末节的琐事,但如果站在顾客的立场来看,就可能变得非常重要。"清洁干净"就是其中之一,彻底追求清洁就能提升服务品质,从而有助于提高竞争优势和顾客支持度,进而夯实事业的基础。

（资料来源：绪方知行,田口香世.零售的本质：7-Eleven便利店创始人的哲学.陆青,译.北京：机械工业出版社,2016.经作者改编整理）

2. 门店布局设计

日本曾针对连锁超市做过一次市场调查,发现消费者对商品价格的重视程度只占5%,而分别占前三位的是,开放式易进入占25%,商品丰富、选择方便占15%,明亮清洁占14%。由此可见,门店布局也是商品、设施、操作者这三者如何实现最佳配合的问题。

一般来说,连锁门店布局最终应达到两个效果：①顾客与店员行动路线的有机结合,对顾客来说,应使其感到商品非常齐全并容易选择；对店员来说,应充分考虑到工作效率的提高。②塑造或创造舒适的购物环境,吸引顾客光顾门店和延长在门店滞留时间。

如果门店布局不合适,顾客找不到或者很不容易找到需要的商品,或者门店通道走向、顾客动线设计存在问题,给顾客购物造成麻烦,那么顾客再次光顾的概率就很小。所以门店的布局设计要充分考虑顾客的舒适性。新门店在设计时,参考磁石理论与门店特色的同时,还要结合商圈顾客的需求和购物习惯,确定哪些商品应该放在什么位置。此外,营业以后,门店应及时收集消费习惯、顾客意见等信息,提供给总部参考,便于总部对门店布局方案不断进行优化调整。门店布局设计,也是影响门店客流量的一个非常重要的因素,总部相关部门巡店时,应高度重视这方面的工作。另外,门店悬挂物品的规范也是陈列布局的一个方面,还是影响顾客购物体验的一个重要因素。

3. 商品竞争力

不了解顾客的需求,凭感觉铺货要货,顾客要的商品没有,不需要的充斥整个门店,顾客不上门也就不足为奇了。出现这种情况,主要是因为连锁门店对于消费需求及周边环境调查力不足造成的。新门店开业时出现这种情况,往往是商品部及配送中心一厢情愿选择商品的结果,而门店经营过程中出现这一问题,就是门店管理者闭门造车及总部督导不力的结果。

4. 商品的丰满程度

对于商品陈列丰富的门店,即使陈列混乱一些,但给顾客的感受是：这家门店东西很丰富、齐全,肯定有我想要的东西。而顾客进店看到这个货架商品短缺,那个货架是空架,第一感受就是：这家门店什么东西都没有,我不买了,下次也不来了。该问题主要有两方面原因：①店长管理不规范,门店未能及时向配送中心订货,从而导致空架；②配送中心的配送效率问题,门店订货未及时配送到门店,以致门店由于缺货而出现空架。

 拓展知识   **如何让顾客认为门店商品丰富**

顾客从门店中得到的满足并不限于能够买到价格低廉的商品,除此之外,还希望能够在门店轻松自由地购物,以及能够在丰富的商品中进行挑选。顾客对商品丰富的理解与期待主要源于购买过程中的心理活动,这种心理活动由购买过程中的个性化心理和从众心理两个因素构成。

个性化心理是指顾客在购买自己所需商品时,希望能够根据自己独立的判断进行挑选和做出购买决策的心理。个性化的心理活动在购物过程中主要表现在以下几方面:排斥在门店中人为的强制性推销;追求与他人的不同点;即使购买的商品不如意,由于是自己挑选的心理上也能接受;认为陈列量少的商品是别人挑剩下的;以商品种类的多少来推测卖场的受欢迎程度等。总之,从个性化心理出发,顾客总是希望门店的商品品种丰富,只有丰富的商品品种,才能提升顾客选购个性化商品的乐趣。

从众心理是顾客在购买过程中,通过购买与他人相同的商品而求得安心保证的心理,因此在购物过程中主观地推测大量陈列的商品一定是质量好、新鲜的畅销商品,如果是不好的商品不可能陈列这么多;而且如果商品的确有问题,受损害的也不是我一个人等。总之,从众心理是顾客从每个单品的丰富陈列中寻求一种购物的安心和放心。

通过以上对顾客购物中心理活动的分析可以看出,影响顾客在门店中理解与感受到商品丰富的因素,包括以下三点:

(1)满足需求的商品种类要多。商品种类多并不是指单纯地大量增加品种数,更多地是指能够为顾客的需求提供多种满足方案。例如,连锁门店可以在不增加品种数的前提下,将品种按照用途和使用方法细化分类,并分别加以陈列,同样可以实现种类的丰富。

(2)价格分布要适中。影响顾客商品丰富感受的另一个因素是价格分布。首先要控制价格带的上限与下限。如果品种之间的价格差距太大,那么顾客在挑选商品时就会认为缺乏可比性,这时,陈列的品种就失去了意义,同时还增加了顾客的购买风险。其次,商品价格分布也不能过密,价差过小。例如,如果价格类别过多,每个种类之间的差距只有0.2元或0.5元,就会给顾客的挑选带来很大的困惑。因此,在一个合理的价格带内,组织价格具有可比性的种类,并把互为比较对象的品种就近陈列,才能创造出商品丰富的效果。

(3)价格点附近的单品要大量陈列。单品的大量陈列并不等同于商品的丰富,单品的大量陈列要建立在对价格带和价格点的认真分析基础之上。只有在价格点附近进行大量陈列,顾客才会感觉可挑选性、可比性强。如果不加分析地大量陈列单品,不可能使顾客感到商品的丰富。

5. 人员服务质量

服务人员缺乏亲和力、服务品质差、对商品不熟悉、不了解公司的规章制度等因素,都会导致顾客对员工的服务不满意、抱怨甚至投诉,会给公司造成信誉上的损害,处理不好还会导致客源逐渐流失。客观而言,任何一家连锁企业都会遇到服务质量问题。改善这一问题,关键在于连锁企业的人力资源政策是否完善,人力准备是否充分。例如,如果把一个未经培训或缺乏服务经验的员工安排到岗位,肯定会带来服务问题;当员工因为薪资问题、员工之间的关系不协调、店长管理问题导致心态失常,其服务水平也会下降。所以,连锁门店应开展持续的员工培训工作,提供良好的工作环境,不断提升服务质量;同时,出现服务问题后,必须及时处理,减轻对门店的负面影响。

6. 促销活动

促销包括整体促销和店面促销两个方面。虽然中、小连锁企业的门店比较分散,促销活动的方式、方法较为单一,成效也难以体现,但是对于新店开张宣传,以及定期的常规活动还是要做的。这样才能及时将门店推广并让顾客接受。另外,店面广告、POP 及重点商品的推广也是促销的内容之一。并且,通过促销能够体现出一般小店无法比拟的统一及正规优势。通过对客流量低的门店进行判断,分析这些门店目前的状况符合上述哪些现象。然后才能对症下药,针对问题采取措施及时解决。

二、影响客单价的因素

1. 门店铺货的广度与深度

大家在逛商场的时候,有没有观察过不同行业、不同卖场的客单价有什么差异呢?大型超市品类的广度与深度高于普通超市,普通超市又高于便利店,大型超市的客单价一般可以达到 80～100 元,而普通超市一般只有 50～80 元,便利店一般则在 15～30 元。由此可见,门店品类的广度与深度

趣谈客单价

对于客单价的影响是根本性的,也是主要的影响因素。不同的门店可以通过在自己专长的品类上拓宽它的广度(增加中小品类的数量)、加深其深度(增加品种数)以提升自己的特色,建构自己的核心竞争力。

2. 门店商品定位

除品类的广度和深度这一重要影响因素外,门店商品定位也是一个非常重要的因素。门店的商品定位主要是指门店商品的档次,具体体现为商品的平均单价。同样面积的店铺,可能从品类数量和单品数量上看差不多,但是由于一家定位高端、另一家定位中低端,客单价就会相差数倍,这就是门店商品定位对客单价的影响。

3. 促销活动

大家平时是不是有这样的感觉:本来只打算买一样产品,但由于促销,感觉多买几件就会有更高的优惠,所以顾客就会多买几件本来可有可无的产品。对于女性消费者而言,这种情况尤为明显。既然客单价是顾客购物篮内的商品数量与商品单价的乘积之累计,那么通过促销活动促成顾客购买本不想买的东西,或者想买的东西多买,这就是促销活动对提升客单价的作用。门店促销对于提升客单价的帮助非常明显。

4. 产品的关联组合

商品的关联组合有同品类与相近品类组合和跨品类、甚至跨部类和跨大类组合,例如围绕婴儿的食品、穿着、玩具来考虑商品组合时,其实就横跨了两个部类、三个大类,但是这样的组合对于顾客购物习惯来说却是很自然的,可以"触景生情"产生许多冲动性消费。例如,一家化妆品专卖店每个月都有 1/5 营业额来自饰品,出现这种情况的原因就在于,门店经营者发现,来店购买化妆品的都是女性消费者,门店在店里放一些饰品,女性消费者到店购买化妆品,看到了漂亮的饰品(如发夹),很多情况下都会顺手购买一个。

5. 商品陈列

陈列有三个阶段：初级阶段是摆整齐，中级阶段是摆好看，高级阶段是摆好卖。产品的陈列对于客单价的影响同样不可忽视。不管门店大小，相对于顾客在门店内所待的时间来说，这些商品总是远远"过剩"的，因此，要想让合适的商品吸引到顾客足够的注意力，就需要在陈列上下功夫。提高客单价的核心方式就是"关联陈列"。即根据商品与商品之间的关联因素，以及顾客的消费习惯来进行合理的陈列，引起顾客的直接注意，从而增大客单价上升的机会。根据研究，顾客70%以上的购买决定是在商店内做出的，激发顾客这些临时购买决定的重要因素，就是商品引起关联注视的程度是否足够。

任务三　顾客满意度分析

学前思考：请结合自己的购物经历，总结出至少三个顾客满意度评价指标。

零售企业必须首先满足顾客的需求，才能获得企业自身所需的利润，所以企业在生产经营活动的每一个环节，都必须着眼于顾客，全心全意地为顾客服务，最大限度地让顾客感到满意。

一、顾客满意度的含义

1960年，凯斯（Keith R. J）首先提出了顾客满意的概念，认为顾客满意就是顾客需要和欲望的满足，将顾客观点引入营销领域，提出顾客满意会促使再购买行为。科特勒在《市场营销原理》一书中指出："满意是指一个人通过对一个产品或服务可感知的效果与他的期望值相比较后所形成的感觉状态。"顾客满意是一种心理体验。顾客满意看不见也摸不着，因此需要采取间接的方法来反映。顾客满意表征是指通过对满意程度重要特征的描述，用直观的手段将顾客的满意程度表达出来。顾客满意表征的具体描述见表9-4。

表 9-4　顾客满意表征的具体描述

状 态	表 征	具 体 描 述
很不满意	愤慨、恼怒、投诉、反面宣传	指顾客在消费了某种商品或服务之后感到愤慨、恼羞成怒、难以形容，不仅企图找机会投诉，而且会利用一切机会进行反宣传以发泄心中的不快
不满意	气愤、烦恼	指顾客在购买和消费某种商品或服务后所产生的气愤、烦恼状态，在这种状态下，顾客尚可勉强忍受，希望通过一定方式进行弥补，在适当的时候，也会对此进行反宣传，提醒自己的亲朋不要去购买或消费同样的商品或服务
一般	无明显正、负面情绪	指顾客在消费某种商品或服务过程中所形成的没有明显情绪的状态；也就是对此既说不上好，也说不上不好，还算过得去
满意	称心、赞扬、愉快	指顾客在消费了某种商品或服务之后所产生的称心和愉快的状态。在这种状态下，顾客不仅对自己的选择予以肯定，还会乐于向亲朋推荐；自己的期望与现实基本相符，找不出大的遗憾所在
很满意	激动、满足、感谢	指顾客在消费某种商品或服务之后所形成的激动、满足、感谢状态。在这种状态下，顾客的期望不仅完全达到，没有任何遗憾，而且可能大大超出了期望，这时顾客不仅为自己的选择而自豪，还会利用一切机会向亲朋宣传、介绍推荐，希望他们都来消费

从顾客满意表征的具体描述可知,顾客满意分为五种状态:很不满意、不满意、一般、满意和很满意。

顾客满意度是对顾客满意程度的度量。顾客满意度是由顾客对产品或服务的期望值与顾客对所购买产品或服务的实际感知体验这两个因素决定的,顾客期望值越低,越容易满足,实际感知体验越差,越难满足。

二、影响顾客满意度的因素

根据"木桶原理",一个木桶所能装水的最大限度,由其最短的一块木板所决定。同样,一个企业能够得到的最大的客户满意度,由其工作和服务效率最差的一个环节或部门所决定。企业要达到客户的高度满意,必须使所有的环节和部门能够为客户创造超出其期望值的价值。影响顾客满意度的因素可归纳为以下六个方面。

(一) 企业因素

企业是产品与服务的提供者,其规模、效益、形象、品牌和公众舆论等内部或外部因素都会影响顾客对企业的认知。当顾客计划购买产品或服务时,他们会十分关心购买什么样的产品,购买谁的产品,这时企业形象就起了很大的作用。形象良好的企业可以给顾客带来更高的认同感,提升企业的竞争优势。如果企业给顾客一个很恶劣的形象,很难想象消费者会考虑选择其产品。

(二) 产品因素

产品因素包含三个层次的内容。

1. 核心产品

核心产品是提供给顾客或顾客追求的基本效用或利益,是顾客购买的核心所在。顾客购买某种产品,不仅是为了获得产品的所有权,而是由于它能满足自己某方面的需求。如果门店所提供的产品在效用或利益方面有明显优势,则更容易获得顾客满意。

2. 形式产品

形式产品,也叫有形产品,是指顾客所需产品实体的具体外观形状和特色。形式产品一般通过产品款式、质量水平、品牌、包装及产品说明书等反映。形式产品是核心产品的载体,是核心产品的转化形式。它是顾客选择产品的直观依据。

3. 附加产品

附加产品,是顾客购买产品所得到的各种附加利益的总和,包括咨询、送货、安装、使用指导、维修、质量保证、资金融通等各种售前、售中、售后服务。向顾客提供具有更多实际利益、能更完美地满足其需要的附加产品,能更好地提升顾客的满意度。

(三) 营销与服务体系

门店的营销与服务体系是否有效、能否为顾客带来方便、售后服务时间长短、服务人员的态度、响应时间,投诉与咨询的便捷性等都会影响顾客满意度。

（四）沟通因素

门店与顾客的良好沟通是提高顾客满意度的重要因素。很多情况下,顾客对产品性能不了解,造成消费的不便,需要门店提供咨询服务;顾客因为质量、服务中存在的问题要向门店投诉,需要门店处理。如果在顾客与门店之间缺乏必要的渠道或渠道不畅,容易使顾客不满意。有效的沟通可以让顾客更多地了解门店,也可以让门店更好地了解顾客对产品或服务的期望,从而提升顾客满意度。

（五）顾客关怀

顾客关怀就是通过对顾客行为的深入了解,主动把握顾客的需求,通过持续的、差异化的服务方式,为顾客提供合适的服务或产品,最终实现顾客满意度的提高。从时间上看,顾客关怀包含在顾客从购买前、购买中、购买后的客户体验的全部过程中。购买前的客户关怀会加速门店与顾客关系的建立,为鼓励和促进顾客购买产品或服务起到催化剂的作用。购买时的顾客关怀则与门店提供的产品或服务紧密联系,购买过程的所有体验要与顾客的期望相吻合,满足顾客的需求。购买后的顾客关怀活动,则集中于关怀、提醒或建议、追踪,最终达到门店和顾客的互动。

（六）顾客的期望

顾客期望是指顾客通过各种渠道获得门店及产品、价格、服务等信息后,在内心对门店及产品服务等形成的一种标准,进而会对门店的行为形成一种企盼。其具有很强的可引导性。适当引导顾客的期望,能有效提高顾客满意度。

三、顾客满意度指标体系的建立

（一）顾客满意度指标的含义

顾客满意度指标(customer satisfaction index,CSI)是由设在美国密歇根大学商学院的国家质量研究中心和美国质量协会共同发起并研究的一个经济类指数。它与道·琼斯指数有着明显的一致性,它更具有前瞻性,迄今为止,共有包括韩国、中国台湾、欧盟在内的22个国家和地区设立了自己的研究机构,并开始逐步推出全部或部分行业的顾客满意度指标。

通过建立顾客满意度指标体系,可以实现以下几方面用途。

(1) 测定企业过去与目前经营管理水平的变化,分析竞争对手与本企业之间的差距。

(2) 了解顾客的想法,发现顾客的潜在需求,明确顾客的需要、需求和期望。

(3) 坚持企业的期望,以达到顾客满意和提高顾客满意度,有利于企业制订新的质量或服务改进措施,以及新的经验发展战略与目标。

(4) 明确未达到顾客满意,企业在今后应该做什么,是否应该转变经营战略或经验方向,从而紧随市场的变化而变化。

(5) 增强企业的市场竞争能力和企业盈利能力。

（二）顾客满意度指标体系的建立步骤

建立顾客满意度指标体系主要分为四个步骤。

第一步：提出问题

进行客户满意度指标体系建设的第一步，就是要明确影响客户满意的影响因素有哪些，同时还必须要考虑如何获得与量化这些因素，包括对下面几个问题的回答。

（1）影响客户满意的因素有哪些？

（2）在这些影响因素中，哪些因素能成为满意指标？

（3）每一个满意指标对客户购买和使用的影响程度有多大？

（4）上述数据可以从哪些渠道获得？

（5）应该采用何种方式采集数据？

（6）采集数据时应注意哪些问题？

第二步：采集数据

由于构建客户满意度指标体系基本上是一个基于客户调查的过程，故对调查方法的选择将直接影响最终结果的客观性与科学性。除了二手资料收集外，还有三种常用的数据收集方法：问卷调查、深度访谈和焦点访谈。在获得所需要的数据后，需要对收集的数据进行归类整理、统计分析，从而找出研究对象和被研究对象的相关性。

第三步：建立行业客户满意因素分析

通过分析、整理收集到的二手资料和内部（外部）访谈所获得的信息，并对各类指标的属性进行充分分解，初步建立起客户满意因素集合，为下一步展开数据收集工作提供调研目标。行业客户满意因素体系包括的因素很广泛，往往包含一些不重要的"噪声因素"，同时还存在一些因素具有相同内涵的现象，因而需要从中遴选出适合特定企业的因素来组成客户满意指标体系。

第四步：建立企业客户满意度指标体系

在建立企业客户满意度指标体系的过程中，首先在行业客户满意因素体系中剔除与其他因素高度相关的因素，使剩余的因素保持相对独立。

其次，还要提出对客户满意指标影响较小的因素。为了避免它们对其他重要因素的干扰，同时也从成本角度考虑，将它们剔除，仅仅保留与客户满意指标有较强相关性的因素作为满意指标。

剔除不需要的因素后，将剩余的因素按照行业客户满意度指标体系的框架归纳起来，同一级按照权重的不同排定次序，就初步形成了客户满意度指标体系。在一个完整的客户满意指标体系中，一般还包括辅助指标和相对指标。

四、调查方案的制订与实施

（一）制订调查方案

在确认调查对象和建立评价指标后，就需要制订详细的调查方案。调查方案包括调查目的、调查内容、调查对象、样本规模和配额、调查方法、调查频率、调查执行时间、调查费用预算以及报告的撰写和提交时间等。一般情况下，每半年或一年对门店进行一次满意度调查。

在确定调查方式上，定量调查可采取书面和电子两种方式。最常用的调查方式如下。

（1）现场发放问卷调查。

（2）邮寄问卷调查。

（3）电话调查。

（4）网上问卷调查。

 拓展知识　　　　　　　　神秘顾客方法

　　神秘顾客方法是一种检查现场服务质量的调查方式，20世纪70年代由美国零售行业"模拟购物"的调查方式发展而来。其方法起源可追溯到文化人类学对原始部落居民生活和文化的观察，20世纪八九十年代神秘顾客方法在欧洲得到快速应用，据英国一家机构抽样调查统计，在被调查的商业性公司中88％的公司应用神秘顾客方法对自己公司、竞争对手或两者同时进行调查。欧洲两大权威行业机构市场研究协会、欧洲民意和市场调查协会均建立了神秘顾客方法的行业操作规则。

　　神秘顾客调查由神秘顾客，通常是聘请独立第三方的人员，如市场研究公司的研究人员或经验丰富的顾客，通过参与观察的方式到服务现场进行真实的服务体验活动。神秘顾客针对事前拟好的所要检查和评价的服务问题，对服务现场进行观察、申办服务活动，提出测试性问题，获取现场服务的有关信息，包括服务环境、服务人员仪态、服务表现、人员业务素质、应急能力等。

1．神秘顾客方法的优点

　　神秘顾客方法主要是采用观察的方法对卖场的现场服务质量进行检查，优点如下。

　　（1）观察到的是真实发生的行为，避免了访问调查中被访者自述行为与真实行为不一致的风险。

　　（2）由于采用参与、观察的方式，能获得许多信息（包括访问的提问方式所不能获得的），并避免事后访问中的顾客对服务过程的失忆问题。

　　（3）参与观察时，避免了访问员受制于口头语言能力而在采集信息方面的数量和质量上产生的限制，能观察详尽的服务细节而不仅是服务结果。

　　因此上述优点使它非常适合于过程复杂、顾客又自身难以评价的服务过程或现场服务质量的调查。

2．神秘顾客方法的缺点

　　（1）由于它采用隐蔽的参与观察方式，虽然能很好地发现服务现场的各种现象和问题，但不能发现现象和问题发生的原因，这是神秘顾客方法本身的局限。

　　（2）要求神秘顾客对调查行业的业务和服务流程有很好的了解，因此对于神秘顾客的素质及其培训，比传统调查方法要求更高。

　　（3）由于神秘顾客不能在现场直接记录观察结果，通过回忆填写问卷可能对调查的可信度和效果产生影响，神秘顾客的实施过程本身需要严格的质量控制。

3．神秘顾客方法与传统顾客调查方法的区别

　　从调查技术的角度来说，神秘顾客方法与传统顾客调查方法存在以下区别。

　　（1）调查方法的区别。神秘顾客方法采用隐蔽的观察方式进行调查，如果需要，还可使用隐蔽式摄像、录音设备；传统的顾客调查方法采用访问形式，包括面对面的访问（如家庭调查)和非面对面的访问(电话访问、网上调查)。

（2）调查过程的区别。神秘顾客调查采用隐蔽的方式，服务人员不知道自身正被神秘顾客观察，调查的结果自然真实；传统的调查方式下，被访者知道自己正在接受访问，可能会产生影响结果的试验效应及社会赞许反应。

（3）信息特点的区别。由于神秘顾客采用观察方法，不涉及主观感受，调查得到的信息均是客观性信息，即事实性信息；传统顾客访问方法可调查客观性内容，也可调查其主观性感受。

4. 神秘顾客方法的调查内容

为了达到神秘顾客方法在企业服务质量管理中的作用，需要收集足够的信息进行分析，因此其调查一般需要包括以下内容。

（1）门店外部环境的检查。神秘顾客来到指定的服务现场，在进入门口前，神秘顾客观察门店标志、外部秩序与环境状况、橱窗产品摆放、促销海报张挂等情况。

（2）服务现场扫描。神秘顾客进入服务现场，观察门店内布局与服务设施、用品配备状况、职员和顾客的比例、服务人员的活动，以及现场是否混乱等。

（3）服务过程体验。神秘顾客随机或按照事前抽样，到相应柜组购买商品、检查服务人员的作业情况。在此过程中检查评价服务人员的服务态度、服务规范、业务熟练程度。

（4）业务测试。在购买产品或服务过程中检查服务人员的业务知识熟悉程度、业务熟练程度，以及应急或灵活处理能力。

（5）现场服务改进指导。神秘顾客在完成调查流程后，一种做法是在现场向门店负责人员反映存在的问题，便于门店经理安排现场改进；另一种做法是在完成调查流程后，在店铺服务人员的视线范围外完成问卷，然后企业汇总分析调查结果，再采取措施安排改进。

5. 神秘顾客方法的实施

神秘顾客方法在国内是改善服务质量的新工具，企业在实施神秘顾客方法时，需要解决和控制以下问题。

（1）选择调查实施者。一般聘请专业的第三方公司组织调查，它们有专业的神秘顾客队伍、专业设备和项目管理经验。企业自己组织调查，在上述几方面难以与专业公司相提并论，在专业性、匿名性、客观性、敏感性方面可能会带来一定的问题，导致调查结果出现偏差甚至争议。

（2）选择神秘顾客。原则上神秘顾客的特征与真实顾客的特征越接近越好，避免神秘顾客因性别、年龄、外貌等差异带来的调查偏差，甚至引起现场服务人员的警觉。最好由真实身份的顾客充任神秘顾客。

（3）门店抽样。如果门店数量不多，可采用全面调查的方式。但如果门店太多，可按门店的地区、经营者、级别、类型进行分层抽样，保证在每一地区、每一经营者、每一级别、每一类型都有被抽到的样本，以增加总体结果的代表性。

（4）调查时间安排。一般根据门店所属服务行业的性质及服务现状情况，采用按半年、季度、月度或周间隔的连续性调查。具体的调查时间一般安排在易发生服务问题的时段，如高峰时段、上班后第一时段、临近下班时段、中午时段等。每一轮的调查中，不同门店应该安排在同一时段,以保证各门店结果的可比性。

(5)质量控制措施。实施神秘顾客方法,其质量控制的重点是管理调查过程的真实性和准确性,降低神秘顾客在调查过程中的人为偏差。

6.神秘顾客方法在服务质量管理中的应用

(1)调查结果是服务质量考评的重要依据。神秘顾客调查中获得的顾客在服务现场体验的整个或部分过程的真实详细信息,通过分析整体或某个店铺顾客服务的优势和劣势,可以对各个店铺进行综合或具体的比较评价。同时由于神秘顾客调查往往聘请独立的第三方进行,避免了考评结果的争议性,提高了管理工作的效率。

(2)调查获得的信息为服务改进提供了丰富的一手资料。由于服务环境、服务人员、服务设施,以及它们的实时互动状况构成了复杂的服务产品本身,神秘顾客采用现场实时观察而不是事后调查的方法,解决了收集服务过程信息的复杂性问题,特别是对服务"关键时刻"的有效调查是其他调查方法所不及的,同时也弥补了顾客评价服务困难的问题。

(3)调查获得的信息是企业发现服务问题的重要渠道。行业中的经验显示,在服务现场如果没有给予顾客满意的答复,89%的顾客会离去;如果服务不好,会导致94%顾客离去。而在不满意的顾客中,仅4%的顾客会提出投诉,而96%的顾客选择不投诉。这群不投诉的顾客会传播不满意的口碑,同时企业无从得知导致他们不满意的服务问题。而神秘顾客通过服务体验,提供了企业了解这群顾客意见的渠道。

神秘顾客调查往往采用连续调查的方式,监察一段时间内不同门店顾客服务的表现,可追踪评价改进的效果。因此神秘顾客调查的结果,是企业服务质量信息的重要组成部分。对顾客服务中的顽固性问题、重点性问题,企业可安排作为重点开展调查,以便有针对性地发现问题的真相。

(4)神秘顾客调查可为企业完善服务标准提供相关信息。通过调查可发现服务标准在实施流程中是否存在不完整、不合理等问题,并依此进行改进。

(5)神秘顾客调查可追踪服务人员服务培训、规范实施的效果。目前企业越来越重视服务人员的业务培训,以往对业务培训的效果采用考试、竞赛等方式进行,但这是在非真实环境中进行的,结果的可靠性难以评估。神秘顾客调查通过现场检查,可以发现服务流程、服务标准、服务水平是否达到培训的要求,是直接的现场评估,结果直观可靠,改进针对性强。

(6)服务标杆瞄准。企业可通过采用神秘顾客方式,对竞争对手尤其是行业中服务最好的竞争企业开展调查,分析服务中的企业自身优势以及与竞争对手的差异,以调整企业的服务定位、服务标准,或不断改进企业的服务。

(资料来源:互联网,经作者整理改编)

(二)设计问卷

在问卷调查中,牵扯到测量指标的量化过程。顾客满意度测评的本质是一个定量分析的过程,即用数字去反映顾客对测量对象的态度。顾客满意度测评了解的是顾客对产品、服务或企业的看法和态度等,对这类问题的测量一般采用"李克特量表"。

"李克特量表"的设计包括以下两步。

第一步"赋值",根据设定的规则,对不同的态度特性赋予不同的数值。

第二步"定位",将这些数字排列或组成一个序列,根据受访者的不同态度,赋上不同的数值。

例如:表 9-5 所示是运用"李克特量表"测量顾客对某产品质量满意度,用数字 1～5 表示被调查者对每种观点的态度。其中,1=很不满意,2=不满意,3=一般,4=满意,5=很满意。被调查者阅读完每个测试题目后,在相应的态度等级上画√。将测量指标量化,便于统计分析。

表 9-5 顾客对某产品质量满意度测评表

测评指数	很满意	满意	一般	不满意	很不满意
产品外观					
质量稳定性					
使用性能					
安全性					

问卷一般包括以下三个部分。

第一部分是有关顾客的基本情况,如性别、年龄、教育水平、职业、家庭月收入等有关社会人口特征的问题,以了解消费者特征。

第二部分是有关顾客购买行为特征的问题,如何时购买、购买何物、如何购买等问题。

第三部分为主体问题,以指标评价体系为基础设计不同类型的态度测量问题。

为使调查更有效,问卷设计应注意下面几个问题并根据门店规模确定问卷发放量:①使被调查者容易得到答案;②使被调查者容易回答;③便于统计处理;④问卷不应太长、问题不应重复,一个问卷最适合的长度是 20～30 个问题。

对调查问卷进行统计,以重要性为权重计算出该门店的满意度综合得分。计算公式为

$$满意度综合得分 = \frac{\sum(满意度 \times 重要性权重)}{\sum 重要性权重}$$

(三) 方案实施

连锁企业可以通过营销人员或专业的调研公司按照调查方案中的时间进度、调查方式来实施调查。当调查现场执行结束后,经过数据的录入处理,最后由调查人员撰写调查报告。调查报告包括技术报告、数据报告、分析报告及分析报告附件。

(1) 技术报告。详述如何定义调查对象、其代表性如何、样本框如何构成、采用什么抽样方法、具体的抽样步骤,以及抽样中可能存在的偏差等,访问是保证结果真实性的关键。详述访员的抽样、培训、督导中遇到的问题、实施进程,并向客户说明如何对调查进行复核。

(2) 数据报告。通过频数和百分比列表、图形、简单文字等说明本次调查的主要结果。

(3) 分析报告。通过显著性分析、相关分析、类聚分析等统计方法对调查结果中的内在关系进行分析,用文字和图形来说明分析结果。

(4) 分析报告附件。分析报告附件包括项目计划书、问卷、开放题统计结果、二手资料及其他对调查报告中的观点有说明意义的材料。

拓展知识 　　　　　　　顾客满意度调查实施方案

　　顾客满意度调查实施方案包括以下内容：制订内部计划、选择外部专门的调研机构、识别顾客并确定调查对象、确定关键的业绩指标、选择调查的方法、设计调查问卷并实施调查、分析调查结果、制订改进措施。

1. 制订内部计划

　　内部计划通常包括：确定公司内部参与制订计划阶段的人选；了解组织各层次将如何获取并利用调查结果；确定顾客，列出拟作为调查对象的顾客名单；向员工和主要顾客传达调查的意图；组织主要管理层参与调查过程，开展讨论，明确调查的目的和问题。

　　必须让组织主要管理层和顾客了解顾客满意度调查的目标、方法、结果和影响，主要管理层积极参与顾客满意度调查计划的制订，有助于他们对全过程的理解，易于接受调查结果，并且激发他们对改进工作的责任感。

2. 选择外部专门的调研机构

　　若组织不具备顾客满意度调查的人力或能力，必须请外部专业调研机构协助组织进行调查。可采取比较选择方法，从多家专业调研机构中选择一家最适合本组织情况的调查机构，可以要求这些专业调研机构根据组织的情况提供项目建议书，然后通过组织的评估、了解，选择一家拥有良好数据收集设施、具备数据分析能力并能提出合理建议的调研机构。

　　这种评估主要从三个方面考虑：技术、能力、经验和成本。

3. 识别顾客并确定调查对象

　　在顾客满意度调查的过程中，识别顾客是非常重要的。因组织的性质不同，识别顾客的难度也存在很大的差异。识别顾客应不局限于曾经同企业有过往来的顾客，潜在顾客的识别对组织也是至关重要的，识别顾客还应包括竞争者的顾客，准确地获取有关组织竞争者的顾客信息对于本组织来说也具有很大的价值。

　　一旦本组织的顾客识别完毕，应罗列出具体清单，从中筛选出本组织的重点顾客，作为顾客满意度的调查对象。

4. 确定关键的业绩指标

　　在 ISO 9000 体系中"顾客满意度"被定义为：一项事务满足顾客需要和期望时，顾客的意见反馈程度。顾客满意度调查的核心是确定商品或服务在多大程度上满足了顾客的要求和期望。

　　应当注意的是，确定的业绩指标应使用顾客的语言来表达，并且尽可能是开放性的问题，以便顾客自主反馈意见，从而收集顾客对组织满意或不满意的信息。

5. 选择调查的方法

　　在顾客满意度调查过程中，需要收集大量关于顾客的信息资料，具体的收集方法大体上有以下几种：邮寄、访问、电话、座谈会、网上调查、观察等，信息来源渠道除了这些主动收集的渠道外，还有顾客抱怨、顾客反馈、消费者组织的报告、媒体的报道等。

　　选择调查方法应根据本组织的实际情况而定，包括考虑是否选择外部专业调研机构、资金情况、时间因素。应选择最适于本组织特点,又能够获得高回收率、高效率、低成本的调查方法。

6. 设计调查问卷并实施调查

调查问卷是一个关键环节,调查结果的好坏取决于所提出的问题。准备调查问卷是一项相当繁重的工作,应围绕所确定的组织的关键绩效指标来设计调查问卷,尽量使用顾客的语言,多提开放性的问题,选择恰当的提问用语。

一旦设计了调查问卷,就应按照调查计划的要求,采用经过选择的适当的调查方法进行调查、收集信息。

7. 分析调查结果

分析时可以采用适当的统计技术方法,对顾客满意度调查的统计分析主要包括调查问卷回收率的统计分析、每项业绩指标的满意得分分析、总体满意分析等。

8. 制订改进措施

根据分析结果,针对当前商品提供、顾客服务过程中的不足,提出整改措施并进行跟踪检查。在下一个周期的调查中应检查整改成效,以使顾客满意度调查形成一个延续性、不断改进提高的工作。

任务四 能力训练

连锁门店绩效评估的目标并不仅仅用于考核,同时还是改善门店经营的重要手段。科学合理的评估体系能够帮助门店经营者客观、全面地发现营运中存在的问题,寻找改进门店绩效的有效方式和方法。作为一名门店经营者,除了能够读懂、分析各类绩效评估指标外,还要掌握门店营运管理数字化的能力,要能够开发、设计相关指标,用各类定量指标来描述门店营运。

一、训练内容

组建共同学习小组,每个小组在学校周边自主选择一家门店作为实训场地,进行为期一周的调查和分析,针对门店现有状况、分析门店经营绩效,主要从收益性指标、效率性指标、安全性指标和发展性指标等方面进行分析,提出提升门店经营绩效可行性方案。

二、训练步骤

1. 选择目标企业门店并收集相关资料

根据当地情况,选定一家较有代表性的连锁企业门店,并收集该企业基本信息。然后小组讨论并选定分析主题,围绕目标门店进行二次信息收集。要求采取两种及以上方式进行信息收集。

2. 整理分析相关资料

根据前期收集资料,对目标门店营运情况进行分析,总结归纳其问题并提出相应的解决方案。

3. 绘制思维导图

利用百度脑图或其他思维导图绘制工具,共同绘制所选定门店营运情况分析、存在问题和解决方案。

三、训练要求

1. 训练过程

通过小组自主探究、教师辅助指导的方式完成训练任务。

(1) 教师布置任务。

(2) 学生组建共同学习小组（建议 3～5 人），确定小组成员分工。

(3) 初步查找企业资料。

(4) 小组讨论明确分析主题。

(5) 进行二次信息收集。

(6) 根据所学内容，整理分析相关资料。

(7) 共同绘制思维导图。

2. 训练课时

建议训练课时：课内 4 课时，课外 4 课时。

四、训练成果

(1) 思维导图一份。

(2) ××门店营运情况分析报告 1 份。

参 考 文 献

［1］饶君华,王欣欣.连锁门店运营管理［M］.2版.北京:高等教育出版社,2017.

［2］王春凤.客户关系管理［M］.上海:上海交通大学出版社,2017.

［3］郑昕.连锁门店运营管理［M］.北京:机械工业出版社,2005.

［4］中国连锁经营协会校企合作小组.门店布局与商品陈列［M］.北京:高等教育出版社,2014.

［5］陈杏头.门店运营与管理实务［M］.北京:中国人民大学出版社,2013.

［6］赵盛斌.超市店长管理［M］.北京:经济管理出版社,2014.

［7］赵盛斌.超市商品管理［M］.北京:经济管理出版社,2014.

［8］赵盛斌.超市员工管理［M］.北京:经济管理出版社,2014.

［9］柳叶雄.门店促销策略与实战技巧［M］.北京:中华工商联合出版社,2018.

［10］中国连锁经营协会.零售防损策略［M］.北京:中国商业出版社,2010.

［11］(日)绪方知行,(日)田口香世.零售的本质:7-Eleven便利店创始人的哲学［M］.陆青,译.北京:机械工业出版社,2015.

［12］杨刚,潘茜茜,朱雪兰,陶燕.连锁经营业种概览［M］.厦门:厦门大学出版社,2014.

［13］张晔清.连锁企业门店营运与管理［M］.上海:立信会计出版社,2006.

［14］程淑丽.客服人员超级口才训练实战升级版［M］.北京:人民邮电出版社,2019.